KB040441

반전, 길을 찾다

장아람재단
최호준 자서전

최호준 _ **길**
29x21cm 한지에 먹과 채색 2024

* 책에 삽입된 그림은 모두 저자의 작품입니다.

최호준(崔虎俊)

연세대학교 행정학과를 졸업하고, 동경대학 대학원 법학부에서 수학했으며, 연세대학교 대학원에서 박사학위를 받았다. 그후 동경대학교와 UCLA에서 교환교수 생활을 했으며, 경기대학교 교수로 재직 중 최초로 민선으로 선출되어 경기대 8대 총장을 지냈다. 또한 총장 임기 4년 월급 전액을 장학금으로 기부함으로 기부문화를 선도하였다.

천안동성중학교 이사장으로 간섭과 규제는 과감히 풀고, 자율과 지원은 대폭 신장시켜 창의적 교육발전의 새로운 모형을 창출하였으며, 복합문화공간 (주)아트레온을 설립, 경제적 가치와 문화적 가치가 양립하는 문화산업의 가능성을 보여주었다. 무엇보다 장애아동을 돕는 단체를 1995년 설립하여 소외된 이웃의 삶에 적극적으로 다가갔으며, 양평에 장애인 가족들이 편히 찾아와 쉴 수 있는 이천 평에 달하는 꿈땅을 아름답게 조성하여 장애인의 참된 복지를 실현하는 꿈을 지금도 이어가고 있다.

주요 저서로는 『참가와 능률의 행정학』(삼영사, 1984), 『시민행정학』(거목, 1987/1997), 『시민의 도시』(디자인네트, 2001) 등이 있으며, 번역서로는 『정책결정론』(린드블럼, 삼영사, 1981), 『포리아키』(로버트 A. 달, 거목, 1987), 『정보공개』(秋山幹男 외, 교보문고, 1994) 등이 있다.

* 이 책의 판매 수익금은 전액 <장아람재단>에 기부됩니다.

장아람재단 최호준 자서전

길을 찾다

나를 변화시키는 것이 이 사회의 현실을
조금이라도 변혁시킬 수 있는 지름길이라 믿었다.

프롤로그

길의 끝에 꿈의 땅이

희수를 맞아 지난 세월을 반추해 보니 나의 삶은 반전의 연속이었다. 반전은 씨름 경기로 치면 '되치기'와 같아서 자신은 물론 보는 이로 하여금 흥분 · 감동 · 기쁨을 가져다준다. 이러한 반전은 누구의 인생사에서든 한두 번은 일어날 수 있기에 가볍게 여길 수도 있다. 그러나 반전이 게으르고 비겁한 자에게 돌아간 우연한 산물인 경우 다시 나락으로 떨어질 수 있는 반전에 반전이 생겨날 수 있다. 그러니 이런 점을 미연에 방지하기 위해 반전을 이룬 역동적인 에너지가 어디에서 비롯했으며, 어떻게 생성될 수 있었는가에 대한 지식과 경험을 파악하고 공유할 필요성을 느낀다. 지난 나의 삶에서 반전 에너지의 생성에 도움을 주었던 동인들을 들추어 내보려 한다.

첫째, 반전을 이룬 선진들이 모든 고난과 시련을 인내

로 견디어 낸 것처럼 나 역시 인내 뒤에 올 화평을 바라보며 고통과 수치, 분함을 오래 참음으로 견디어 냈다. 여기서 인내란 슬픔에 젖어 현실을 외면하는 것이 아니라 눈물을 훔쳐내면서 현실을 직시하고 폭풍이 지나갈 때까지 버텨내며 담금질 하면서 내 길을 가는 것이었다.

둘째, 대학원 시절 체스터 버나드(Chester I. Barnard)의 '권위 수용설'에 영향을 받았다. 권위는 위로부터 강요되는 것이 아니라 아래로부터 수용되어질 때 가능하다는 말에 큰 감명을 받았고 이는 내 인격의 바탕이 되었다. 버나드의 이론을 삶에 적용하려는 노력은 그리스도인의 중요한 덕목인 '섬김'으로 자연스럽게 이어졌다. 주님은 섬김을 받으려고 높아지려 하지 말고 섬기기 위해 낮아지라고 말씀하신다. 높아지려 하면 낮아질 것이고, 낮은 곳에 거할 때 오히려 높아진다는 말씀이다. 섬김은 기적의 통로로 나의 작은 섬김이 이웃과 세상을 변화시킬 수 있다는 논리이다.

셋째, 선비 집안의 가풍과 내력, 선각자들의 가르침이 있었다. 멘토들의 충언에 힘입어 의롭고 바르며 선하게 살기를 소망했다. 젊어서는 세상의 유혹에 취하고 세속에 집착해 적지 않은 시간을 방황하기도 했지만 나이가 들어가면서 진지하게 삶의 변화를 꾀했다. 나를 변화시키는 것이 이 사회의 현실을 조금이라도 변혁시킬 수 있는 지름길이라 믿었다. 그래서 선한 삶 즉, 그동안 가정이나 사회로부터 받은 사랑을 어려운 이웃들에게 바치는 삶으로 나아갔다. 30년 동안 장아람재단을 이끌면서 '삶은 방어해야 할 소유물이 아니라 모두에게 나누어야 할 선물'임을 깨달았다.

인생은 영원을 향한 순례자의 길이다. 삶의 길에서 경험할 수 있는 가장 중요한 사건은 예수님을 목자로 만나는 일이다. 그 순간에 진정한 의미의 인생 순례가 시작된다. 순례길에서 만나 뵌 예수님은 나의 형편과 사정을 잘 아시고 실제로 반전할 수 있는 역동적인 에너지를 쏟아 부어 주셨다. 항상 더 좋은 것을 예비하시고 시련과 고난을 통해 거칠고 연약했던 나를 강하고도 온순해지도록 담금질해 놓으셨다. 나의 삶을 믿음의 레일 위에 올려놓은 시점부터 고통이나 환난은 그저 지나가는 역에 불과했다.

이 책이 인생길에서 의미를 잃고 넘어진 이들에게 로드맵이 되길 바란다. 다시 일어서기 위한 안내서가 되길 바란다. 더 높은 차원의 삶을 살아가려는 이들에게 희망과 용기를 주는 셰르파의 역할을 할 수 있다면 더 이상 바랄 것이 없겠다.

이 자리를 빌려 아내 이경희 권사에게 감사를 전한다. 나의 가족이 크리스천 가정으로 효심이 깊고, 서로 간에 화평을 이루며, 절제하고 남을 돕는 삶을 살게 된 것은 그녀의 바른 행실과 맑은 기도 덕분이다. 영원과 미형도 대를 이어 섬김과 나눔의 삶을 살아가고 있으니 고마울 따름이다. 삶의 궤적을 따라가며 기억의 편린을 더듬고 모아 한 권의 책을 만들기까지 많은 시간과 노력이 필요했다. 자료 수집, 면접, 워드 작업 등 편집인 역할을 톡톡히 해준 박종숙 실장의 노고에 깊은 감사를 표한다.

2024년 2월 24일 최현호

지구촌교회 창립 / 원로 목사

목동 이동원 목사

인생은 길입니다.

그 길에는 적지 않게 반전이 기다립니다.

그런 반전은 도전이고 모험일 수 있습니다.

최호준 총장님은 그런 길을 걸어오신 분이십니다.

대학교수로 대학 총장으로 그리고 장애인의 친구로 그가 걸어오신 여정을 읽으며 함께 울고 함께 웃습니다. 그래서 함께 공감할 수 있는 드라마가 이 책에 있습니다. 우리 시대 우리 이웃으로 그가 살아온 길이 아름답습니다.

때로 앞이 보이지 않는 좌절을 느낄 때마다, 우리는 지도를 펴고 길을 찾습니다. 이런 분들에게 이 책은 용기를 북돋아 줄 것입니다. 바른 신앙, 바른 신념으로 한 선택은 후회할 필요가 없습니다.

은퇴 후 설교 강단을 준비하면서, 경기대에서 만난 최

호준 총장님의 지혜와 미소는 저에게도 용기였습니다. 아트레온에서 만난 비즈니스 지도자의 지혜 이상으로, 양평 장아람의 동산에서 만난 미소는 모두에게 축복이었습니다.

부디 이 책이 길을 찾는 이웃들에게 축복의 통로가 되기를…. 그리고 오래오래 지혜와 미소를 나누고 사시기를 축복합니다.

주후 2023년 가을 단풍 길에서

이화여대 명예교수, 한국 공동체 문화연구소 대표

진덕규

수많은 시인 묵객이 흘러간 세월을 그리워하며 스스로를 달래는 시구나 절창으로 자신을 되돌아본다. 바로 이러한 모습을 그의 자서전 출간에서도 엿볼 수 있다. 이 자서전의 출간은 이제 더 높은 등정만리의 새 여정으로의 출발을 알리는 표지석과도 같기 때문이다. 그의 자서전 출간은 흔히 그렇고 그런 의도에서 빚어진 것과는 다르다. 그보다는 자신의 후회막급한 지난날의 일들에 대한 호된 질책이자 결연한 다짐의 성격이 짙다. 자신을 과장하고 높여서 세상에 이름을 널리 알리려는 그렇고 그런 책과는 전혀 무관하다. 있는 것은 있는 대로, 없는 것에 대해서는 아쉬움보다는 솔직함을 우선으로 삼고 있기 때문이다. 처음 그의 자서전 집필과 출간의 소식을 접했을 때 '아니 벌써?'라는 생각도 했지만, 이 글이 그의 삶의 한 부분, 즉 앞으로 더 펼치고 이룩해야 할 전체 생애 기록의 예고편과 같은 일종의 중간 점검임을 알았다.

나와 저자의 관계는 죽마고우(竹馬故友)까지는 아닐지라도 어려웠던 시절에 서로를 형제처럼 믿고 지낸 관계임에는 분명하다. 그 시절에 배웠던 시구의 한 구절이 떠오른다.

"그대는 못 보았나? 관중과 포숙의 어려운 시절의 사귐을(君不見管鮑貧時交)."

저자와 필자를 어떻게 감히 관중(管仲)과 포숙(鮑叔)에다 비유할 수 있겠는가! 다만 우리 두 사람의 우정만은 그 나름의 짙은 정의를 지니고 있었음은 분명하다. 1960년대 중후반, 연세대 정법대학 광복관 2층 대학원생 연구실에서의 어울림은 참 좋았다. 시대가 시대인지라 책을 붙잡기보다는 그 당시의 암울함을 통분해하면서 나라와 세상에 대한 생각을 더 많이 펼쳤던 때였다. 그런 시절이기에 연구실에 드나드는 이 앳된 학생도 으레 가난한 젊은이겠거니 했다. 그러나 그는 서울에서 꽤 잘사는 부잣집 외동아들이었다. 그렇다고 항용 그렇듯이 그를 외면하기에는 이미 우정 같은 것이 너무 진했다. 그때 그는 "아버지가 부자라고 그 아들도 부자는 아니지요!"라고 말했다.

그도 우리와 진배없는 가난한 학생이었다. 그는 행정학도로 대단히 부지런했다. 그렇게 지내면서 참 훌륭한 부인을 만나 결혼했고 일본 유학도 다녀왔으며 경기대학교에서 교수로 활동하다가 총장까지 지냈다.

그는 흔히 말하는 입신양명의 대표적인 인물임에 틀림없다. 허나 누가 이런 이야기를 한다면 그는 듣기 싫어할 것 같다. 왜냐하면 그에게는 아직도 이룩해야 할 꿈이 남아 있기 때문이다. 그는 분명히 나의 이런 논의를 흐뭇하게 여길 것이다. 그가 자주 이야기했던 꿈은 "다 함께 그리고"였다. "사람으로 태어난 모든 존재는 사람답게 살아갈 수 있어야 한다." 가난하다는 이유로, 몸이 성치 않기 때문에, 종교가 다르다는 이유로 핍박받는 세상이라면 그 세상은 절대로 좋은 세상일 수 없다.

어느 해 그가 이사장으로 있는 천안의 동성중학교에 함께 갔다. 참 놀라운 변화가 이루어지고 있었다. "공동체적 중학교"를 지향하는 그 학교에서 그날 그는 내게 "공부하고 싶은 사람이면 누구든지 공부할 수 있어야 공동체다운 세상"이라고 강조했다.

어쩌다 우리는 우정 깊은 친구로, 뜻 맞는 동지로 한평생을 살면서 근사한 레스토랑에서 점심 한 끼 한 적이 없다. 자신을 위해 돈 한 푼 낭비하지 않는 근검과 절약이 몸에 밴 개성 선비의 후예임이 분명하다. 이러한 정신의 바탕 위에 저자의 참인간주의의 미래가 활짝 꽃 피기를 기원한다.

前 제주대학교 총장

고충석

부자 관계는 참 오묘하고 어려운 관계다. 나 같으면 인연을 끊고도 남음이 있을 만큼 괴팍한 면이 있는 아버님에 대한 원망이 저자라고 왜 없었을까? 그러나 어떠한 내색도 없이 끝까지 잘 모시고 어려움을 이겨낸 저자의 효심을 넘은 인격에 존경을 보낸다.

젊었을 때 저자의 집에 초대된 적이 있었다. 부친의 서예, 전각 작품을 보여주었다. 문외한인 내가 보아도 부친의 예술적 경지는 대단했다. 서체가 피카소의 추상화처럼 막힘이 없이 천의무봉 그 자체였다. 저자의 예술적 감각이나 경영 능력은 부친에게 물려받은 유산이라고 생각한다. 아버님에게 물려받은 신영극장 자리를 허물고 건축한 아트레온은 신촌의 대표적 문화 공간으로 자리매김했다. 서생 출신이 어떻게 그렇게 대규모 자본이 드는 건물을 축조했는지 그의 경영적 혜안에 지금도 감탄한다. 저자는 학자로서 문화 경영을 몸소 실천했다.

그는 성공적으로 경기대학 총장 임기를 마쳤다. 특히 그가 급여를 전부 기부한 것은 대한민국 총장사에 전무후무한 일로 역사에 길이 기록될 업적이라고 생각한다. 그는 다년간 연세대학교 부설 도시문제연구소에서 빈민에 관한 연구를 했다. 그는 도시계획 과정에 권력과 자본의 카르텔이 작동되어서는 안 된다고 생각하여 시민들의 참여를 강조했다. 이러한 경험이 주효하여 장애인을 사랑하는 사람들이란 뜻의 '장아람'이 출범하는 동기가 되었다고 생각한다.

돈이 많다고, 많이 배웠다고 소외계층에 관심을 두는 것은 아니다. 오히려 그 반대의 경우도 많다. 이런 점에서 저자는 인간적으로 매우 따뜻한 사람이다. 나는 그런 그의 생각을 존경하고 부러워한다. 저자의 살아온 인생에 건배, 앞으로 나아갈 길에 대해 건배.

제58대 한국행정학회장

이덕로

한 사람의 인생을 단번에 읽어낸다는 것은 쉬운 일이 아니다. 특히 그분이 여러 모습을 동시에 가지고 있고, 그 여러 모습이 새로운 하나의 모습으로 승화되는 경우라면 더욱 그러하다. 내게 저자가 그런 분이고, 이 글에는 그의 역정(歷程)과 서사가 녹아 있다. 지도교수를 같이 하는 학맥의 사제로, 대한민국 행정학계의 후배로, 나는 짧지 않은 기간 저자를 봐왔다. 그는 보통 사람이라면 한 가지도 감당하기 어려운 일들을 모두 성공적으로 이루어 냈다. 강단에서 교육자로, 중등학원의 경영자로, 고등교육기관의 운영자로, 문화기업의 사업가로, 장애인에 애정을 쏟는 독지가로. 인간적인 열정, 그리고 저자가 말하듯 성실한 신앙인이기에 하나님의 은총 또한 있었으리라 짐작만 할 뿐이다. 인생을 살아가면서 바라보며 배울 수 있는 분이 지근거리에 있다면 그것조차 축복일 것이다. 많은 곳에서 사표가 되는 저자의 존재에 존경과 찬사를 보낸다.

아주대 명예교수, 前 동덕여대 총장

김영래

저자의 회고록은 교수, 대학 총장, 아트레온의 운영자, 장아람재단 회장이라는 개인의 삶의 기록을 넘어 하나님의 섭리로 태어난 인간이 과연 공동체의 일원으로서 어떻게 삶을 영위하는 것이 바람직한 것인가에 대하여 후세들에게 가르침을 주는 길잡이다. '반전'을 통해 인생의 길을 개척해 온 저자는 교수와 총장으로서 대학 구성원으로부터 존경을 받았을 뿐만 아니라 아트레온을 운영하면서 현대인들에게 예술적 감성을 풍부하게 하는 데 크게 기여하고 있다. 특히 1995년에 설립한 장아람재단에 대한 기록은 저자의 사랑과 희생정신으로 가득 찬 기독교인의 삶의 자세를 잘 나타내고 있다. "길을 가다가 돌이 나타나면 약자는 그것을 걸림돌이라고 말하고, 강자는 그것을 디딤돌이라고 말한다." 토마스 칼라일의 명언은 저자가 지금까지 살아오면서 반전의 연속인 삶의 궤적을 잘 나타내고 있다. 도전과 응전을 통해 반전의 역사를 쓰기를 갈망하는 젊은이들에게 이 책을 추천한다.

사)여성문화예술기획 이사장

이혜경

저자와는 서울국제여성영화제 집행위원장으로 일하던 시절 인연을 맺게 되었다. 그는 우리가 어려울 때마다 힘이 되어 주셨고, 우리에게 그리하셨듯이 계신 곳마다 선한 영향력을 끼치시는 분이시다. 그러한 그의 삶의 내력에는 의를 구하는 엄격한 유교 가풍, 사랑과 용서, 겸손의 기독교 신앙, 그리고 학문적 연마와 문화 예술적 수련이 함께 했구나 싶다. 지성과 감성은 상호배타적이 아니라 상호보완적이며 이에 영성까지 함께 해야 한다는 대학총장으로서의 그의 교육론은 경험과 실천에서 비롯하였으리라! 대학에서조차 개발 논리와 자본주의적 성취에 빠져있는 이 시대, 한 사람의 인격이, 좋은 리더십이 어떻게 세상을 바꾸는 데 기여하는지 책을 통해 성찰해 보는 시간을 갖도록 권유하고 싶다. 이 책은 새삼 사람이 어찌 살아야 하는지를 깨우치게 한다. 청소년은 물론 인생의 막바지에 있는 사람에게도 삶의 중요한 것을 다시 생각하게 하는 책으로 권하고 싶다.

구관조 35x15cm 한지에 먹과 채색 2023

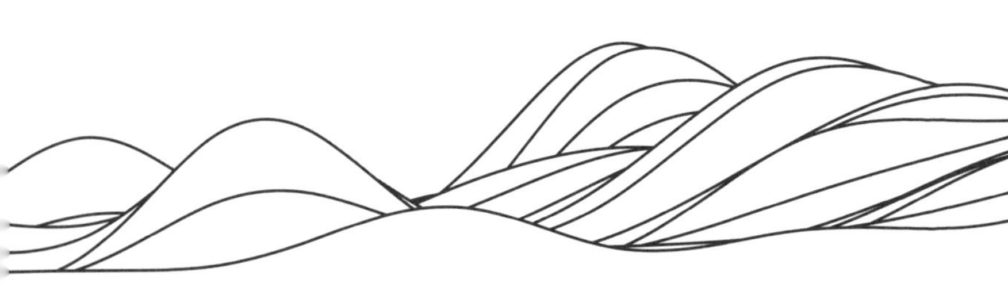

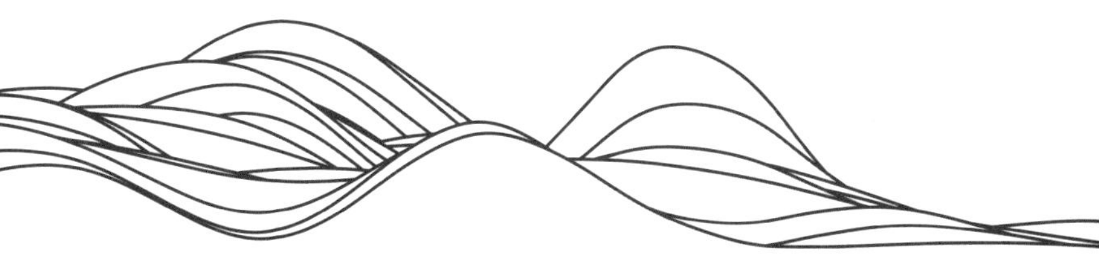

1. 굴곡진 가정사

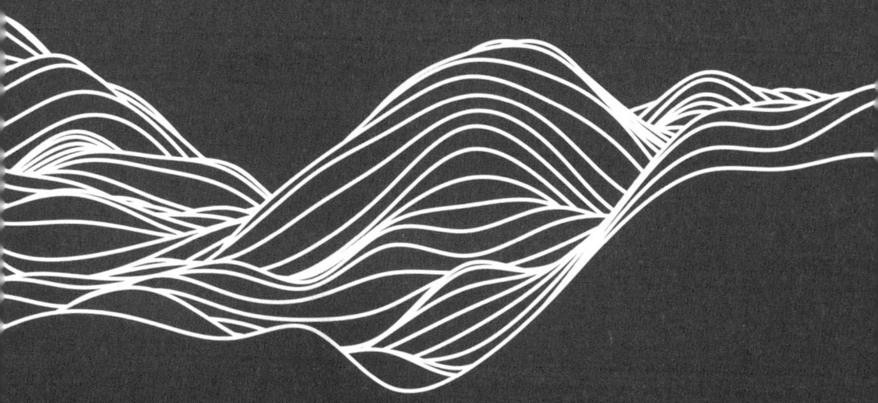

"길을 가다가 돌이 나타나면
약자는 그것을 걸림돌이라 말하고
강자는 그것을 디딤돌이라고 말한다."

- 토머스 칼라일

3대에 걸친 가풍

나는 1946년 2월 개성에서 태어났지만 세 살 때 서울로 이사 왔다. 조부모님, 부모님, 누이 둘까지 일곱 식구가 함께 살았다. 3대 독자지만 집안에서 귀한 아들이라고 대우해 준 적은 없다. 할아버지는 손자인 나를 귀여워 하셨지만 아버지는 대단히 엄한 분이셨다. 대가족이 함께 지내는지라 자식이 아무리 어여뻐도 표현하시기는 어려웠으리라.

할아버지(석전石田 최치훈崔致勳)는 당대 유명한 학자였던 정인보, 변영로와 동문수학한 사이로 학문이 높은 한학자였다. 그런 할아버지이므로 하나뿐인 아들에게 고등교육을 받게 하거나 서양 문물을 접할 기회를 주실 법도 한데 그러지 않으셨다. 집안에 수발을 드는 작은 할머니가 함께 살았기 때문에 할아버지와 할머니 사이도 살갑지 않았다. 할아버지는 선비로서의 대쪽 같은 절개는 있었으나 당시 선비들이 그러하듯 가족을 부양

해야 한다는 책임 의식은 없었다. 여러 이유들로 할아버지와 아버지 사이엔 늘 갈등이 있었다. 집에 마음을 붙이기 어려웠던 아버지는 일찍이 집을 나가 다른 집살이를 시작했다.

아버지는 생활력이 강했다. 매사에 부지런하신 분이셨다. 문제가 생기면 미친 듯 매달려 해결하셨고 어떤 일을 하더라도 열정이 넘쳤다. 그랬기에 부를 축적할 수 있었고 서예나 전각에서 일가(一家)를 이룰 수 있었을 것이다. 아버지는 할아버지가 대한 것처럼 나를 대했다. 품에 안아주거나 따스하게 보듬어 주는 경우가 일절 없었다. 자식을 가돈(家豚)으로 여기던 시대 상황의 영향도 있었으리라. 자기 자식을 낮추며 다른 집 자식을 좋게 평가하는 것을 미덕이라 생각하던 시대였다.

아버지는 나에 대한 기대치가 높았다. 사회정의를 실현하는 혁명적인 투사가 되기를 바랐지만 성정 상 아버지의 기대에 부응할 수 없었다. 아버지는 늘 나약하다고 나를 타박하셨기에 부정의 포근함을 기대할 수 없었다. 아버지가 나름의 방식으로 아들을 사랑했다는 것을 깨닫기까지 오랜 세월이 걸렸다. 돌아가시기 직전에야 그의 마음을 어느 정도 이해할 수 있었다. 아무리 좋은 얘기도 계속하면 잔소리밖에 되지 않는데 아버지는 늘 도에 넘치게 훈계를 하셨다. 아침에 불러 시작한 이야기가 점심때가 되어도 끝나지 않았다. 어머니가 옆에서 밥과 국이 다 식겠다며 그만하라고 해도 소용없었다. 발을 동동 구르며 거들어야 오후 2시에나 끝이 났다. 밥을 먹고 나면 또 불렀다. 훈계는 다음 날에도 이어졌다. 매번 내가 모자라고 나약하다는 이야기뿐이었다. 미칠 지경이었다.

고등학생 때의 일이다. 어려운 처지에 있는 친구가 대학 입시원서를 써야 하는데 1학기분 등록금도 못 내고 있었다. 그래서 나의 2학기 등록금으로 그를 도와주려 했다. 그때 아버지의 반응은 "네가 무슨 능력이 있다고 친구를 돕겠다는 거냐, 네 일이나 잘해라."였다. 약자를 돕고 살아야 한다고 누누이 말씀하시던 아버지가 자세한 사정은 듣지도 않으시고 핀잔만 하시니 말과 행동이 다른 모순된 모습에 크게 회의를 느꼈다.

아버지는 재운이 따르는 분이었다. 해방 후 양말 공장을 인수하여 운영했는데 매우 잘 되었다. 공장에서 얻은 수익을 밑천으로 당시 요지인 종로 3가에 3층짜리 은행 건물을 매입했다. 양말 공장 건물은 6.25 전쟁 때 불타서 없어졌으나 대지가 남대문 앞 요지였기에 우리 집안의 재정적 기반이 되었다. 초등학교 다닐 때 아버지가 계시던 종로 3가의 건물에, 이틀에 한 번씩 가야 했다. 그러면 아버지가 쌀 한 말 살 돈을 주셨다. 그때 어머니가 건사해야 할 식구가 열 명이 넘었는데 반찬값까지 생각하면 터무니없이 작은 돈이었다. 어린 마음에도 그곳에 가는 것이 어찌나 싫었던지 적어도 보름치씩이라도 주시면 좋겠다고 생각했다. 아버지가 참 야속한 것이 딴 살림을 차리고 있는 곳에 가서 돈을 받아 가져다드리면 어머니 속은 어떠했겠는가.

마음고생뿐일까. 물도 길어서 먹어야 했던 시절이니 여러 식구를 건사하는 어머니의 고생은 이루 말할 수 없었을 것이다. 할머니께서는 간이나 천엽 같은 부속 고기를 좋아하셨는데 어머니가 직접 사다 드렸다. 어느 날인가 크게 체하시고 말았다. 복통과 설사로 고생하시던 할머니는 그 후로 오래 앓으셨고 어머니는 편찮으신 할머니를 극진히 보살폈다. 할머니는 내가 초등학교 5학년 때인 1957년에 돌아가셨다. 어머니께서 정성으로 병시중했지만 노환으로 너무 쇠약해진 탓이다. 아버지는 할머니께서 돌아가시고 난 후에야 두 집 살림을 끝내고 집으로 돌아오셨다. 어려운 여건에서도 대가족을 건사하고, 오랫동안 할머니 병시중을 하며 정성을 다한 어머니의 진심에 아버지는 크게 뉘우치셨다. 이때부터 아버지는 가정에 충실하셨고 어머니는 더 이상 돈에 크게 시달리지 않게 되었다.

유년 시절과 학창 시절

경기도 개성에서 태어났으나 세 살 때부터 서울 청진동(현 광화문 교보문고 뒤)에서 살았다. 6.25전쟁이 나자 충남 예산군 삽다리로 피난을 가 초등학교 1학년까지 살았다. 1년 뒤 다시 서울로 올라와 관철동, 관훈동, 경운동 등지에서 살았다. 초등학생 때는 동네 친구들과 어울려 다니며 매일 놀았다. 학교에서도 장난꾸러기라 담임선생님한테 맞기도 많이 맞았다. 그때도 치맛바람이란 게 있어서 돈 좀 있다는 극성스러운 어머니들이 학교를 들락거렸다. 담임과 가까워진 다음 자식들 과외를 맡기곤 했다. 어린 나이에도 자신이 과외를 맡은 아이들을 편애하는 담임의 모습이 좋지 않아 보였다.

담임에 대한 반발심도 있었지만 공부에 취미를 붙일 만한 가정 환경이 아니었다. 대가족이 모여 살았기에 제대로 먹지 못해서 몸도 약했다. 여러 이유가 겹쳐 중학교 입시 시험에서 성적이 좋지 않았고 체력장 고사에서도 떨어져 지망했던 학교에 들어가지 못했다. 후기인 대동 중학교에 들어가자 아버지께서 충격을 받으셨는지 나를 한의원에 데려가셨다. 영양실조 진단을 받자 아버지는 시장에서 버터 한 통과 계란 한 줄을 사주셨다. 그 이후로 건강한 몸을 만들기 위해 동네 친구들과 농구, 역기, 아령을 했다. 특히 태권도에 매력을 느껴 YMCA 도장을 다니며 열심히 수련을 했다. 체력이 쌓이면서 그동안 등한시했던 공부에도 취미가 붙었다. 아버지가 마련해 주신 조그만 공부방에서 과외선생의 지도하에 열심히 공부를 했다. 그러나 친구들은 이내 지쳐 떨어져 나가고 결국에는 과외 선생도 그만 두었지만 홀로 공부를 계속해 중앙고에 합격하게 되었다.

어린시절

고등학교 1학년 때의 일이다. 태권도 도장에서 운동을 끝내고 검은 띠 단복을 어깨에 메고 집으로 오는 중이었다. “도둑놈 잡아라!” 하는 소리와 함께 앞서 오는 한 명을 여러 명이 쫓아오고 있었다. 반사적으로 앞에 뛰어오는 이를 이단 옆차기로 넘어뜨렸다. 그러자 뒤쫓아 오던 청년들이 넘어진 그를 마구 짓밟고 때렸다. 이건 아니다 싶어 때리지 말라고 말렸더니 “야! 인마! 넌 비켜.” 하며 화를 내며 나를 밀쳐 내었다. 나중에 알고 보니 앞서 오던 이는 도둑이 아니라 패싸움 끝에 도망치던 사람이었다. 넘어뜨린 분께 어찌나 미안했던지, 의협심에 한 일이었는데 본의 아니게 끼지 말아야 할 싸움에 낀 꼴이 되고 말았다.

대학에서는 1학년 내내 굴욕적 한일 회담을 반대하고 부정선거를 규탄하는 데모를 쫓아다녔다. 그러다 보니 학점이 모자라 영어를 재수강해야 했다. 영어 랩실에서 공부를 하려면 녹음기를 쓰기 위해 기다려야 했다. 먼저 녹음기를 쓴 학생이 반납하면 받아 가지고 들어가 랩실을 이용하는 시스템이었다. 하루는 랩실에서 공부를 마치고 같은 과 한 학생이 녹음기를 들고 나가려고 하니 어깨가 딱 벌어지고 체격이 좋은 한 학생이 있다가 과 동료에게 "야, 인마. 그거 두고 가." 했다. 반말에 욕을 섞어 말하는 투가 기분이 나빴다. 누구도 나서지 않기에 내가 "야! 왜 욕을 해?" 했다. 그랬더니 건들건들 내 앞으로 오더니 옆 친구에게 "이놈 얼굴 잘 봐 둬." 하며 허세를 떠는 것이었다. 하는 짓이 하도 어이가 없어 강의동 뒤편으로 데리고 갔다. 몇 대 때리고 다신 그러지 말라고 주의를 주었다.

그 일이 있고 나서 얼마 후, 나에게 맞은 녀석이 다시 나타났다. 그는 알고 보니 럭비부 학생이었는데, 할 말이 있다면서 나를 체육관으로 올라가는 길의 으슥한 곳으로 데리고 갔다. 나 하나를 두고 앞뒤로 여덟 명이 막고 서 있었다. 도저히 싸움이 안 되겠다 싶어 한 녀석을 팍 밀치고 도망을 갔다. 체육관에서 세브란스 병원 앞쪽까지 뛰었지만 결국 붙잡혀 몰매를 맞았다. 어이없이 당하고 나니 어찌나 화가 나던지 이 녀석들을 어떻게 혼내줄지 벼르고 있었다. 그런데 당시 함께 어울리던 친구 중에 일명 '센바디'라는 연대 깡패 클럽에 속한 친구들이 있었다. 그들이 자기 후배를 때린 놈을 혼내 주겠다고 싸움 난 곳으로 내려오다가 나를 발견했다. 내가 당사자란 것을 안 그들은 이 일은 없던 것으로 하고 집단 구타를 했던 자신의 후배들을 보내 사과를 시키겠다고 했다. 며칠이 지난 후 맞은 학생과 그의 친구 무리가 강의실로 찾아와 사과를 하는 것으로 끝을 맺었다. 그 후로도 그들은 연대에서 깡패클럽으로 악명 높았지만 끝내 나를 건드리지는 않았다.

데모할 때는 경찰하고도 많이 싸웠다. 시위대 앞에 서면 경찰이 곤봉으로 명치를 쿡 찌른다. 그러면 몸이 앞으로 숙어진다. 그때를 기회로 경찰들은 곤봉으로 여기저기를 마구 때렸다. 그러면 개구리처럼 몸이 쭉 뻗었다. 그래서 나도 모르게 곤봉을 꽉 잡아 낚아챘다. 그 곤봉으로 경찰 배를 찌르고는 도망을 쳤다. 그때 잡히면 어떻게 되겠는가, 죽어라 뛰어 도망을 갔다. 그때를 생각하면 지금도 아찔하다. 대학 1, 2학년 때는 데모, 미팅, 싸움을 하며 학업을 등한시하다가 3학년 때 학과 학회장으로 선출되고, 고시 공부하는 학생과 친하게 지내며 학업에도 충실한 모범적인 생활을 하게 되었다. 4학년 때는 학과 조교가 되어 학과장과 한방에 있게 되니 공부를 안 할 수가 없게 되었다. 대학원에 진학해서는 도시락을 두 개씩 싸서 다니며 밤늦게까지 공부했다. 공부에 취미가 붙으니 자연히 열심히 하게 되었다.

졸업식. 부모님과 함께

인색한 아버지

내가 아버지와 결정적으로 사이가 멀어지게 된 것은 결혼을 준비하면서이다. 대학원 입학할 때쯤 결혼할 여자가 있음을 말씀드렸다. 진덕규 선배와 안용식 선배를 좋아해 어울려 다녔다. 이화여대에서 교수를 하던 진덕규 선배가 아내를 소개해 주었다. 똑똑하고 교양 있고 집안도 좋다며 우리를 연결해 주었다. 아버지도 처음에는 좋게 받아들이셨다. 아내를 소개받고 아버지는 장인어른의 집까지 다녀오셨다. 장인은 화신백화점 내 (주)신생 대표를 하실 정도로 재력 있고 명망 있는 분이셨다. 그런데도 아버지는 며느리 될 사람은 맘에 들지만 그녀의 언니가 결혼을 안 하고 있다며 트집 잡았다. 역혼을 할 수 없다는 것이었다. 게다가 이제 스물일곱인데 외국에 나가 공부할 생각이나 하지 결혼을 왜 하냐고 하셨다. 아버지는 유학을 쉽게 생각하셨고 특히 내가 미국으로 가기를 바라셨다. 그런 불만 때문이었는지 아버지는 역혼을 트집 삼아 처가댁을 싫어하셨다. 뚜렷한 흠도 아닌데 상대 집안을 비방하니 아내 될 이에게도 이야기할 수가 없었다. 경제권을 가진 아버지가 한 푼도 도와주지 않을 것이 불 보듯 훤해 보였다. 상견례도 한 마당에 시집 안 간 언니를 트집 삼아 결혼을 반대하는 아버지를 이해할 수가 없었다. 위로 누나 둘이 결혼할 때도 아버지는 상대 집안에 대한 불만이 많았다. 자식 중 누구도 결혼을 평탄하게 하지 못했다.

아버지는 반대를 하면 결혼 생각을 접고 미국으로 유학을 갈 거라고 생각하신 것 같다. 그러나 나는 결혼을 밀어붙였다. 신부 쪽에서 결혼 날짜를 언제로 할 것인지 알려달라고 한다고 아버지께 말씀드렸다. 그랬더니 네게 다 맡길 테니 알아서 하라고 하셨다. 요즘은 여자 집안에서 주도적으로 날도 잡고 하니 그쪽에서 진행하면 뒷바라지는 다 해주겠다고 말씀하셨다. 날짜를 정해서 말씀을 드렸다. 잘했다며 계획대로 진행하라고 하셨다. 그러나 말씀만 그렇게 하셨을 뿐 전혀 도움을 주지 않으셨다. 결국 말만 그렇게 하고 훼방을 놓으려는 심산이셨던 것이다. 아버지의 뜻에 따라 결혼을 하지 않을 것도 아니기에 아버지의 도움 없이 결혼식을 치를 준비를 시작했다. 친구가 운영하고 있던 아스토리아 호텔을 예약했다. 아내도 신혼집에 들일 가구를 예약하는 등 결혼 준비를 착착해 나가고 있었다. 결혼식 날은 4월 18일로 잡았다.

아버지는 결혼식 날이 가까울수록 괴롭힘의 강도를 높여나갔다. 매일매일 나를 불러들여 매사를 트집 잡았다. 지난날 있었던 일을 들추어 괴롭혔고, 제풀에 지쳐 결혼을 포기하기를 바라셨다. 이런 와중에 아들과 남편 사이에서 스트레스를 받던 어머니가 쓰러지고 말았다. 하나 있는 아들 결혼을 시켜야 하는데 남편이 하는 행태에 스트레스를 받아 혈압이 300이 넘게 올라간 것이다. 누나들이 찾아와서 이러다 어머니가 돌아가시게 생겼으니 결혼을 연기하라고 말했다. 결혼 이틀을 남겨두고 어떻게 연기를 하란 말인가! 누나들은 "어머니 돌아가시고 나면 너 후회가 막심할 텐데 어쩌려는 거냐. 아버지는 바뀔 리가 없으니 네가 포기하라."고 했다. 온양에서 아버지 여관을 맡아 운영하던 외삼촌도 내게 결혼을 연기할 것을 권했다. 어머니는 성심병원에 입원하셨고, 나는 아내를 만났다. 장인도 보통 분이 아니시라 직접 이야기를 못 하겠기에 처삼촌 댁으로 갔다. 가서 상황을 설명하고 이야기를 전해달라고 부탁했다. 말을 전해들은 장인은 “이게 무슨 소리냐. 3대 독자에, 최 씨에, 고향도 개성에 맘에 드는 것 하나 없었는데 잘 되었다. 이 결혼 안 시키겠다.”라며 이불을 쓰고 누워버리셨다. 아내 역시 “당신만 아버지께 효도하느냐, 나도 이제 나오지 않겠다.”며 집으로 들어가 얼굴을 비춰주지 않았다.

이럴 수도 저럴 수도 없는 답답한 마음에 머리나 식히겠다고 스카라 극장에 갔다가 화장실에서 쓰러지고 말았다. 쓰러지며 안경이 부러져 코가 깨졌다. 극심한 스트레스로 비쩍 말라 있던 시절이었다. 간신히 정신을 차리고 일어나 어머니가 입원하신 병원으로 갔다. 가자마자 외삼촌에게서 전화가 왔다. 아버지가 사돈댁과 통화를 하고 화가 나서 지금 너를 죽이겠다고 달려가고 있으니 빨리 피하라는 것이었다. 외삼촌이 사돈집에 결혼 연기를 통보했으면 사과를 해야 할 것 아니냐 하고 처가댁에 전화를 걸어 아버지를 바꿔드린 것이다. 그랬더니 장인이 당신같은 비인간적인 집안과는 이야기를 안 하겠다고 했고 서로 험한 말이 오가며 싸움이 났던 것이다. 결국 양가의 마음은 상할 대로 상했고, 수습할

길 없이 막막한 상황이 되고 말았다.

집에서 한 발짝도 나오지 않는 아내를 만날 길이 없어 아내 친구를 찾아가 아내를 만나게 해달라고 부탁했다. 그랬더니 곧 지인의 결혼식이 있는데 거기는 올 것이라며 귀띔해 주었다. 그곳에 온 아내를 납치하다시피 해서 가출을 했다. "우리는 이 길 밖에 없다. 내가 책임지겠다."고 말하고 일을 저질렀다. 며칠 있다가 처가에 전화를 했다. 그 사이에 장인은 이화여대와 연세대에 가서 학장을 만나고 지도교수를 만나 불한당 최호준이가 내 딸을 납치해 갔다고 난리를 쳤다.

아버지는 내 지도교수이며 내가 근무했던 도시문제연구소 소장이신 노정현 박사를 찾아갔다. 지도교수님은 아버지에게 자식 사랑을 본인 방식으로 일방적으로 하지 마시고, 사랑의 토대 위에서 다독이며 훈계를 하면 좋겠다, 본인이 보기에는 호준이만 한 청년도 없는데 그러시면 되겠느냐고 말씀을 해 주셨다고 한다. 한바탕 난리가 났다가 진정이 되고 일주일 후에 처가에 갔다. 장인은 나는 말하고 싶지 않으니 당신 아들과 말하라고 문전박대를 했다. 옆방에 가니 큰 처남이 있었다. 그는 내게 잘했다고 통쾌하다고 했다. 큰 처남도 가정에서 장인에 대한 불만이 누적되어 있었던 터라 오히려 내 행동에 대리 만족을 느꼈던 것 같다.

그 후 학교에 갔더니 이극찬 학장님이 나를 불렀다. 우리를 중매한 것이나 마찬가지인 분이셨다. 그는 나에게 어떻게 된 일인지, 자네같이 순종적이고 착한 사람이 어떻게 그럴 수 있었냐고 물었다. 그간의 사정을 학장님께 말씀드리고 이 상황을 타개할 길은 아내를 데리고 나오는 길밖에 없었고 모든 상황에 대해 확실하게 책임을 질 것이라 했다. 그는 "그래, 책임지면 되는 것이네. 의기소침할 것 없네." 하며 나를 격려해 주셨다.

우여곡절의 결혼식

친구에게 부탁하여 안양에 있는 국민주택 방 한 칸을

빌려 살림을 차렸다. 아내의 친구들이 안타까워하며 진덕규 교수님에게 가서 중매를 섰으면 책임을 지셔야지 저렇게 놔둘 것이냐고 종용했다. 그러자 진 교수님이 아버지에게 가서 남 보기도 그러니 결혼식을 하게 하자고 중재했다. 그래서 한 달 후인 5월로 다시 날을 잡았다. 혼인신고는 4월에 이미 한 상태였다.

결혼식을 치르려니 돈이 없었다. 내심 기대했던 외삼촌도 전혀 도와주지 않았다. 내겐 연구소에서 일할 때 모아둔 돈 5십만 원 정도가 전부였다. 지금으로 치면 5백만 원쯤 될 것이다. 그때 이화여대 다락방을 빌리는데 드는 비용이 3천 원이었다. 그래서 그곳을 빌려서 결혼식을 올렸다. 어차피 부모의 도움을 받지 못할 바에는 바닥에서부터 출발하자는 생각이 들었다. 친구들이 호텔에서 결혼식을 할 때 사회를 많이 봤었는데 호화로운 결혼식이 마뜩잖았다. 나는 결혼식은 간소하게 하고, 축의금은 유용하게 써야겠다고 생각했다. 지금은 돌아가신 박창빈 목사님은 내가 도시문제 연구소에 있을 때 그곳에서 활동 간사로 일하고 계셨었다. 그는 김진홍 목사, 제정구 씨와 함께 빈민운동을 했던 분이다.

그래서 그분께 결혼식 축의금을 의미 있게 쓰고 싶다고 말했다. 그는 내게 이동철을 소개해 주었다. 이동철은 후에 『어둠의 자식들』이라는 소설을 쓴 작가로 그 당시 청계천에서 야학을 하고 있었다. 그곳에는 소매치기를 하다가 경찰에 잡혀 교도소에 다녀왔거나 구두닦이를 하는 아이들이 대부분이었다. 아이들을 대상으로 공부를 가르치는 재활센터 같은 곳이었다. 그를 만나 얼마나 들어올지 모르지만 축의금을 기부하겠다고 말했다.

결혼식이 가까워져오자 아버지는 다시 화를 내셨다. 나를 괴롭혔다가 어머니를 괴롭혔다가 주변 모든 사람을 괴롭히기 시작하셨다. 함이 가야 하는데, 결혼을 반대하는 아버지 때문에 본가에서 못 가고 누나네 집에서 갔다. 그러는 사이 한 시간 반이나 지체되자 처가댁에서는 또 사기를 당했다는 이야기까지 나왔다. 원래 함진아비가 들어가면 떠들썩하게 굴며 잔치 분위기를 내는 것이 당연했지만 우리 집 사정을 아는 친한 친구 세 명과 조용하게 다녀왔다.

결혼 전날 친척들이 집으로 왔다. 결혼식에 아버지를

모시고 가려고 온 것이다. 결혼식 당일, 2층에서 양복을 입고 있는데 아버지가 올라오셨다. 그러더니 내 멱살을 잡고 너 결혼식 못 간다고 했다. 나는 맥이 탁 풀려버렸다. '맘대로 하십시오! 나 결혼 안 할 테니 맘대로 하십시오!' 했다. 어머니도 누나도 울었다. 맥 놓고 앉아 있는 나를 누나들이 등을 떠밀어 간신히 결혼식장에 갔다. 우여곡절 끝에 친척 어르신들에게 이끌려 택시를 잡아타고 결혼식장에 오신 아버지는 화를 풀지 않으셨다. 사진관을 운영하던 친구가 결혼사진을 찍어 주었는데, 사진 속에서도 아버지는 두 주먹을 불끈 쥐고 얼굴을 찌푸리고 있다.

신혼집은 망원동에 전세금 50만 원을 주고 얻었다. 신혼집 도배와 장판을 혼자 해 보겠다고 도배지며 장판, 풀을 들고 시도하다가 결국 포기하고 업자에게 맡기는 바람에 돈이 더 들고 말았다. 축의금은 20여만 원이 들어왔는데 기부하기로 약속했던 청계천 야학에 다 주었다. 그러고 나니 수중에 남아 있는 돈이 없었다. 정말 가난하게 신혼살림을 시작했다. 처가댁도 알아주는 부잣집이었지만, 딸이 부잣집에 시집갔으니 도울 필요가 없다며 한 푼도 도와주지 않으셨다.

장인도 돈에 있어서는 철저한 분이셨다. 일본에서 2년을 살면 합법적으로 물건을 사서 한국에 가지고 들어올 수가 있다. 그때만 해도 일본제품이 한국제품보다 훨씬 좋았다. 유학 생활을 마치고 한국에 들어올 때 일본제품을 사서 들어오고 싶었다. 그때 우리 수중에는 돈이 없을 때라 아내가 장인께 돈을 빌려달라고 얘기해 보겠다고 했다. 아내의 얘기를 듣고 장인이 명동에서 보자고 해서 만났다. 그러자 대뜸 "자네 떳떳하게 살지 뭐 그런 걸 하나?"라고 말했다. 2년을 살았기에 새것을 사 올 수도 있었다. 불법도 아니고 헌 살림을 버리고 새것으로 사서 쓸 수도 있고, 혹시 필요 없다면 다른 데 팔 수도 있는 것이었다. 많은 돈도 아니고 100만 원 정도 빌려달라는 것이었다. 이야기 끝에 장인은 한 달 이자가 얼마인지를 아느냐고 하셨다. 사위에게 이자 이야기를 하실 정도로 장인도 아주 깐깐한 성품이셨다. 그래서 잘 알겠고, 제 생각이 짧았던 것 같다고 하며 돈을 빌리지 않겠다고 했다. 장인의 깨우침 덕분에 가난해도 바르게 살아야 겠다는 다짐을 하는 계기가 되었다.

깊어지는 아버지와의 갈등

대학원 시절, 지도교수님의 주선으로 3개월간 일본에 있는 연구소(Japan Center For Area Development Research)에 다녀올 수 있었다. 연수를 마치고 돌아왔는데, 아버지는 불법체류자가 되더라도 일본에서 공부를 하지 왜 돌아왔냐며 맘에 들어 하지 않았다. 아버지는 내가 유학가기를 매우 원하셨다. 그러나 내 대학 성적은 F학점도 있었을 정도로 좋지 않았기에 아버지가 원하는 미국의 유수한 대학에는 지원하기가 어려웠다. 그래서 연수 경험이 있는 일본으로의 유학을 계획하고 국비 유학을 보내주는 문무성 시험에 지원했다. 국사와 일본어를 보는 시험이었는데 국사에서 떨어졌다. 대학입시 때도 국사는 98점을 받을 정도로 자신이 있었는데 왜 떨어졌는지 의아했다. 학원에 가서 공식처럼 배우고 외워야 한다는 걸 알게 되었고 다시 도전하여 두 번째에 통과했다. 그렇게 동경대학 대학원 법학부에서 2년을 공부했다. 그러면서 정규과정 시험을 볼 수 있는 계기가 있어 준비했다. 대부분 시험에 합격하는 데는 2년 정도 걸리기 때문에 한두 번 정도 떨어질 것을 생각하고 예비로 시도를 한다. 나도 일 년 반쯤 후에 시험을 쳤는데 떨어졌다. 계속 시험을 치며 일본에 남아서 공부를 할 것인지 한국으로 돌아갈지 고민이 되었다.

아버지는 재정 지원을 전혀 해주지 않으셨다. 일본으로 오고 6개월 후에 아내가 아들을 데리고 왔는데, 단 한 푼도 보내지 않으셨다. 장학금을 받아 모아둔 돈으로 집을 구해 보증금을 내고 사는데 앞날이 막막했다. 심지어 아버지와 어머니는 일본에 오셔서 여행을 하실 때, 3개월을 우리 집 단칸방에서 함께 기거하셨는데도 돈 한 푼 안 주고 가셨다. 살아가야 하는데 도저히 버틸 힘이 없었다. 그나마 도움을 받을 만한 사이인 외삼촌과도 관계가 틀어졌다. 아버지는 외삼촌에 대해 "내 사업을 맡아서 하면서 딴 주머니를 차고 잘살고 있다!"라고 생각하셨고 외삼촌은 "내가 이만큼 했으면 내 몫을 따로 챙겨도 된다!"라고 생각했다. 아버지는 내가 일본으로 떠나기 전에 외삼촌이 집을 짓는다는데 어떻게 짓고 있는지 보고 오라고 했다. 가서 보니 온양 시골 장터에 집을 호화롭게 짓고 있었다. 아버지가 의심하고 있는데 외삼촌이 호화스럽게 집을 짓는 것이 좋아 보이지 않았다. 집에 돌아와 외삼촌에게 편지를 썼다.

'외삼촌이 재정문제로 아버지와 사이가 좋지 않으신데 나도 가서 보니 기분이 별로 좋지 않았다. 외삼촌을 의심하는 것은 아니지만 시장통에 집을 그렇게 호화롭게 짓는 것은 주민 정서에 맞지 않는 것 같다.'라는 내용으로 써서 보냈다. 그랬더니 화가 나서 아버지에 대한 비판과 욕설, 자신은 떳떳하다는 답신을 보내왔다. 아무리 외삼촌이라도 아버지를 파렴치한으로 몰다니 한국에 돌아가면 따져 물어야겠다고 생각하고 받은 편지를 책상 서랍에 깊숙이 넣어 놓았다. 그런데 아버지가 일본에 와서 내가 공부하러 간 사이에 책상 서랍을 뒤져 외삼촌이 보낸 편지를 본 것이다. 그 당시에는 이야기를 안 하시고 속에 담고 계시다가 나중에 터져 나오기 시작하니 걷잡을 수 없게 되어 버렸다. 아버지가 내게 가르쳐준 것이 매사에 공정하라는 것이었기에 아버지 편이나 외삼촌 편을 드는 것이 아니라 잘잘못을 따지려 노력했다. 그러나 아버지는 말은 그렇게 하셨지만 자기 일에는 감정이 앞섰고, 자식이 되어서 그런 편지를 받고도 가만히 있었냐며 분노하고 실망하셨다.

외삼촌과 아버지에게 어떤 경제적 지원도 기대할 수 없기에 막막하던 차, 서울시립대학에 계신 교수가 내 석사학위 논문이 일본 학술지에 실린 것을 보고는 시립대 교수 초빙을 하는데 담당 지도교수에게 나를 추천하도록 했다. 좋은 기회라 생각하고, 2년 국비장학생으로 공부한 것이 경력이 되니 박사 과정은 연세대에서 다시 해야겠다는 생각으로 한국에 들어왔다. 아버지는 외삼촌 일로 마음이 상해 있던 차에 내가 돌아와 꼴도 보기 싫다고 집을 나가버리셨다. 아무리 전후 사정을 설명해도 소용이 없었다.

아버지의 기행 - 양자와 후계자들

아버지의 이해할 수 없는 행동 중 하나는 3대 독자인 아들이 버젓이 있는데, 다른 사람을 양자로 입적시킨 것이다. 내가 천륜을 저버린 불효를 한 적도 없는 데 말이다. 1980년 봄, 아버지가 아내에게 전화를 하셨다. "내가 호준이를 호적에서 파내려고 변호사와 상담했더니 그런 일은 할 수가 없는 일이라고 한다. 그러나 호적에 그대로 있다고 해도 나는 호준이와 연을 끊었으니, 너는 며느리가 아니고 너희 자식들도 손자, 손녀가 아니다. 호준이는 이제 할아버지와의 연도 끊겼으니 할아버지 묘도 동성중학교 뒷산으로 양자와 함께 이장하기로 했다."고 전하라고 하셨다는 것이다. 참으로 기가 차고 어처구니가 없고 아내에게도 부끄럽기 짝이 없었다. 이 수모스럽고 원통한 마음을 어찌할지 울분이 차올랐다. 그 감정을 폭발시키면 가정이 쑥대밭이 될 것 같았다. 아버지에게서 받은 이 비참한 수모와 상처를 나에게서 끝내고 내 자식이나 주변 사람에게는 절대로 대물림하지 말자고 몇 번씩 다짐하며 참고 또 참았다. 아무리 다짐해도 인간적으로 그 상황을 감내해 내는 것은 너무나 고통스러웠다. 시도 때도 없이 벌떡벌떡 일어나는 울화를 가라앉히기 위해 인내에 인내를 거듭했다. 이런 나를 하나님께서 가상히 여겨 돌봐주실 것이라는 믿음으로 버텼다. 나는 이 일을 가슴에 묻고 애써 상황을 외면하며 살아갔다.

아버지의 양자로 입적된 최○섭은 1960년경 중학교를 졸업하고 경남 밀양에서 상경하여 아버지의 건물에 임대해 있던 양복점에서 사동으로 있었다. 양복점이 문을 닫자 1963년부터 아버지 밑에서 업무를 보조하다가 사업이 확장되고 재산이 늘어나게 되면서 집안 재산 일체를 관리하게 되었다. 아버지는 가족 모두의 인감까지 맡기며 재산 관리상의 모든 권한을 그에게 위임하였다. 아버지가 최○섭을 양자로 들이게 된 동기는 첫째, 서예가의 길을 가는 아버지로서는 재산 관리로 인한 복잡하고 속박 받는 생활에서 벗어나고 싶었고, 둘째, 친자이며 3대 독자인 아들은 대학교수로 가는 길도 다르고, 하는 생각이나 행동이 마음에 안 들었고, 셋째, 사동으로 인연을 쌓아온 최○섭은 20여 년간 순종적으로 대가 없이 집안일을 해와 가족의 일원으로 받아들일 만한 굳은 믿음이 있었기 때문이라 생각된다. 하지만 아무리 이해해보려 해도 큰 상처를 남긴 아버지의 반인륜적인 처사는 아직도 이해되지 않는다.

양자 입적 사건은 아버지에게 물질적인 부분은 물론 정신적으로도 커다란 후유증을 남기고 말았다. 양자로 입적된 지 5년 후 그에게 급성 간암이 발병하였다. 아버지는 외국 여행 중 소식을 접하고 주무시다가 벌떡 일어나 무릎을 치며 "모든 걸 믿고 다 맡겨 놨는데 이제 어떻게 하나?" 하시며 크게 탄식했고, 모친은 아픈 이에겐 안 된 일이지만 이제야 집안일이 순리로 풀어질 거라고 생각하셨다고 한다. 죽음을 앞둔 양자에게 재산의 전반적인 규모나 내용에 대해 물어볼 형편도 안 되고, 아버지는 스스로 그간의 서류를 검토하며 재산관리가 체계적으로 안 되어 있는 것을 파악하게 되었다. 평소에도 아버지는 장부나 메모지에 기록은 안 하지만 기억력은 대단하셨다. 아버지의 계산으로는 임대료 수입을 제외하더라도 부동산과 주식을 사고판 큰 건만 계산해도 양자의 처가 얘기하는 금액과 10여억 원의 차이가 났다. 이렇게 되니 철석같이 믿었던 굳은 믿음이 깊은 불신으로 이어지게 되었다. 아버지는 양자의 처와 최종적인 계산을 하게 되었다. 양자의 처가 계산할 것이 없다고 강하게 부인하자 아버지 스스로 호적등본을 들고 주변 금융기관을 돌며 확인했고, 밝혀진 것만 해도 4억 8천 6백만 원에 이르렀다.

큰 배신감을 경험하신 후, 부동산도 양자 명의로 해 놓았던 것이 여러 건이 있어 본인과 친자, 며느리, 딸의 명의로 바꾸어 놓으셨다. 이에 대해 양자의 처 이 씨는 검찰청에 특정 경제법(사기), 사문서위조 등 4가지 제목으로 우리 부모님을 제외하고 나를 비롯해 아내와 누나를 고소하였다. 이 일로 검찰청에 불려 다니며 조사를 여러 번 받았으나 '혐의없음' 불송치 판결을 받았다. 담당 검사는 내가 아버지가 주는 수모 속에 어렵게 살면서도 남을 도우며 선하게 살아간다며 호의를 보였고, 오히려 역으로 양자의 처를 무고죄로 고소할 수 있다고 알려주었다. 그렇지만 그동안의 사정이 있어 일이 이렇게 되었으니 너그러운 마음으로 미국 사립대학에 다니고 있는 양자 아들의 학비를 졸업 때까지 보태주면 어떻겠냐고 합의를 제안했다. 그렇게 하기로 하고 검사실을 나왔다.

상속세, 증여세 등 실타래처럼 얽히고설킨 양자 죽음 후의 재산상의 후유증을 최소화하기 위해 소명자료를 모으고 이를 체계적으로 기술한 것을 가제본했더니 300페이지 분량이 되었다. 이것이 세무사, 회계사, 변호사들의 참고 자료로 유용하게 쓰였다. 10여 년에 걸친 일선 세무서, 국세청, 재무부, 국세심판소 등 관계기관과의 법리적 논쟁을 통해 낼 것은 내고 찾을 것은 되찾았다. 아버지의 양자 입적은 결국 양쪽에 엄청난 고통만 주고 끝이 났다. 아버지는 양자에 대해 모든 일에 순종적으로 충성하고 돈에 대한 욕심을 안 부릴 것으로 생각했을 것이다. 하지만 친자인 나는 망원동의 부엌도 없는 단칸방에서 살림을 시작한 후, 엘리베이터도 없는 낡은 아파트 7층에서 13평짜리 전세로 어렵게 살고 있는데, 그는 골프 회원권을 가지고 있었고 자식은 사립 초등학교를 보내다가 미국으로 유학을 보냈으며, 그의 처는 사치스러운 생활을 했다.

거기다 큰돈을 별도로 움켜쥐고 있으면서, 명의 신탁한 것을 되찾아 간다고 친자를 특정 경제법으로 고소까지 했으니, 참으로 어처구니가 없고 분노가 치밀어 오르는 일이었다. 아버지의 선택은 조상을 욕보이고 자식에게는 아픈 상처를 안겨 준, 돈 잃고 사람도 잃어버린 일이 되고 말았다. 아버지는 이 일에 대해 돌아가실 때까지도 미안하다는 말 한마디 하지 않으셨다. "호준아, 이 일만큼은 네게 정말 미안하구나!"라는 한마디를 정말로 듣고 싶었는지도 모르겠다. 이런 고통스런 과정을 통해 배우셨으면 좋았을 텐데 불행히도 유사한 일들이 반복되었다.

노 장로라고 아버지가 아들처럼 생각하는 사람이 또 있었다. 그는 겉으로는 순한 양 같았다. 그는 아버지가 온양에 내려가 계실 때 계속 찾아가 자기가 있을 만한 곳을 알아봐달라고 부탁했다. 사람이 성실하고 착하다며 아버지가 친척이 운영하던 안양모방이라는 회사에 취직을 시켜주었지만 적응하지 못하고 나왔다. 그다음에는 뒷돈을 대주며 사업을 할 수 있도록 도와주었다. 집을 담보로 돈을 빌려주었는데 그것으로 금은방을 했다. 아버지를 은인으로 생각하며 금은방을 하던 그들은 어느 날 미국으로 이민을 갔다. 그 후 어머니와 미국 여행을 다니던 아버지는 아들 같았던 그의 집을 찾아갔다. 가서 보니 자본이 없어 허덕이는 생활을 하고 있기에, 여행비 8천 불을 다 주고 오셨다고 했다. 그다음에도 미국에서 가게를 얻는다고 하거나 장사 밑천으로 필요하다고 하여 여러 차례에 걸쳐 상당한 돈을 빌려주시기도 했다. 그런 관계로 아버지는 미국에 자주 가셨고, 그 집에서 한 달 넘게 머물곤 하셨다.

그러면 노 장로는 알뜰하게 살았어야 했다. 그러나 내가 가서 보니 그는 자신의 경제 상황에 맞지 않게 살고 있었다. 그는 한 교회의 장로였는데 목사들이 한국에서 오면 공항에 나가 맞이하고 일정을 다 챙겼다. 좋은 일을 하겠다는 명목은 좋았으나, 그는 한국에서 온 목사들에게 분에 넘치는 환대를 하였다. 차도 BMW 730을, 대학생인 아들은 무스탕을, 딸은 캠리를 타며 호화롭게 살았다. 나중에 보니 주변에 돈을 빌리지 않은 사람이 없었다. 심지어 자기 종업원의 월급을 수년 동안 잡아 놓고 이자만 주다가 결국 그 월급도 다 주지 않았다고 한다. 후에 내가 직접 그와 돈거래를 해보니 돈 개념이 없고 신용도 없었다. 돈이 필요하다고 해서 빌려줬는데 그걸 갚기도 전에 또 빌려달라고 하였다. 아버지는 그가 필요하다고 하면 더 빌려주라고 했지만 내가 보기에는 아니었다. 주변 사람들에게 신용과 믿음을 잃어 더 이상 돈을 빌릴 데가 없어지자 부부가 같이 아버지를 찾아와서 눈물로 호소하며 꼭 갚겠다고 하고 수만 불을 또 빌려갔다. 그러나 갚지 못해 아버지와의 사이도 크게 벌어졌고, 아버지와 어머니가 돌아가셨을 때 연락도 없었고 장례식장에도 오지 않았다. 아버지는 그들 부부를 양처럼 착하고 믿음직스럽고 성실하다고 항상 나에게 이야기하셨고, 그들도 우리 부모님을 자기들 생명의 은인이라고 떠받들었으나 이 또한 결국 끝이 좋지 않았다.

아버지가 가족의 동의 없이 일방적으로 주변 사람을 양자나 양아들처럼 내세우는 사례는 계속되었다. 아버지는 육사 8기로 부산지방청장을 지낸 외사촌 조카 사위되는 송 모 씨에게 주식 대금 5~6천만 원과 밥그릇이라 말했던 부동산을 담보로 제공하고 ㈜진흥정밀화학을 설립하셨다. 전 재산을 담보로 맡길 정도였으니 그의 능력과 인격을 얼마나 믿고 의지했는지 알만하였다. 그의 자식이 연세대 경영학과를 나오고 외국 유학까지 갔다 온 대단히 능력 있는 청년이라고 나와 견주면서 말씀하곤 했다. 후에 알고 보니 나보다 10년이나 어린 학과 후배로 대단한 능력자는 아니었다. 그를 전무로 데려다 놓고는 나를 사무실로 데려가서 회사를 둘러보게 하며 위축되게 하고자 하셨다. 아버지는 양자가 죽은 후 그를 불러 인감, 통장, 등기부 등본을 줄 테니 우리 집 재산을 관리해 달라고 했다. 그러나 그는 며칠 생각해 보고는 감당하기가 어려웠는지 되돌려 주었다.

외국 출장을 다녀오신 아버지를 모시고 오기 위해 아내와 함께 차를 가지고 공항에 갔다. 집으로 오는 도중 아버지는 "내가 판사를 한 후 지금은 로펌에 대표변호사로 있는 네 육촌 동생을 양자로 삼으려고 한다."고 하셨다. 태연한 척했으나 아내 보기 부끄럽고 또 이러시는구나 싶은 것이 분노가 치밀어 올랐다. 치미는 분을 삭이며 아버님을 댁 앞에 내려드리고 함께 집으로 들어가려고 했더니, 너희들은 이제 그만 가보라 하고 뒤따라온 송 씨 일행과 집으로 들어가셨다.

그러나 송 씨와의 관계도 오래가지 못하고 돈 잃고 사람 잃는 관계로 끝나고 말았다. 송 씨가 10여 년간 회사를 운영해 오다가 회사 사정이 어려워졌다고 하면서 회사를 다른 사람에게 12억에 넘기겠다고 하여 묵시적으로 동의를 했다. 그러나 그 후에 3억밖에 못 받아 이런저런 비용을 쓰고 나니 남는 것이 없다고 했다. 그는 아버지가 투자한 주식 대금 6천만 원도 돌려주지 않았다. 그는 다리가 불편하다는 이유로 BMW 730을 타면서 투자금은 나중에 돌려주겠다고 일방적인 통보를 해왔다. 그 후 아주 우연한 기회에 경기대 총장을 지냈던 김한주 님과 이야기를 나누게 되었는데, 송 씨와 골프도 함께 치며 잘 아는 사이라고 하면서 그가 회사를 13억에 넘겼다고 자랑스럽게 이야기하더라고 나에게 말해 주었다. 이 사실을 아버님께 말씀드렸더니 기가 막혀 노발대발하시면서 그의 자식을 불러 그 아버지의 잘못된 처사에 격한 비난을 하면서 자식인 너도 전무로서 책임감이나 죄의식이 없다고 크게 야단을 치셨다. 그러나 난리 소동만 쳤지 결국 돈 한 푼 돌려받지 못하고 끝나고 말았다.

1990년대 초반에도 아버지는 개성 동향이며 보통학교 동창으로 유일하게 친한 친구인 이○정이라는 분의 차남 이○영을 신영극장의 사장으로 데려다 놓으셨다. 친구분의 아들들은 나보다 한 살 위, 한 살 아래였기에 어렸을 때 자주 어울렸다. 장남은 경기 중, 고와 홍대 건축과를 졸업하고 설계 사무소를 차렸고 차남은 경기중과 검정고시를 거쳐 서강대를 나와 효성에서 근무하다 오토바이 가게를 하고 있었다. 어렸을 때는 물론 성장한 후에도 아버지는 친구 자식들은 나보다 똑똑하고 유능하다고 하면서 나와 비교하는 말씀을 자주 하곤 하셨다.

그렇게 친구분의 아들을 갑자기 사장으로 앉히고, 그가 이미 하고 있던 효성 오토바이 가게도 함께 할 수 있는 특권을 주셨다. 한번은 외국에 나갔다가 와서 사장실에 들렀더니 이○영이 나의 아버지가 미국에서 보내신 Fax가 있다고 보라고 했다. 용지와 글씨체를 보니 LA에 있는 한미은행 downtown 지점장실에서 직원이 대필해서 보낸 것이었다. 내용을 보니 기가 막혔다. "○영이 보거라! 호준이는 학교에만 있어 세상 물정을 모르고 현실과 동떨어진 어리석은 이야기만 늘어놓는 나약한 자이다. 그러니 네가 나의 후계자라고 생각하고 절대 호준이 말은 듣지 말고 너의 뜻대로 모든 일을 처리해 나가거라." 대충 이런 내용의 서신이 두 번에 걸쳐 들어와 있었다. 아버지로부터 어리석은 자, 나약한 자, 현실감 없는 자로 낙인찍히고 더구나 동생 같은 사장 앞에서 이런 내용의 Fax를 접하게 되는 수모와 자괴감은 참으로 참기가 어려웠다. 참을 인을 무수히 새기며 사장실을 나왔다.

아버지가 후계자라며 권한과 믿음을 주며 임명했던 사장 이○영은 몇 년이 못 되어 큰일을 저질러 놓고 무책임하게 그만두었다. 자신이 운영하던 오토바이 가게의 부도를 막기 위해 신영극장 회삿돈 수억 원을 빼내서 되돌려 막았던 것이 들통 났다. 아버지는 그를 집으로 불러다 놓고 비분강개하며 야단을 치기도 하고, 그의 점포와 집으로 찾아가기도 했으나 결국 그 돈은 받아내지 못했다. 그뿐만 아니라 아버지 절친이었던 이○정 씨 명의로 신탁해 놓았던 수십억이나 되는 성수동 부동산의 삼분의 일 지분을 이○영이 담보 설정을 해서 전부 날려 버린 것을, 아버지가 돌아가시고 상속재산을 정리하는 과정에서야 알게 되기도 했다.

화해의 길

아버지는 필동 집에서 도보로 30분 정도 거리에 있는 하니 맨션 오피스텔을 구입해 그곳에서 서예와 전각을 하셨다. 이때(1978년)부터 아버지와의 갈등과 불화는 점점 깊어졌고, 아버지는 1979년, 천안동성중학교 근처 과수원에 기거하시다가 긴급조치 9호 사건에 연루되어 투옥되셨다. 사건해결을 위해 동분서주하는 나의 모습에 한때는 감동하시는듯했지만 병보석 후에 부자지간은 다시 멀어졌다.

일본 유학에서 돌아온 후, 큰 누님이 갑작스럽게 돌아가시고 부모님이 너무나 적적해하시며 들어와 살라고 하여 본가로 들어가게 되었다. 아버지가 망원동 셋집 보증금이었던 50만 원이 필요하다고 하셔서 드렸다. 몇 년 후 아버지는 500만 원을 주시며 내게 분가를 요청했다. 경기대 교수로 있을 때였는데, 그 돈을 들고 전셋집을 얻으려고 경기대 서울캠퍼스 뒷산 시민아파트를 가 보았다. 그 건물은 언제 붕괴될지 모를 정도로 낙후되어 있었고, 갈라진 바닥으로 연탄가스 중독의 위험이 있어 그런 불안감을 안고 살 자신이 없었다. 이곳저곳을 여러 날 찾아 헤매다가 우리나라에서 오래된 APT 중의 하나인 미동 APT 7층의 13평짜리를 얻게 되었다. 그 아파트는 층고가 높은 데다 엘리베이터도 자주 고장 나 거의 사용할 수 없었다. 야간 강의가 끝나고 걸어 올라가

다 이제 집에 도착했겠지 하면 5층이었다. 이사 나올 때 내 이름으로 개통된 전화가 있어 가지고 나오려했으나 아버지의 반대로 가져 나오지 못했다. 참 야속한 처사였다. 그 후 전셋집을 전전하다가 1983년 교원 특별 분양으로 과천에 27평 아파트를 분양받아 살게 되었다.

아버지가 입양했던 양자의 갑작스러운 죽음으로 상속이나 세금 관계가 얽힐 대로 얽혔고 누군가 이런 문제들을 주도적으로 처리하고 재산을 관리할 사람이 필요해졌다. 아버지는 이런 복잡한 일들을 처리하려면 친자가 나서야 해결이 된다는 것을 알게 되셨다. 게다가 미국에서 가족이 생활하시는 것을 꿈꿔 오셨었는데 내가 1989년에 UCLA에 교환교수로 가게 되었다. 이때 부모님과 함께 미국에서 지내면서 그동안의 불화는 얼음처럼 녹아내렸다.

나는 기러기 아빠의 '원조'로 미국과 한국을 오가며 집안일을 보며 바쁜 생활을 했다. 미국에서 방 2개짜리 그림 같은 집을 구해 여섯 식구가 모여 살면서 아이들은 할아버지 할머니의 사랑을 듬뿍 받으며 자랐다. 나는 아버지와의 불화를 씻어 내기 위해 아버지의 입장과 처지를 이해하기 위해 노력했고, 아버지가 변화되기를 바라기보다 평소 아내가 이야기한 대로 내가 변해야 한다고 생각하고 노력했다. 아내도 부자지간의 관계가 좋아지며 가정의 분위기가 훈훈해지자 행복해하며 부모님께 더 잘해드리려고 애썼다. 그렇게 부모님과 미국에서 10여 년간 행복을 누리며 생활했다. 그러던 중 아버지가 한국에 다니러 오셨다. 나에게 맏이인 영원이가 사귀는 여자친구가 있느냐고 물어보셨다. 교회에서 만난 여자친구와 사귀고 있는 것 같다고 말씀드렸더니 마침 잘 되었다며 미국에 같이 가서 그쪽 부모를 만나보자고 하셨다. 영원이는 아직 대학교 4학년이고 다음 해에 로스쿨 입학이 예정되어 있고, 취업도 하지 않았는데 결혼은 너무 빠른 것 아니냐고 말씀드렸다. 그랬더니 부모가 뒷바라지해 줄 능력이 있는데 왜 그렇게 보수적인 생각을 하느냐고 나를 나무라셨다. 내가 결혼할 때는 그렇게 반대하시더니 손자는 다르게 대하셨다. 그때가 1997년 9월이었는데 미국에 가셔서 손자의 여자친구 어머니를 단독으로 만나시고는 12월에 결혼식을 하기로 확정을 짓고 오셨다.

미국에서 지낼 때의 부모님

부모님과 가족사진

손자의 결혼식을 서두르신 이유는 몸에 이상이 생겼다는 것을 감지하고 자신에게 그리 많은 시간이 남지 않았다고 생각하신 까닭이었다. 아버지는 손자의 결혼식을 치른 후 폐렴으로 미국에서 몸져누우셨다. 병원에 가서 의사와 상담하고 X레이를 찍으니 폐결핵으로 폐가 많이 손상되어 있어 격리해 병원 치료를 받아야 한다고 했다. 그러나 아버지는 병원 치료를 완강히 거부하고 집에서 부인, 며느리, 손자며느리의 병시중을 받겠다고 하셨다. 침대에 누워만 계시니 답답하실 것 같아 매일 아버지를 업고 차에 태워 아버지가 서예를 하기 위해 LA 도심에 얻어놓은 방 하나짜리 콘도로 모시고 갔다. 아버지는 5시간을 그곳 침대에 누워만 계시다가 오곤 하셨다. 창문도 없는 건조한 방에서 아버지를 보살피는 것이 여간 힘든 게 아니었다. 온 가족이 지극정성으로 돌봐드렸으나 차도가 없었다. LA 한인교회 정상오 목사님을 모셔 와서 복음을 전했고, 아버지는 주님을 영접했다.

나는 신학기가 되어 한국에 돌아왔다. 그런데 아버지가 갑자기 일본에 있는 스튜디오에 가서 머무시겠다고 하셨다. 휠체어에 모시고 공항에 나가 탑승 수속을 밟는데 너무나도 야윈 데다 병색이 완연한 아버지의 모습을 보고 승무원이 탑승을 거부하였다. 내 딸 미형이가 울며 할아버지가 완강하게 가고자 하시니 허락해 달라고 사정하였고, 무슨 일이 생겨도 감수하겠다는 각서를 쓰고 가까스로 탑승하였다. 대한항공의 지인이 일반석 자리를 여유 있게 마련해 주어 누워서 일본으로 오시게 되었고 나는 한국에서 일본 공항으로 가서 맞이했다. 그곳에 한 2주 머무시더니 또 갑자기 귀국하겠다고 하셨다. 지난번처럼 일반석으로 부모님과 조카와 함께 탑승하려 하였는데 일등석에서 뜻밖에 나를 기다리는 승무원이 있었다. 교수님 이름이 있어서 자리를 마련하고 기다렸다고 하면서 반갑게 맞이해 준 제자를 통해 전혀 생각지도 못했던 호의를 받아 편안하게 부모님을 모시고 귀국할 수 있었다.

한국에 돌아와 신촌에 있는 혜우 아파트 9층에 머무셨는데, 식욕이 좀 돌아오셨는지 어머님께서 반찬을 9절판 2개로 채워 매일 오전 5시쯤 죽과 함께 차려드리면 조금씩 맛보시며 만족해하셨다. 어머니와 나는 6시

반쯤 식사를 한 후 아버지를 업거나 휠체어에 태우고 엘리베이터를 타고 내려와 승용차에 모시고 운영하시던 명동에 있는 코리아극장으로 갔다. 거기에 가면 미화원으로 계셨던 권 주임과 정 반장님(코리아극장과 아트레온에서 정년을 훨씬 넘긴 80세까지 근무하셨다.)이 아버지를 모셨다. 이러한 일과가 반복되며 병세가 호전되는 듯했지만 갑자기 악화되어 조카가 의사로 있는 필동 성심병원에 입원하셨다. 강의를 하고 있는데, 아버지가 링거를 빼고 무단으로 병원을 나와 집으로 돌아오셨다는 연락이 왔다. 신기하게도 집으로 오신 후에 아버지의 병세가 기적같이 좋아졌다. 그 후로는 아침에 신촌역까지 모셔다드리면 혼자 지하철을 타고 을지로3가역에서 내리셨고, 권 주임님과 정 반장님이 휠체어를 가지고 대기하고 있다가 사무실로 모셔가곤 했다.

아버지가 주무실 때 나는 마루에서 새우잠을 자면서 대기했다. 아버지는 어느 때고 "호준아!" 하고 부르셨다. "네." 하고 달려가면 방에서 마루로 당신을 옮겨 달라고 하셨다. 그렇게 한두 시간 주무시다가 다시 "호준아!" 하고 부르셨다. 이번에는 어머니가 주무시는 건넌

방으로 옮겨 달라고 하셨다. 어머니는 왜 쫓아다니며 잠을 설쳐 놓느냐고 핀잔을 주었지만 이런 일이 하룻밤 사이에 몇 차례 이어졌다. 나중에는 기력이 쇠약해지셔서 목소리를 못 내시고 호루라기를 가지고 계시다가 그걸 부셨다.

아버지는 변비가 심해서 고생하셨다. 어머니가 전에 병원에서 여의사가 고무장갑을 끼고 굳은 대변을 파내더라 하는 이야기를 하신 적이 있어 남인 의사도 하는데 자식인 내가 못하랴 하고 용기를 내어 변을 파내어 드리기도 했다. 변을 보실 때 지켜 섰다가 휴지를 풀어 둘둘 말아 드리면 이를 다시 풀어 조금만 말고 나머지를 나에게 주셨다. 근검절약이 몸에 밴 모습을 보며 아버지에 비해 검소하지 못한 내 생활이 부끄럽고 죄송스러운 마음이 들었다. 성심병원 주치의는 일 년 전 미국에서 찍은 X레이 폐 사진을 보고서는 숨 쉴 공간이 없을 정도로 까맣게 염증이 덮여있다고 하면서 현재 버티시고 있는 것도 기적에 가깝다고 했다. 결국 1년간 초인적인 힘으로 버티시다가 아주 조용히 숨을 거두고 하늘나라로 가셨다.

어머니와 아내

어머니는 일찍이 예수님을 구주로 영접하고 성도와 권사로 살아 오셨다. 아버지가 일 년여의 투병 끝에 돌아가셨지만 죽음 후 영생을 누릴 거라는 믿음이 굳건하셨기 때문인지 남편을 잃은 슬픔을 극복하고 담대히 생활하셨다. 한편으로는 남편에게 평생을 순종적으로 살아오셨기에 속박 받지 않는 자유로운 삶을 5년만이라도 살다 가겠다고 하셨다. 혼자 정한 약속을 지키시려는 듯 아버지 돌아가시고 4년을 건강하게 누리며 지내셨다. 물론 2년 동안 치매로 고생하시긴 했지만 엄한 시부모와 남편 하에서 그간 누리지 못한 삶을 사셨다. 자식과 며느리, 손자와 손녀, 손자며느리, 증손녀와 함께 생일잔치를 하거나, 여행을 다니고 외식을 하면서 오붓한 가정 분위기를 마음껏 즐기셨다.

군살도 없이 날씬한 몸매에 건강관리를 잘해 오셔서 걱정을 안 했었는데 아버지 돌아가시고 4년 후부터 치매를 앓으시더니 정도가 갈수록 심해지셨다. 아내가 한국에 함께 있기에 큰 걱정은 없었지만 간혹 치매로 황

당한 일이 벌어지기도 했다. 어머니가 조기를 좋아하셔서 항상 밥상에 올렸다. 하루는 며느리 접시에 조기 머리와 꽁지가 놓인 것을 보시고는 옛날 대가족 시절에 머리를 먹던 생각이 나셨는지 자기 접시에 있는 몸뚱이와 바꾸어 먹자하셨다. 며느리는 안 된다고, 어머니가 몸통을 드셔야지 어찌 그러느냐고 완강히 버티었으나 화를 내시면서 내가 먹고 싶다고 하는데 왜 그러냐 하셔서 바꾸어 드렸다고 한다. 그렇게 한참을 잡수시던 어머니는 자기는 머리를 먹고 있고 며느리는 몸통을 먹고 있는 상황을 보시고는 화를 벌컥 내며 "이년! 너는 몸통을 먹고 시어머니는 대가리를 주느냐."고 호통을 쳤다고 한다. 한번은 새벽 일찍 아내와 남산을 산책하고 들어오니 어머니가 문 앞에 서 계셨다. 갑자기 아내의 등창을 때리시면서 "너 이년! 어디서 서방질하다가 지금 들어 오냐."고 호통을 치셨다.

아들, 며느리, 딸, 손녀 등 가족을 돌보기 위해 아내가 일 년에 몇 개월씩 미국에서 지내게 되었다. 어머니는 주말이면 몸을 단장하고 응접실에 앉아 내가 차로 어디든 모시고 나가 주기를 기다리셨다. 그러면 1시간

이내의 거리로 모시고 가서 식사를 하고 돌아오곤 했다. 한 번 갔던 곳은 싫증을 내셔서 매주 다른 곳으로 갔다. 한번은 원천유원지에 갔다가 점심시간이라 오리고기가 어떠시냐고 여쭈었더니 좋다고 해서 식당에 들어갔다. 긴 테이블의 반대편에 부부와 중학생쯤 되어 보이는 아들이 식사를 하고 있었는데, 어머니가 그 아들을 보고, 아버지는 날씬한데 어머니는 뚱뚱하다 하시면서 아버지를 닮았다고 대놓고 말씀을 하셨다. 그 얘기를 들은 아이 엄마의 표정이 안 좋아 민망하기 짝이 없었다. 죄송하다 사과하고 어머니의 시선을 다른 곳으로 돌리게 하였다. 오리고기가 나오니 왜 고기가 붉냐고 짜증을 내시고, 검은 깨죽이 나오니 왜 죽이 희지 않고 까마냐고 안 먹겠다고 하셨다. 가까스로 고기 몇 점에 죽 몇 숟가락을 드시게 하고 식당을 나왔다. 치매를 앓는 어머니에게 익숙한 일상적이고 평범한 식사로 드시게 했어야 했는데 보호자로서 세심하지 못함을 반성했다.

또 한번은 어머니를 모시고 나가서 점심을 좀 많이 먹고 난 후 필동 집에 모셔다드리면서 신촌 아트레온에 갔다가 1시간 정도 후에 들어와도 괜찮겠냐고 말씀 드렸다. 점심을 많이 먹어 저녁은 먹지 않겠으니 준비 하지 말라고 했다. 어머니는 나도 안 먹을 생각이니 아무 염려 말고 여러 시간 있다가 들어와도 된다고 하시면서 어서 나가보라 하셨다. 신촌에 나가 전화를 드렸더니 괜찮다고 걱정 말라고 하셨다. 그래도 걱정이 되어 빨리 일을 보고 한 시간도 안 되어 집에 들어갔더니 집안에 연기가 자욱했다. 깜짝 놀라 다급히 들어가자마자 어머니는 왜 친구를 데려온다 해 놓고 함께 안 오냐고 내게 물으셨다. 상을 차리신다며 생선을 굽다가 가스 불을 안 끄고 태워 연기가 자욱했던 것이다. 이제는 치매의 정도가 심해지셔서 한시도 어머니를 혼자 둘 수 없다는 생각이 들었다. 미국에 가 있던 아내를 속히 들어오게 했다. 이런 일들이 반복되더니 결국은 화장실에서 낙상하셔서 병원으로 모셨다. 설상가상으로 병원 침대에서 내려오다가 또 낙상하셔서 수술을 받게 되었다.

상태가 악화되었으나 병원에서는 별다른 조치를 할 수 없으니 퇴원하라고 했다. 급히 간병인을 구하고 아내와 함께 24시간을 돌봐드렸다. 아내와 나, 간병인, 수십 년을 함께한 가족 같은 신옥자 아줌마, 이렇게 네 명이 곁을 떠나지 않고 돌봐드렸으나 상태는 호전되지 않았다. 의사인 누나, 매부, 조카 모두가 요양원으로 모시는 것이 어머니를 더 오래 사시게 하는 길이고, 아내나 나의 건강도 돌봐야 한다고 하면서 요양원을 적극적으로 권했다. 그러나 아내는 요양원으로 가면 더 오래 사실 수 있을지는 몰라도 이 상태인 어머님을 누가 가족처럼 정성껏 돌봐드리겠느냐 하면서 단 일주일을 사시더라도 가족의 따뜻한 품에서 살다 돌아가시게 하는 것이 자식의 도리이며 어머님의 바람이라고 생각된다고 하면서 완강히 반대하였다. 자식 이상으로 어머님을 생각하는 아내가 정말로 고맙고 아름답게 보였다. 어머니는 가족의 품에서 마지막 시간을 보내시다가 선친 떠나신 지 6년 후에 소천하셨다.

◆

아내의 시선 이경희

여러 우여곡절을 겪으면서 결혼하고 시댁을 경험해 보니 내가 살아 온 친정의 문화나 가르침과 일치하는 부분이 많은 편이었다. 그러나 가정의 분위기는 사뭇 달랐다. 나는 어려서부터 근검절약하고 바쁘게 살며 어려운 이웃을 돌보고 형제의 우애를 유독 강조하는 분위기에서 자랐다. 그래서 시집와서 근검절약 정신과 사회정의를 말씀하시는 시아버님을 보면서 친정에서 받은 교육과 일치하여 이질감이 없었다. 시어머님은 반찬 솜씨도 좋고 여성적이며 현모양처의 본이 되시는 분이었다. 아버님은 친구분이나 지인을 통해서 사업을 하시면서 일선에 나서지 않고 독서와 서예에 전념하셨다. 내 기억에 아버님은 늘 한서나 자전을 들여다보시고 서체를 연구하셨다. 어머님의 동생이신 시외삼촌 중에서 고등학교 2학년 때 서울 공대에 합격해 천재로 소문난 분이 있었는데, 그분이 유독 나를 아껴주셨다. 나를 보면 시댁에 관한 이야기를 많이 해주셨다. 그분은 나는 너의 시할아버님이나 시아버님에 비하면 명함도 못 내민다고 하셨다.

시할아버지는 개성 부윤(지금의 시장)이 부임하면 제일 먼저 인사를 드리러 오는 지역의 유지이자 유학자로서 명성이 있으셨을 뿐 아니라 천재 중의 천재라 하셨다. 또한 그에 못지않게 시아버님도 천재, 지니어스 중에 코어 지니어스(core genius)라 하셨다.

시아버님은 내가 정치외교학과 출신이니 서양 정치사나 정치철학에 조예가 있다고 생각하시고 더불어 이야기를 나눌 상대라 생각하셨는지 점심상을 들고 사랑방으로 가면 식사를 물리시고 나와 이야기를 나누길 즐겨하셨다. 동서고금의 철학과 역사, 종교를 망라하시면서 이야기하셨는데, 점심도 못 먹고 두세 시간을 무릎을 꿇고 이야기를 들어야 했다. 정치사회에 대한 관심, 부조리한 사회 특히 정치적인 독재, 사상적인 결핍(그때는 극단적인 유신체제 아래에 있어서 자유민주주의의 수호와 반공이란 정치적 목표로 인하여 사상적 자유가 극히 제한되어 있었다.)에 대한 예리한 통찰력을 갖고 계셨고, 아버님 눈에는 남편과 내가 사상적 우물 안 개구리처럼 살아가고 있는 것처럼 보였는지 자주 질책하곤 하셨다. 그러나 나는 아버님의 말씀 속에서 극히 이상주의적이며 이타주의적인 생각과 관념을 가지고 실천하려 노력하셨지만, 그것을 현실 속에서 실현해 내지 못하는 스스로에 대한 안타까움을 읽을 수 있었다. 시아버님은 남편이나 내가 투사처럼 생각하고 행동함으로 자신의 이상을 이루어 주기를 바라셨던 것 같다. 나는 아버님의 생각과 사상이 훌륭하고 우리가 본받아 마땅하다고 생각하며 존경하는 마음도 있었고, 남들이 말하듯 아버님이 극히 이기적이고 현실적이라는 비판 또한 받아들이지 않을 수 없었는데 그런 아버님이 더욱 이해되었기에 불쌍하게 생각했다. 극단의 이상주의와 현실주의 그리고 극단의 이타주의와 이기주의 사이에서 괴로워하며 특히 아들에게 본인의 현실주의적 이기주의를 투사하여 나무라고 질책하는 모습을 보며 안타까운 심정을 금할 수 없었다. 그럼에도 남편과 나, 우리의 자녀들은 아버님의 사회의식과 사회정의, 공의, 그리고 유교, 도교, 선교를 망라하여 인간으로서 갖춰야 할 덕목에 대해 고전을 들어 설명하고 말씀하시는 교훈을 잘 듣고 따라야 한다는 결심을 하고는 하였다. 이 또한 친정에서 아버님께 항상 듣고 자란 교육이었다.

시할아버님이 유명한 한학자셨으나 시아버님은 가난

속에서 자라 제대로 공교육을 받지 못했다. 그 한을 품고 다방면의 독서를 통해 학문적인 체계를 깊이 이루셨고 전각과 서예를 통해 자신의 배움을 표출하신 듯하다. 아버님이 어려서 가난을 겪으신 것은 전적으로 시할아버님 때문이다. 어머님의 증언에 의하면 아버님과 결혼할 때 친정 부모님께서 말씀하시기를 "네가 시집갈 댁은 엄청난 부자 양반인데 갑자기 망했다는구나. 하지만 부자가 망해도 삼대는 먹고산다고 했으니 괜찮을 것이다." 하셨다고 한다. 어머님께서 시집와 보니 할아버지(어머님의 시아버지)는 매일 사랑방에 개성의 한량이란 한량들은 다 모아 놓고 기생 파티를 하시더란다. 때로는 개성의 갑부집 종들이 머리에 음식을 이어와서 사랑방에서 잔치를 벌이기도 했다고 한다. 또 다른 친척이 어머님께 말씀하시기를 네 시아버지는 매일 장구치고 시를 읊으며 한량으로 살아, 있는 재산을 다 말아먹었다고 하셨다는 것이다. 어머님도 그렇게 생각하시는 것 같았다. 그러나 나는 학문이 훌륭하고 바르신 분이 그럴 리 없다고 생각했다. 그 이야기를 듣고 즉시 경주 최 씨가 떠올랐다. 부자인 경주 최 씨가 딸 시집갈 장롱이며 혼숫감까지 노름판에 다 털어 넣고 안사람은 물론 자녀들까지 속여 가며 노름꾼 행세로 일경의 눈을 피해 독립 군자금을 모아 만주에 보냈다는 생각이 났다. 경주 최 씨만 있는 것이 아니라 알려지지 않은 개성 최 씨도 있었구나 짐작했다. 아버님께서 시할아버님이 만주에 두 번 다녀오셨다 하고 거기에서 찍은 사진도 있다고 하시는 말씀을 듣고는 내 짐작을 조금 더 확신했다.

석전과 친구들(좌측 끝이 석전)

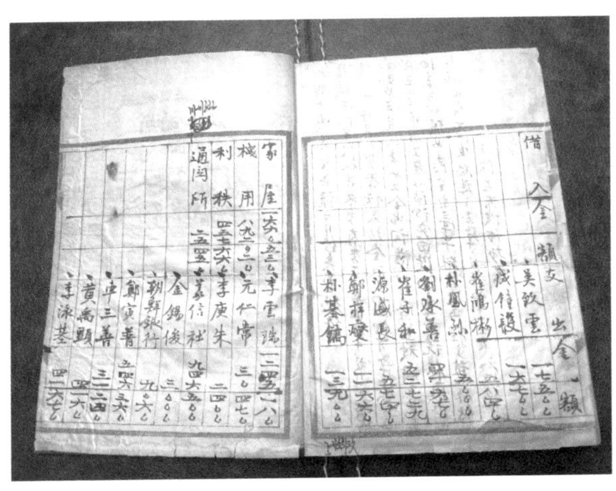

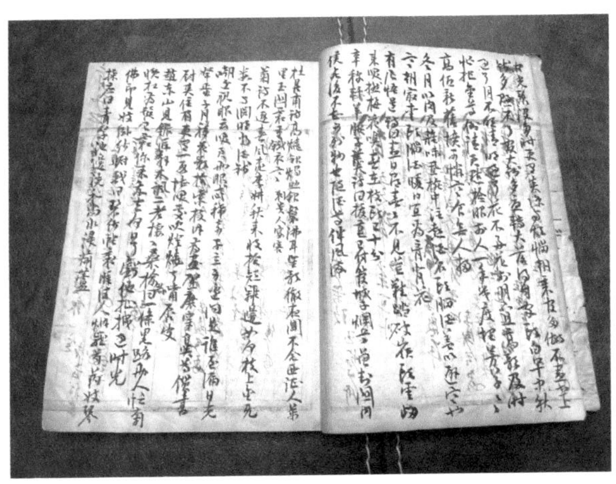

석전수필집 석전차록(石田箚錄)

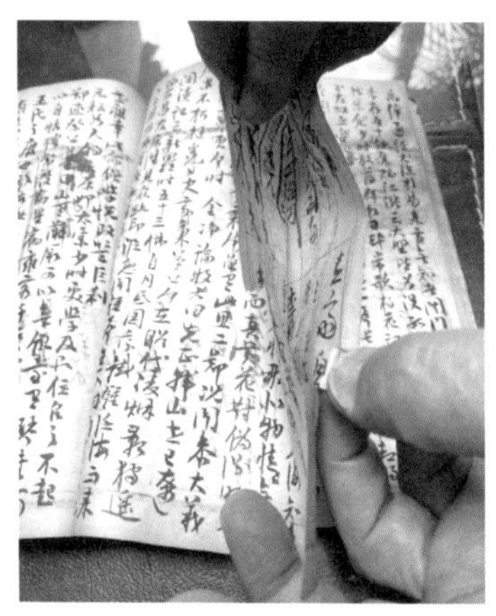

석전수필집에 감추어진 장부

석전수필집 석전차록(石田箚錄)

아버님 사후 할아버님 유고들 속에서 수필이 나왔는데 남편이 "우리 할아버님 좀 봐, 대단한 분이야. 근검절약의 본이야." 하면서 수필을 가계부 뒤에 쓰셨다고 말했다. 종이를 아껴 가계부를 적으신 뒤에 수필을 쓰셨다고 하기에 내가 보니 보통 일반 가정의 가계부가 아니었다. 누구 몇백 냥, 누구 몇십 냥이 빼곡히 적혀 있었다. 그러니까 군자금을 모으신 액수를 적어 놓고 그것을 감추기 위해 뒤에 수필을 쓰신 것이었다. 당신의 재산을 다 털어 군자금으로 보내고 일경의 눈을 피하고자 기생 파티를 열고 한량 행세를 하셨으며, 위험을 무릅쓰고 두 번이나 만주를 직접 다녀오신 것이었다. "여보 이건 보통 가계부가 아니고 군자금 모은 회계 장부야! 당신 할아버지는 숨은 애국자셨던 것 같아. 이제껏 자녀와 손자들에게 말씀도 안 하시고 그야말로 성인군자답게 남모르게 하셨네." 하고 말했다. 아마 이 부분은 더 고증을 거쳐야 하겠지만 나는 그렇게 생각하지 않을 수 없었다. 할아버님은 나중에는 생활이 어려워 한서들을 리어카로 실어 나가 파셨다고 한다. 학자로서 얼마나 마음이 아프셨을지 짐작이 된다. 또 선비는 천한 돈을 가지고 다니면 안 된다고 하시면서 시장을 보러 가면 개화장터(지팡이를 이렇게 일컬었다.)로 물건을 짚으면 하인이 돈 계산을 하였다고 한다. 그래서 그런지 아버님도 돈을 잘 가지고 다니지 않으시고 모시는 사람이 원하시는 물건 값을 계산하고는 하였다.

시아버님은 워낙 엄격한 유교적인 틀 속에서 사신 할아버지 밑에서 자라셔서인지 귀한 자식일수록 엄하게 키워야 한다고 생각하셨던 것 같다. 남편은 매우 엄격한 분위기의 가부장적이며 권위주의적인 아버지 밑에서 자랐다. 그럼에도 불구하고 정신과 마음이 너무나도 건강하게 바로 서 있었다. 어려운 이웃을 생각하고 도와주는 모습을 보며 친정에서 아버님께서 실천하며 보여주신 모습과 같아서 기뻤다. 그러면서도 한편으로는, 오 남매 중 늦둥이 막내로 부모님과 언니 오빠들의 사랑을 듬뿍 받고 자라 두려운 것도 없고 거칠 것도 없는 씩씩하고 긍정적이었던 나는, 남편이 불쌍했다. 속 깊은 사랑이야 가지고 계셨겠지만 겉으로 격려나 칭찬을 하지 못하고 나무라기만 하시는 아버님 또한 불쌍했다. 아버님도 남편도 다 불쌍했다. 때로 남편이 아버님의 비합리적인 비판과 핀잔으로 마음이 상해 있을 때면 "나이가 들어 마음과 생각이 굳어 있는 아버님보다는 젊고 유연한 당신이 아버님을 이해해 드리고, 퍼내도 퍼내도 마르지 않는 샘물과 같은 사랑으로 아버님을 사랑해 드리라."는 조언을 하고는 했다.

누구나 잘한 것도 있고 잘하지 못한 것도 있지만 나는 시아버님을 있는 그대로 사랑하고 존경하는 마음이 있었다. 감기로 죽음의 고비에 이르러 편찮으실 때도 대소변을 다 받아내고 시중을 들면서 조금도 귀찮게 생각되지 않았다. 아버님은 언제나 진정성에 목말라 계셨다. 누가 어떤 행동을 진정이 통하게 하는가를 눈여겨 보셨다. 식사를 위해 간신히 자리에서 일어나 침대에 기대앉아 식사하시면 전신에 땀이 흘렀다. 나는 그것을 물수건으로 닦아드리고 가래가 묻은 의치를 빼어내어 칫솔질하여 드렸다. 말씀은 안 하셨지만 아버님이 고마워하시는 진정이 느껴지니 힘든 게 힘들지 않게 생각되었다. 매끼 한 번 드셨던 음식을 다시 드린 적이 없다, 비록 메뉴가 같더라도 삼시세끼를 매번 새로 해드렸다. 그랬더니 시어머님이 "저게 사람이냐. 사람이면 어떻게 저렇게 할 수 있느냐."고 말씀하셨다. 아버님께서는 네가 딸보다도 낫고 아들보다도 낫다는 말을 두 번이나 하셨다. 그럴 때면 아버님께서 나의 진정을 알아주시는 것 같아 기뻤다.

시할아버님은 직접 뵙진 못했지만 선비 집안의 가풍으로 학문의 전통을 이어주신 것에 대해 감사하게 생각한다. 아버님께선 늘 "선비 집 자식은 책 읽는 소리에 잠을 깨고 상인 집 자식은 주판알 튀기는 소리에 깬다."고 말씀하시며 선비 집 전통을 이어가기를 기대하셨던 듯하다. 남편은 대학교수로서 대를 이어 선비의 길을 가고 있다. 아이가 3살 무렵 아버님은 내게 자식 교육에 대한 목표와 생각을 이야기해 보라고 하셨다. 내 이야기를 들으시고 구구절절 이야기해 봤자 소용없고 아이가 평생 간직할 딱 한 구절만 새기게 하라셨다. 그러시더니 "사나이 대장부는 의에 살고 의에 죽는다." 한마디만 가르치라고 하셨다. 그때부터 3살짜리 아이는 현관을 나설 때 "사나이는 의에 살고 의에 죽는다."를 복창하고 현관을 들어올 때도 복창하고 들어와야 했다. 그래서 그랬는지 아이는 하나님의 사랑과 공의를 전하는 선교사가 되었다. 로스쿨을 나와 국제 변호사로 연수하던 아들은 국제변호사 꿈을 접고 신학대학에 가서 순회 선교사의 길을 걷고 있다.

내가 둘째 미형을 낳고 나서 하시는 말씀이 첫째는 영(永)을 넣어 영원(永元)으로, 둘째는 미형(美亨)으로 하라 시며 '원형이정(元亨利貞)'은 사계절을 뜻하는 것으로 우주 만물의 자연 이치를 뜻하는 인간사의 기본이라 하셨다. 그래서 둘째의 이름이 아름다울 미(美), 형통할 형(亨), '미형'이 되었다. 그리고는 원형이정을 액자로 만드셨다. 그래서 그런지 미형이는 Art School을 전공하였다. 지금은 세 아이를 키우며 평범한 가정주부로 지내지만 디자인에 뜻을 두고 있는 듯하다.

내가 아버님 말씀 중 마음에 새기는 말씀이 몇 있는데 그중 하나는 '과공비례(過恭非禮)'다. 맹자의 말로 지나치게 공대하는 것은 예의에 어긋나는 것이라는 것이다. 살아갈수록 뜻이 새겨지는 말이다. 지나친 공대는 상대를 불편하게 한다. 뿐만 아니라 지나친 공대를 하는 사람은 좋은 마음으로 하는 것도 있지만 보통 이런 사람들은 자기 의가 강하다. 나는 이만큼이나 잘해주고 있으니 당신도 그만큼의 대가를 해주기를 바라는 것 같아 불편하지 않을 수 없다. 그와 더불어 늘 하셨던 말씀은 인간이면 '수오지심(羞惡之心)' 즉 부끄러움을 알아야 한다는 것이다. 잘못했으면 수치심을 느껴야 한다는 것이었다. 요즘처럼 잘못하고도 남에게 덮어씌우는, 특히 부끄러운 줄 모르는 정치인들의 행태를 보면 더더욱 명심해야 할 말씀이라는 생각을 하게 된다. 또한 '사양지심예지단(辭讓之心禮之端)'을 말씀하셨다. 사양하는 마음, 겸손의 마음이 예의 단초가 된다. 즉 예의 시작은 사양지심(겸손)이라는 말씀을 깊이 새겨듣지 않을 수 없었다.

기독교 가정에서 자란 내게는 사회적 문제의식과 정의와 공의를 항상 추구해야 한다고 말씀하시는 아버님의 모습이 성경적 언어로 표현하면 '의에 주리고 목마른 자'로 보였다. 그래서 아버님의 사후 비석에 '시편 1편'의 문장을 새겨 드렸다. 그것이야말로 아버님이 평생 추구해 오신 삶을 성경적 언어로 표현한 것이다. "복 있는 사람은 악인들의 꾀를 따르지 아니하며 죄인들의 길에 서지 아니하며 오만한 자들의 자리에 앉지 아니하고 오직 여호와의 율법을 즐거워하여 그의 율법을 주야로 묵상하는도다."

최영원 – 아들

아버지와 가졌던 시간 중 가장 기억에 남고 의미 있는 시간이라면 지금부터 거의 20년 전쯤 아버지가 총장 선거를 나가시기 바로 전 여름에 함께 보낸 시간이다. 미국에 있는 한인교회의 대학부 전도사로 섬기던 나는 여름에 가족을 보러 오신 아버지께 로마서 성경 공부를 하자고 제안했고 아버지는 젊은 아들의 제의를 흔쾌히 받아 주셨다. 그해 여름 아버지는 서투른 아들 전도사의 로마서 성경 공부를 경청해 주셨고 숙제로 드렸던 그 당시 저명한 한국교회 목사와 선교사들의 책과 수기를 정독해서 읽으셨다. 젊은 자식이 하는 말에 여러 빈틈이 보이고 미성숙하게 보일 수도 있었을 텐데 아버지는 내가 목회자로서 하는 말들을 경청해 주시는 귀한 덕목을 가지고 계셨다. 그 여름이 끝나고 아버지는 꾸준히 성경과 기독교 서적들을 읽어 오셨다. 칠십 후반에 들어선 지금도 아버지는 새벽에 일어나 성경을 묵상하신다. 아버지는 총장 선거 기간 내내 성경 말씀과 기독교 서적에서 읽었던 말들이 떠올라 그 내용을 가지고 연설을 하고 그 책들에서 배운 지혜대로 리더십을 발휘했는데, 그게 경기대학교 역사상 처음으로 선거를 통해 뽑힌 총장이 되는 열쇠였다고 여러 번 말씀하셨다.

모든 인간은 양면성이 있다. 나의 할아버지는 이 양면성이 아주 극단적이었는데, 탁월한 예술가와 이상가의 이면에는 소통 부재에 독단적이고 신경질적인 면이 있으셨다. 아버지는 그런 할아버지 밑에서 참 어렵게 성장하셨다. 할아버지는 도저히 이룰 수 없는 목표를 세워놓고 아버지에게 정신적으로 채찍질하시며 왜 그 목표를 이루지 못하느냐고 다그치셨다. 그런 아버지를 두었던 나의 아버지는 본인이 받았던 상처를 물려주지 않으려 늘 애쓰셨다. 본인이 워낙 할아버지의 잔소리에 시달렸기에 나에게 열 마디 할 수 있는 것도 한마디만 하시고 몸소 실천해서 삶으로 가르쳐주기 위해 몸부림치셨다. 아버지를 존경할 수 있고 이렇게 기쁘게 자서전을 축하해 드릴 수 있음이 감사하다. 아버지의 기록을 통해 아픔과 어려움 속에서 곧게 서고자 애쓰셨던 인내와 수고, 또 그 가운데 역사하셨던 하나님의 은혜와 기도의 능력을 많은 분이 보게 되기를 바란다.

가족들의 시선 김보윤 - 며느리

아버님의 회고록을 한마디로 요약하자면 '균형을 위한 노력'이라고 표현하고 싶다. 이 책에는 한 인간이 인고의 시간을 거쳐 정치, 경제, 교육 모든 면에서 양극화되어 가는 사회에서 균형을 맞추려고 무던히 노력한 흔적이 보이며 낮은 곳에서 높은 곳, 높은 곳에서 낮은 곳을 바라보려는 노력, 가부장적인 사회와 새로운 시대와의 화합을 위한 노력, 권위와 권력을 '시민화'하려는 노력, 나눔과 베풂, 그리고 섬김을 실천하려는 노력이 고스란히 담겨 있다. 익히 알고는 있었지만 이 모든 것을 해내시느라 오래 참음과 인내를 통해 하나님의 사랑과 섬김을 실천하신 분이라는 걸 책을 통해 다시 한번 깨달았다.

이 책을 읽는 모든 이들에게 '이분은 참 대단한 분이시구나'가 아닌 '이분도 하셨는데 나도 이런 삶을 도전하고 실천해 볼 수 있겠구나'라는 울림으로 다가갔으면 좋겠다. 우리 모두가 균형된 삶과 사회를 이루기 위해 노력한다면 보다 더 좋은 사회, 밝은 사회, 살 만한 사회가 되지 않을까 싶다. 이것이 아버님이 회고록을 쓰신 목표이자 뜻깊은 이유가 아닐까 감히 짐작해 본다. 이 책이 나눔과 섬김이 주가 되는 사회, 정의와 공의가 균형을 맞추어 공존하는 사회로 나아가는 데에 일조하기를 간절히 바라본다.

시간은 쉴 틈 없이 왜 이리 빨리 지나가 버렸는지, 나만을 위해 여유롭게 책 한 권을 잡아본 기억이 가물가물해지고 있다고 생각하며 씁쓸한 생각이 들 때, 아버지께서 책을 쓰셨다는 말씀을 듣게 되었다. 원고를 받고 아이들이 레슨을 받는 시간, 옆에서 기다리면서 아버지가 쓰신 책을 읽어 나가기 시작했다. 내 아버지의 이야기라 나에겐 더 흥미롭고 특별했다. 지금은 아이들 셋 다 방으로 들어가 잠이 든 이 고요한 시간에 혼자 차를 마시며, 내가 어려서 잘 몰랐었던 아버지가 살아오신 인생, 가치관, 그리고 함께했던 조부모님과의 옛 추억에 잠시 잠겨 본다.

할아버지는 아버지께 굉장히 엄하셨다. 내가 미국으로 오기 전, 할아버지는 항상 부모님께 웃는 얼굴을 보여 주지 않으셨다. 언제나 부모님께 화가 나 계셨고, 호통을 치셨다. 그럴 때마다 부모님께 "엄마, 아빠는 할아버지한테 뭘 잘못했냐?"고 여쭤봤지만 항상 정확한 답은 듣지 못했다. 아침에 조부모님 댁에 가면 그때부터 3시쯤까지 말씀을 계속하셨다. 그 시간 내내 아버지는 할아버지 말씀이 끝나실 때까지 흐트러짐 없이 똑바로 무릎 꿇고 앉아 계셨다. 아버지의 이 모습은 어른이 된 지금도 생생하다. 분명 아버지는 힘들고 마음이 너무 아프셨을 것이다. 처와 자식들 앞에서 항상 혼나는 모습을 보이는 것이 얼마나 창피하고 화가 났을지 상상이 간다. 하지만 아버지는 한 번도 할아버지께 대들거나 큰소리를 내지 않으셨다. 아버지는 항상 그 긴 호통과 말씀에 조용하셨다. 이런 아버지의 모습을 보고 자란 나는 힘든 역경 속에서 인내하는 법을 배웠고, 어른을 공경하고 존경하는 법을 배울 수 있었다.

어린 시절 아버지가 교수인 것 자체가 나에겐 자랑이었다. 집이 그렇게 크진 않았어도, 다른 집 아이들처럼 좋은 호텔에 가서 여름방학을 지낸 적이 없었어도 아빠가 교수시고 엄마가 옆에 있는 것만으로도 항상 행복했다. 아버지가 논문을 쓰셔야 한다고 서재에 들어가시면 오싹한 정막이 흐를 정도로 고요가 흘렀고, 그 방에서 잘 나오지 않으셨다. 아버지의 서재엔 책들이 방을 덮어 쌓여 있었고, 빈 곳을 찾아볼 수 없을 만큼 글이 빽빽이 쓰인 종이들이 늘 켜켜이 놓여 있었다. 아버지는 할아버지 앞에서 앉아 계셨듯이 하나의 흐트러짐 없이 서재에 몇 시간씩이고 계속 앉아 계셨었다. 어느 날부터인가 아버지가 집에 늦게 오시는 일이 많아졌고, 어디에선지 아빠를 찾는 전화도 많이 걸려 왔다. 혹 낮에 들어오시면 거의 기진맥진해 정신없이 주무시다가 다시 나가시는 일들이 반복되었다. 이때가 바로 아버지가 학생처장을 맡으셨던 날들 같다. 텔레비전 뉴스에선 항상 대학생들이 데모하는 모습이 중점적으로 보도되는 시절이었다. 경찰들과 대학생들이 앞에서 싸우고, 도망치고, 최루탄을 던지는 영상이 거의 매일 방송되었다. 그땐 내가 어려서 아버지가 어떤 위험에 처해 있었는지 잘 몰랐었다. 아버지 앞에서 최루탄이 터져 눈이 너무 아팠다는 말씀도 들은 것 같고 경찰서나 검찰에도 여러 번 다녀오셨다는 말씀이 아직도 귀에 생생하다. 그땐 그냥 그랬나 보다 생각했을 뿐이었다. 엄마가 아빠가 무사히 돌아오게 해달라고 기도하자 했기에 그냥 함께 기도했다. 하지만 이제 어른이 되어 그 때를 다시 생각해 보니 아버지는 정말 대단하고 멋진 분이셨다. 이런 위험한 상황들이 있을 때마다 뒤에 숨지 않고 앞장서서 일들을 해결하고 맞서 싸우셨다. 할아버지가 동성중학교에서 잡혀 감옥에 들어가실 때도, 할아버지의 일들이 엉켜 많은 일들을 해결해야 했을 때도, 크고 작은 집안일도, 남을 탓하며 뒤로 숨거나 문제들을 다른 사람에게 전가할 수 있었지만, 아버진 손수 용감히, 묵묵히 그리고 지혜롭게 이 일들을 해결해 나가셨다.

이렇게 멋진 교수님이시니 아버지 곁엔 항상 제자들이 계셨다. 명절에도, 휴일에도, 집에서 쉬시는 날도 늘 제자들이 집으로 찾아오셨다. 늘 우리가 나들이 가려는 시간에 맞춰서 오시는 분들이 너무 미웠지만, 어머니는 오시는 손님께 항상 정성껏 음식을 대접했고, 그런 어머니를 제자들은 좋아했다. 심지어는 제자들과 함께 여행을 갈 때도 많았다. 그때마다 어머니는 제자들을 위해 식사 준비를 하고, 그들 자녀들의 간식을 챙겨주시고, 허드렛일을 맡아 하셨다. 아버지도 모든 일정들을 제자들과 함께 하시며 일들을 시키거나 마땅히 바라는 일 없이 모든 것을 함께하며 즐겁게 시간을 보내셨다. 교수라는 직위가, 총장이라는 자리가 사람을 교만하고 거만하게 만들 수도 있었지만, 아버지는 주님의 길을 따라 주님의 말씀을 의지하며 겸손해지려 애쓰셨고, 항상 눈높이에서 사람들을 이해하려고 하셨다. 예수님처럼 섬김을 받는 자 보다 섬기는 자가 되려고 하셨다. 그러하기에 장아람이란 단체를 만드는 건 아버지에게 필연이었던 것 같다. 아버지는 장아람을 통해, 장애인들이 사람들의 따가운 눈길이 아닌 사랑을 받아야 할 존재임을 알려주고, 장애인 부모님들은 장아람에서 쉬며 서로 공감하고 위로를 받을 수 있는 단체를 만드셨다.

한 아버지의 아들, 교수님, 총장님, 회장님, 그리고 나의 아버지…. 아버지가 쓰신 책, 아니 아버지의 인생은 마치 따뜻한 한 편의 드라마 같다. 우리가 흔히 받는 부모님의 사랑을 아버지는 너무나도 힘들게, 너무나도 오랜 세월 후에, 할아버지가 돌아가시기 몇 년 전에서야 받았다. 하지만 할아버지는, 아버지께 보여주셨던 역정이나 화를 내게 내신 적이 없었다. 내가 미술학교에 합격했을 때 할아버지는 매우 기뻐하셨다. 그림 숙제를 하고 있을 때면 방에 오셔서 잘 그렸다며 웃으시기도 하셨고, 때론 '한국에 있는 거 다 너 가져라'라고 말씀하실 때도 있었다. 할머니 할아버지는 나를 정말 많이 사랑해 주셨다. 할아버지 할머니가 나를 예뻐한 건, 내가 할아버지 할머니의 사랑하는 아들의 딸이었기 때문일 것이다. 할아버지는 자신의 방식으로 아버지를 사랑하신 것 같다. 할아버지의 방식은 때론 이해가 가지 않을 때도 많았고, 화를 일으킬 때도 있었고, 가슴을 찢어지게 하는 고통도 있었다. 하지만 그것들을 다 인내하고 묵묵히 참아온 아들, 많은 어려움과 문제들을 용기 있고 담대하게 헤쳐 나간 교수님, 소외된 이웃을 돌아보고, 섬기는 자가 되려고 노력하는 회장님, 그리고 자식들에게 진정한 사랑을 보여주시는 아버지. 만약 할아버지가 살아계셨다면 할아버지 또한, 이렇게 살아온 아들이 정말 자랑스럽고 뿌듯하다고 말씀하셨을 것 같다. 아버지, 이렇게 살아오셔서 감사하고, 사랑합니다.

가족들의 시선 남기성 - 사위

아버님의 인생 이야기를 이렇게 책으로 읽게 되니 전에 알지 못했던 많은 것을 알게 되고 아버님을 좀 더 잘 이해할 수 있게 되었다. 보통 독자이거나 있는 집 가정의 자제들은 어렸을 때부터 귀하게 자라 어려운 처지에 있는 사람들의 생활을 이해하기보다는, 교만하고 사회 규범을 무시하며 약자 위에 군림하려 한다. 그러나 아버님은 인내로 어려움을 극복하고 겸손을 생활화하시며, 마치 영화 같은 특별한 인생을 사셔서 그런지, 인격적으로 완성도가 높은 사람이 되도록, 하나님께서 한 인재를 손수 만드신 것 같다. 그래서 장아람을 만들게 하시고, 경기대를 제대로 발전시키게 하시고, 부조리와 비리가 만연한 한국의 혼탁한 사회 풍조 속에서 정도가 무엇인지 삶으로 보여주게 하신 것 같다.

어렸을 때 할아버님께 생활비를 타서 고생하시는 어머님과 함께 생활을 유지하셨다는 내용에서부터 아무런 경제적 도움을 못 받으시고 고생하며 스스로 공부해서 일본 유학까지 장학금으로 다녀오신 내용을 보면서 성장하는 동안 마음에 많은 상처가 생기고 그 상처가 쓴 뿌리가 되어 완전히 잘못된 길로 갈 수도 있으셨는데 그리되지 않으심은, "나의 가는 길을 오직 그가 아시나니 그가 나를 단련하신 후에는 내가 정금같이 나오리라(욥기 23:10)."라는 성경 구절처럼 많은 고난이 오히려 정금 같은 아버님의 인품을 만드는 용광로가 된듯하였다. 또한 "부르심을 입은 자들에게는 모든 것이 협력하여 선을 이루느니라(로마서 8:28)."라는 말씀처럼 아버님 인생의 고난도 협력하여 선을 이루는 밑거름이 된 것이 아닌가 싶었다. 아트레온 설립 과정을 읽으며, 배우고 간직했던 이념과 꿈을 건물과 아트레온 사업 과정을 통해서 현실로 이루어 가시는 것을 보며 행함으로 배움을 완성하신 듯하다는 생각이 들었다. 그리고, 말씀하셨던 복합문화 공간의 개념이 무엇이었는지도 좀 더 잘 이해하게 되었다. 아트레온이 상업주의적인 이익 창출만을 주목적으로 한 단순한 건물이 아니라 신촌이라는 유흥과 수익 중심의 상가들이 주를 이루는 곳에 수준 있는 문화의 바람을 일으켜 변화를 일으키시려는 의도가 있음을 알게 되었다.

손말사랑회와 이소라 아동의 수술을 통해 시작하게 된 장아람의 내용을 읽고는, 사회에서 소외되고 가려지고 어두운 곳에서 마음고생하는 가족들과 장애인들의 이야기를 통해 인생이란 무엇인가 하는 질문을 다시 한번 하게 되었다. 자선 단체를 운영하는 것이 단순한 일이 아니며, 여러 비용이 발생하고 많은 전문 인력과 책임지고 일을 할 수 있는 사람이 필요하고, 일종의 경영 능력이 있어야 한다는 것을 알게 되었다. 장아람의 사역은 "네 이웃을 네 몸같이 사랑하라."고 하신 사랑의 실천이 행동으로, 2000년 전이 아닌 바로 오늘 현실 속에서 이루어지는 곳이라는 생각이 들었다.

물질만능주의와 초등학교부터 시작되어 사회로 이어지는 극도의 경쟁 구도, 사람을 가진 것으로 평가하는 자본 중심 사회이자 승자는 군림하고 패자는 눌려서 살아가야 하는 사회적 상황 속에서 장아람 같은 단체를 유지하고 키워간다는 것은 시대를 대적해서 싸우는, 참으로 많은 에너지와 장기적이고 지혜로운 계획이 필요한 과업이 아닌가 한다. 경기대 총장이 되시고, 또 발전시키시는 과정은 어린 시절부터 고난으로 단련하시고 또한 부총장으로 미리 완벽하게 준비시켜 주신 하나님의 섭리가 있지 않았다면 불가능한 일이었을 것이다.

이 책을 읽으며 아버님의 인생은 참으로 특별하다는 생각이 들었다. 요셉이 형제들에 의해서 노예로 팔려 가고도 고난 속에서 단련되어 결국 형통하며 나중에는 기근 속에 죽게 된 모든 가족을 구원하는 성경의 이야기처럼, 요셉의 어려운 시간이 하나님의 계획 속에 있었듯이 아버님의 과거 어려웠던 시간도 분명 그런 것이 아니었을까 한다.

친구의 시선 홍성익 – K&N Enterprises, Inc. 대표

저자는 내가 결혼할 때 함을 지었던 나의 최고의 친구였다. 그와 나는 1966년 연세대학에서 만났다. 우리는 공부보다 술을 좋아하고, 놀기를 좋아해 죽이 잘 맞아 빠르게 친해졌다. 하지만 내가 호준이와 친구가 되고 싶었던 것은 그의 성격 때문이었다. 그는 솔직하고, 언제나 친절했으며 어떠한 상황이든 유연하게 대처했고, 관계에 신실했다. 그러나 1974년 나는 미국 유학을 떠나게 되었고, 가끔 안부만 주고받았을 뿐 만나지 못하다가 48년 만인 2022년에 재회를 하게 되었다. 그동안 세상은 많은 변화를 겪었다. 기술은 첨단으로 진화하고, 미국인들의 한국에 대한 인식도 무관심에서 한국음식과 문화를 열렬하게 환영하는 태도로 변했다.

그 또한 크게 변화했다. 그는 더 이상 놀기 좋아하던 그 청년이 아니었다. 존경받는 학자요 성공한 사업가, 그리고 장애아동을 돕는 자선가가 되었다. 처음 이 소식을 듣고는 놀랐지만, 사실은 놀랄 일이 아니었다. 그는 여전히 진실하고 성실하며 희생정신과 자강불식의 성격을 갖추고 있었다. 이런 그였기에 지금의 자리에 다다를 수 있었을 것이다. 하지만 그의 인생 여정을 알기 전까지는 그의 고난, 실망, 역경을 알지 못했다. 이 책은 우리에게 큰 흥미와 깊은 감동을 전하며, 인생의 도전과 역경을 어떻게 극복하는지, 또한 세대 간의 차이와 화해에 대한 의미를 알려줄 것이다.

이 책은 성공으로 가는 길이 항상 직선이 아니라는 것을 보여준다. 그러나 어떠한 어려움도 인내와 약간의 행운, 그리고 믿음이 있다면 극복할 수 있음을 친구는 삶으로 증명한다. 또한 그의 좌우명인 섬김과 나눔이 어떠한 열매를 맺고 세상을 풍요롭게 하는지 보여준다.

2. 일본에서의 생활과 그들의 문화

유학 생활

주일본 한국대사관에서 유학생들에게 여름방학에 일본 각지에 있는 재일 교포를 만나 계몽 활동을 할 학생들은 대사관으로 오라고 연락이 왔다. 지바 대학 기숙사에 있던 네 사람이 함께 한국대사관으로 갔다. 가 보니 두 명씩 팀을 짜서 교포들을 방문하라고 했다. 나와 짝이 된 사람은 후에 중앙대 교수를 지낸 사진작가 한정식이었다. 그는 당시 보성고등학교 국어 선생이었는데 일본 대학에서 사진을 전공하고 있었다. 모임을 주관한 공무원들은 교육부, 중앙정보부 등에서 대사관에 파견된 영사들과 민단 간부들이었다. 그곳에는 <유학생 계몽 활동 봉사, 환영>이라는 현수막이 붙어 있었다. 중앙정보부에서 나온 직원이 "여러분은 애국자입니다. 방학 중인데 일시 귀국도 안 하고 이곳에 있는 재일 교포를 만나기로 했으니, 그들을 계몽하는 역할을 해 주십시오."라고 말했다.

계몽이라는 말이 듣기에 거슬려 질문을 했다. "한 번으로 끝날 것이 아니라 계속성을 갖기 위해서는 용어부터 바꿔야 하지 않겠습니까? 유학생 신분인 우리가 객지에서 어렵게 살아왔을 교포들을 만나 회포나 풀며 지냈던 이야기를 나누면 되는 것이지 계몽하라는 것은 그분들의 입장에서 보면 말이 안 되는 소리 아닙니까?" 서슬이 퍼렇던 유신 시기였는데 겁 없이 말을 했던 것 같다. 민단 간부가 내 말을 받더니 "그렇지 않아도 이 단어에 대한 논란이 있었습니다. 계몽이라는 말을 쓰지 않는 것이 좋겠습니다." 하였다. 중앙정보부에서 나온 간부도 머쓱했던지 그 말을 쓰지 않기로 했다.

둘이 한 조가 되어 한국 관련 문화 유물이 있다는 돈쓰루이(돈해)라는 지역에 가게 되었다. 일본 상공회의소에 소속된 40여 명의 젊은이들과 함께 식사하고 민단 간부의 집으로 갔다. 젊은이들은 교포 자녀들도 있지만 대부분 일본 청년이었다. 큰 방에 모두 모여 대화를 나누게 되었다. 문교부에서 파견 나온 간부가 한국의 6.25 전쟁과 10월 유신의 당위성에 대해 장황하고 지루하게 이야기를 했다. 대략 30분 정도가 지나니 한 친구가 "우리는 이런 이야기보다 저기 있는 유학생 두 분과 대화하고 싶습니다."라고 했다. 일본 친구들은 우리가 국비 유학생 신분이라 하니 일본 정부에서 장학금을 받는다 하더라도 친정부 성향이니 유학을 올 수 있었을 것이라는 선입견으로 우리를 보고 있는 것 같았다.

법학부에 다니고 있었기 때문인지 나를 지명하며 한국에 대해서 이야기를 듣고 싶다고 했다. 그러더니 "한국이 독재국가입니까, 민주국가입니까?"라고 질문을 했다. 한국의 관료들이 옆에 있는 걸 뻔히 알면서 이런 질문을 하니 참 얄궂었다. 답을 미루고 "다른 분은 질문이 없습니까?" 하고 물었다. "한국에선 반공 이데올로기 문제는 말할 것도 없고, 장발이라거나 담배꽁초를 버리거나 스커트 길이가 짧으면 잡아간다는데 그건 어떻게 생각하십니까?"라고 또 한 사람이 물어왔다. "아는 범위 내에서 진실하게 대답하겠습니다. 그러나 답을 하기 전에 나도 질문을 할 테니 당신들도 성실하게 답변해 주십시오. 그러면 저도 성실히 답하겠습니다."라고 운을 떼었다. 그들은 좋다고 했고 나는 질문을 했다. "한국은 언론이 엄격하게 통제받고 있기에 어떻게 사회가 돌아가는지 저도 잘 알지 못합니다. 그런데 여기 와보니 한국에 있는 사람들보다 이곳 사람들이 한국의 상황을 더 잘 알고 있다는 것을 알게 되었습니다."

그 당시 일본에는 세카이(世界)라는 잡지에 'TK生'이라는 필명을 쓰는 사람이 연재하는 '한국으로부터의 통신' 코너가 있었다. 누구로부터 정보를 받는 것인지 모르겠지만 한국의 군부독재 하의 실상을 고발하는 정사에 가까운 야사들이 실려 있었다. 나 역시 책방이나 도서관에 가면 먼저 그것을 찾아 읽었다. "여기 일본에 와서 나는 오히려 몰랐던 한국의 사정을 더 잘 알게 되었습니다. 나도 민주주의 교육을 받았기에 민주적 잣대로 판단할 수 있지만 당신들은 나보다 더 자유로운 국가에서 민주적인 교육을 받지 않았습니까? 당신들도 할 수 있는 판단에 대해 굳이 내 입을 빌릴 것이 무엇이겠습니까? 여기 정부 관계자들이 나와 계시는데 내 입장이 곤란하지 않겠습니까? 당신들이 민주적 잣대로 판단한다면 내 판단도 다르지 않겠지요."라고 웃으며 말했다. "담배꽁초, 스커트에 대한 부분은, 일본은 와서 보니 무질서한 것 같은데, 그 속에 질서가 자리 잡혀 있는 것을 봅니다. 반면, 우리나라는 통제사회이고 그로 인한 질서가 있는 것 같은데 생활 속에는 무질서가 더 크게 자리 잡고 있는 것 같습니다. 그 무질서함을 잡아가는 방편이라 생각합니다만 지금과 같은 민주, 자유주의 세상에서 그렇게 통제하는 것은 지나친 감이 있다고 봅니다."

그러자 또 한 사람이 물었다. "스포츠 용어에서 코너킥을 구석차기와 같이 모든 외래어를 한글로 쓰겠다는 방침은 어떻게 생각하십니까?" "그것도 지나치다고 생각합니다. 생활 용어가 된 것을 굳이 바꾸는 것은 문제가 있다고 생각합니다. 그러나 많은 부분에 무질서하게 외래어를 쓰고 있는 것도 사실입니다. 우리나라는 고유한 언어, 한글이 있습니다. 무분별한 외래어 사용을 지양하고 고유한 언어를 지키려고 하는 것은 의미가 있다고 생각합니다." 하고 답했다. 그러고는 "이제 내가 물어보겠습니다. 역사를 통해 히로히토(裕仁) 천황이 2차대전의 전범이라고 들었습니다. 어느 대학에 갔더니 '2차대전의 전범인 천황은 약소국가 국민에게 무릎 꿇고 사죄하고 할복해라'라고 쓰인 대자보가 있었습니다. 식민지 국가의 무고한 많은 사람을 희생시키고, 당신 나라의 젊은이들은 가미카제로 죽게 하고 결국 2차대전에 패한 책임을 가진 천황을, 물론 지금의 일본에서 천황제가 상징적인 것임을 알지만 당신들 같은 민주국가에서 어떻게 천황제라는 것이 아직도 존재하는지 궁금합니다."라고 물었다.

일본인들은 천황을 건드리면 굉장히 당황스러워한다. 그러자 한 사람이 "일본은 자연에 순응하는 민족입니다. 이렇게 순응하고 순종하는 풍토가 있다 보니 오래도록 있어 온 천황제를 이어가는 것을 당연시 여기게 된 것입니다." 내가 듣기에는 사무라이(무사 계급)가 지배하던 시대에서 비롯된 복종하는 문화가 있는 것을 자연을 핑계 삼아 순응적 태도라고 순화시켜 설명하는 것 같았다. "또 하나 일본은 민족 고유의 문화가 있는 나라인데, TV를 보면 비락을 선전하는데 외국인 아이들이 모델이고, 산토리 위스키를 소개하는데 미국의 카터 대통령 동생을 모델로 쓰고 있더군요. 서양화를 지향하는 것은 있을 수 있지만 모든 생활문화가 미국화로 가고 일본의 고유문화는 뒷전으로 밀려나고 있는 것은 아닌지요?" 하고 물었다. 나의 질문에 그들은 말문이 막힌 듯했다.

그들이 돌아간 후 문교부에서 나온 사람이 내게 말 잘했다며 통쾌하다고 했다. 그에게 한마디 더 했다. "장 선생님, 여기서 6.25 전쟁은 누가 일으켰고, 참전을 몇 개국이 했고, 독재정권이 행한 유신이 어떻고 해봐야 이들은 듣지 않습니다. 차라리 인정할 것은 인정하고 대응할 것은 대응하는 것이 우리를 제대로 알릴 수 있는 홍보 아니겠습니까?" 그러고 나니 민단 간부들이 날 대하는 태도가 달라졌다. 묵었던 집 주인의 아들이 주오대학(中央大學-일본의 명문 사립대학) 법학부에 다니고 있었다. 그는 김대중 구출위원회에 들어가 있었는데 아버지는 아들의 사상이 너무 좌파로 치우쳐 있다고 생각했다. 그래서 나에게 아들과 대화를 나눠달라 부탁했다. 일행이었던 한 선생과 함께 그 친구를 만났다. 만나 보니 유학생인 우리에 대한 좋지 않은 선입견을 가지고 아버지의 권유로 마지못해 나온 것이 역력해 보였다. 한국의 현 실정에 대해서 상당히 비판적인 관점을 가지고 있는 것 같은데 허심탄회하게 이야기를 나누자 했다. 그러자 그가 흥분해서 한국 정부의 유신독재나 박정희의 친일 행적에 대한 문제점을 줄줄이 읊으며 비판하기 시작했다. 국어 선생 출신인 한 선생은 "네가 전쟁도 겪지 않고 한국적 상황을 잘 몰라 그렇다."며 화를 냈다. 그런 반응을 보고 학생은 입을 다물었다.

그래서 분위기를 바꾸기 위해 "정치는 그렇다 치고 경제적인 것에 대해서는 어떻게 생각하느냐?"고 물었다. 그는 경제 역시 매판자본에 종속되어 있다며 한국 운동권의 시조처럼 장황하게 말했다. 나도 이데올로기적인 것은 그 친구에게 못 미쳤다. 그래서 "자네 말이 맞네. 그러면 자네가 생각하는 대안은 무엇인가?" 하고 물었다. 그는 "없다."고 대답했다. "그러면 모순 아닌가? 자네처럼 정치, 경제에 대해서 상당한 지식을 가지고 있는 사람이 답이 없다니 말이네. 그러면 오늘날 한국의 민중예술이나 문화예술에 대한 것은 얼마나 아나? 자네, 경주에는 가 보았나?" 하고 물었다. 그는 안 가봤다고 대답했다. "그러면 너무 지식이 편향된 것 아닌가? 균형을 취하려면 여기서 논리적인 것만 가지고 따질 것이 아니라 자네가 민족의 고유문화도 찾아 나서고, 한국을 방문해서 실상이 어떠한지도 알아봐야 실질적인 대안이 나오지 않겠나." 했다. 그랬더니 대화가 풀려나가기 시작했다. 그는 민단 간부에 대해서도 비판했다. 신문을 거꾸로 들고 있을 만큼 아버지 세대는 무식하고, 전부 한국 유신 정부 편만 드는데 그러는 이유는 여권을 만들고 비자를 받은 후 한국에 가서 대접받고자 하는 것이라고도 했다. 지금과 같은 한국적 상황에서 변화가 쉽지 않으니 자네 같은 의식 있는 사람이 비판만 할 것이 아니라 한국에 폭넓은 관심을 가지고 직접 몸으로 겪어내며 변화를 만들어 가야 한다고 격려해 주었다. 우리와의 만남이 좋았었는지 다음 날 이 친구가 자기 차로 그 일대 여행을 시켜주었다. 덕분에 잘 대접받았고 처음 접해보는 가마보코(일종의 어묵)라는 선물도 주어 고맙게 받아 돌아왔다.

벌거숭이 교제

일본에서 지내면서 현지 일본인들과도 교제를 나누고 좋은 인연을 만들 수 있었다. 특히 '이마이 요시코(今井義子)'와 '이마무라(今村秀子)'라는 분과 깊은 교제를 나눌 수 있었는데, 이분들을 통해 일본 서민들의 순수한

감정을 알게 되었다. 지인이었던 유상희 교수(상지대)는 크리스천인데, 동경(東京) 오차노미스(お茶の水) 교포교회의 장로였다. 그를 따라 교회에 나갔다가 이마이 요시코 선생을 알게 되었다. 교회에서 처음 인사를 한 날, 이마이 씨와 같은 지하철을 타게 되었다. 알고 보니 그 분은 한국말을 수년간 배워 오신 분이었다. 친밀해진 후, 우리 가족과 주고받은 편지가 백여 통이 될 정도이다. 당시 나는 30대였고 그녀는 60대셨다. 처녀로 곱게 늙으신 분인데 귀족이 주로 다니는 아오야마(青山) 학원에서 선생님으로 근무하다 정년퇴직을 하셨다. 우리가 내려야 할 곳은 하마다야마였는데 그분도 그곳에서 내린다고 했다. 그때 아내와 아들과 함께 있었는데, 그녀는 우리 가족을 자기 집으로 초대하고 싶다고 했다. 일본인들은 웬만하면 처음 보는 사람을 집으로 초대하지 않는데 말이다. 그 집에 갔더니 자기가 공부한 한국어 노트를 한아름 보여주면서 내게 한국어 선생이 되어주기를 청했다. 그렇게 인연이 되었다. 내가 한국어를 가르치러 가면 그녀는 기모노를 입고, 단장을 하고 무릎을 꿇고 앉아있었다. 옷매무새부터 자세를 정갈하게 갖추고 모든 정성을 다해 배움에 임했다. 이마이 요시코

는 내가 필동에 살 때 한국 여행을 오셔서 우리 집에서 묵으며 어머니와 나의 자녀들, 누님의 자녀인 조카들과도 함께 교제하였다.

일본에서 또 친하게 지낸 사람이 이마무라(今村)이다. 그도 한국을 좋아했다. 한국 사람들의 목소리를 좋아했고, 한국 노래도 좋아했다. 그때는 한류가 있기 전인데도 말이다. 그녀를 주축으로 반달회라는 모임이 결성되었다. 나를 좋게 본 어르신들이 모인, 일종의 팬클럽 비슷한 단체였다. 그들의 주도로 수녀원에 가서 <편견과 사랑>이라는 주제로 강의했는데, 반응이 너무 좋았다.

한국에서 우리 가족과 교제한 요시코(가운데)

특히 일본인들의 뿌리 깊은 편견 문화에 대한 일종의 '죄의식'에 깊이 공감해 주었다. 어느 날, 반달회가 초대해서 갔더니 열 명 남짓 모여 있는데, 내게 한국어를 배우던 요시코 선생은 새우튀김을 가지고 왔고, 다른 사람들도 모두 하나씩 음식과 물건을 가지고 와 있었다. 한국어 찬송가를 가지고 온 분, 한복을 가져오신 분, 태극기를 가져온 분, 복조리를 가지고 온 분 등 한국과 관련된 물건을 지니고 왔는데, 이는 나에 대한 호의와 배려를 그렇게 표현한 것이었다. 손님을 초대하면 한국은 주부들이 음식을 대접하느라 주방에서 주로 시간을 보내는데, 여기는 하나씩 음식을 해 와서 먹고 누구 하나 대접하느라 배제되는 이 없이 함께 참여해 교제하고 남은 쓰레기들도 다시 챙겨서 가지고 돌아가는데 참 좋아 보였다. 한국에서도 지금은 포트락으로 음식을 각자 챙겨와서 모임을 하는 경우가 종종 있다는 것을 알지만 당시 일본에서의 경험은 매우 인상 깊었다. 이마무라가 한국인인 나를 좋아했던 또 하나의 이유가 있었다. 이마무라 여사는 경북여고를 나왔다. 변호사였던 그녀의 아버지가 일제 강점기에 경북도지사를 지냈다. 그러나 이분은 도지사로 부임한지 반년 만에 도저히 식민지에서 이런 일은 못 하겠다고 다시 일본으로 돌아간 의식 있는 분이었다. 그 경험 때문인지 이마무라는 한국 사람에게 친절했다. 만나는 한국인마다 뒷바라지해주고 집에서 재워주고 하면서 때로는 피해도 많이 봤다고 한다. 그러나 그런 이야기는 내게 일절 하지 않았다.

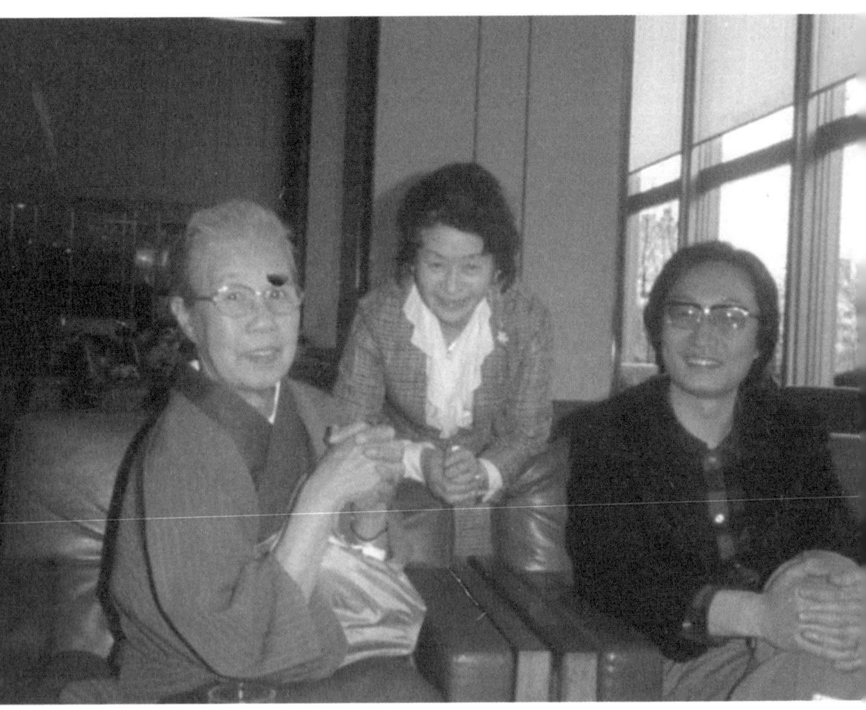

이마무라상과 (왼쪽)

한 성공회 신부의 집에 초대받아 반달회 멤버들과 같이 가게 되었다. 신부는 마산에 와서 있다가 한국 여자를 만나 결혼을 하고 일본으로 넘어온 사람이었다. 그들과의 대화 중에 일본인들의 죄의식에 관해 이야기를 하게 되었는데, 거기서 이마무라가 외톨이가 되고 말았다. 젊은 부부들은 이마무라에게 마음은 착하고 따뜻한 분인데, 너무 일본을 비하한다고 했다. 왜 자꾸 과거를 들추고 비굴할 정도로 낮춰야 하는지 이해할 수 없다고 했다. 그녀는 식민 통치 속에 일본이 저지른 죄를 계속 강조했다. 그러나 그들은 끝내 수용하지 않았다. 그 후 내가 학교에 있는데 이마무라에게 만나자는 전화가 왔다. 그녀는 내게 식사를 대접하며 그날 있었던 일에 대해, 일본 사람들은 죄의식이 없다며 미안해했다. 이분이 이토록 한국에 대한 죄의식을 안고 살아간 것은 그녀의 기억 속에 한국에서의 경험이 깊게 각인되었고, 식민 통치가 부당하다고 여기며 힘들어했던 아버지의 의식이 전해졌기 때문인 듯싶다.

반달회는 우리 가족 외에도 유상희 교수 부부도 참여했고 강덕희 상지대 미술대학 교수도 같이 참여했었다.

보고 싶은 최선생님 내외분께

어느덧 따뜻한 봄이 찾아왔읍니다.
오늘은 편지를 잘 받았읍니다.
대단히 기뻐서 안심 했읍니다.
최선생님이 귀국하셔서 여러분들 얼마나 기쁘십니까?
그러나 이쪽은 아주 섭섭하게 됐읍니다.

최선생님께서는 오래동안 저에게 한국말을 열심히
가르쳐주셔서 대단히 감사했읍니다.
귀중한 시간을 제가 많이 많이 빼았아서 미안한 마음
금할 길이 없읍니다.

삼월 오일에 임선생님하고 한국 국제 교회에 갔읍니다.
예배후에 六本木에 있는 다방에서 유선생님과
우리 일곱사람이 커-피를 마시면서 한사람씩 이야기
했읍니다.
그때 저는 "우연히 서로 만남" (일본말로 「であい」)
에 대해서 이야기했읍니다.
최선생님의 가족과 제가 이와같이 친한 사이가 되었던것은
정말로 "우연히 서로만남" 이라고 이야기 했읍니다.

그리고 그후에 최선생님은 すばらしい 사람이 라고 한
결론에 도달 했읍니다
Mrs 유는 "최선생님のような人はいません" 라고
말씀하셨읍니다. 저도 그렇게 생각합니다.

이마이 요시코 편지

저는 이 出会い을 하느님께 감사해서
귀중히 하고 싶습니다.

춥다 춥다고 늘 이야기하던 서울도 이제 봄이 오겠지요?
학교 강의도 재미있는지요?

바쁜 중이지만 시간이 있으시면 자주 연락 주십시오.
저도 다음에 또 편지 하겠습니다.

부모님께 문안 전해 주십시오
안녕히 계십시오

1978年 3月 9日

今井義子 드림

추신 : 따님의 이름은 어떻게 지었읍니까?

: 임선생님께서는 일주일에 두번 저희 집에 오셔서
한국말을 가르쳐 주십니다.

: 편지의 ~~예~~ 양식에 대해서도 가르침을 받았읍니다.

: 일곱 사람의 이름은

유선생님 Mrs.유 임씨 Mrs.이 朴 永一씨 金씨 わたくし

내가 일본에 머물던 1970년대 후반부터 1980년대까지 매우 활발히 운영되었다. 반달회 회원들은 내가 유학을 마치고 한국으로 돌아가 경기대 교수가 된 것을 자기들 일처럼 기뻐해 주었다.

국비 유학생 선발 당시 동경대 법학부에 선발된 사람은 나밖에 없었다. 나는 학부 성적도 좋은 편이 아니었다. 그런 내가 동경대에 면접을 보러 갔는데, 면접관인 니시오(西尾 勝) 교수가 나를 알고 있다고 했다. 니시오는 나보다 대여섯 살 많은 30대 후반 정도의 교수로 동경대에서 천재라 불리던 사람이었다. 또 다른 면접관은 이데(井義嘉憲) 교수였다. 이 두 분이 동경대 행정학 전공 교수였다. 그런데 니시오 교수가 나를 안다니 놀라울 따름이었다. 그래서 어떻게 나를 아는지 물었더니, 『지방자치』라는 잡지에 나의 석사학위 논문이 실린 것을 보았다는 것이다. 그 잡지에 본인의 논문도 실렸다고 했다. 석사학위 논문이 거기에 실릴 정도이니 내가 똑똑하고 실력 있는 사람이라는 평가를 자연스레 받게 된 것이다. 기적 같은 일이었다.

반달회의 초대로 함께 한 식사 풍경

반달회의 주도로 일본의 수녀원에서 했던 '편견과 사랑' 강의 모습

『지방자치』에 석사학위 논문이 실릴 수 있었던 것 역시 운이 좋았다. 1972년에 일본지역개발센터 외국인 연구원으로 갔을 때 연구소에서 강의하던 구로누마(黒沼稔) 교수와의 인연 때문이었다. 연구소 일로 세이케이대학(成蹊大学)의 구로누마 교수를 알게 되었는데, 그는 나에게 자기 학교로 찾아오라고 했다. 어찌나 꼼꼼한 분이었던지 어디서 몇 번 지하철을 타고 어디에서 내려서 바꾸어 타고 몇 번 출구로 나와 몇 분 걸어서 오면 정문에 도착하게 되고, 수위를 만나 안내받고 어떻게 와야 하는지를 세세히 설명해 주었다. 그뿐 아니라 점심은 도시락을 주문해 놨으니 자기 방에서 같이 먹고 몇 시까지 이야기하면 된다고 정확한 스케줄을 이야기해 주었다. 구로누마 교수 방으로 찾아갔더니 그는 이미 한국전도와 서울특별시 지도를 펼쳐 놓고 나를 기다리고 있었다. 이렇게 우호적으로 대해주니 얼마나 분위기가 좋았겠는가. 그분 역시 한국과의 인연이 있었다. 그는 용산중학교를 나왔고 경성제대 1년을 다니다가 일본에 왔다며 한국은 제2의 고향이라고 했다. 그분은 일본의 행정학계에서는 원로급 인사였다. 내가 도시행정에 관심이 있다고 하니 본인이 가지고 있던 도서들을 한 보따리 챙겨주었다. 그중 『도시문제 사전』이라는 책은 서점에서도 구하기가 어려운 책이었다. 나중에 선친이 주신 작은 도자기가 하나 있어 선물로 드렸더니 그렇게 좋아할 수가 없었다. 그러더니 석사학위 논문을 쓰면 자기에게 보내달라고 하였다. 그래서 논문을 쓰고 그때의 약속이 기억나 구로누마 교수님께 보내드렸다. 그는 나의 논문이 너무 훌륭하고 일본의 정책 결정과 비교 연구의 가치가 클 것 같다며 이것을 『지방자치』라는 60년 된 일본 최고 권위의 잡지에 싣겠다고 했다. 사장과 이야기가 되었으니 일차로 번역해서 보내면 자기가 번역자가 되어 실어 주겠다고 했다. 그래서 『지방자치』 1973년 10, 11, 12월 호에 걸쳐 연재되었고, 니시오 교수가 그것을 본 것이었다.

석,박사 과정-이데 교수와

동경대학에 행정학 연구회가 있다. 여기는 아무나 들어갈 수 없다. 내 지도교수인 이데 교수도 들어가 있는 모임이었으나 그는 나를 추천하지 않았는데 니시오 교수가 적극적으로 나를 추천했다. 여기는 관료 출신들은 들어올 수 없는 곳이었다. 니시오 교수는 미국에서 시민참여에 대해 공부하고 왔다. 니시오 교수가 지도하는 학생은 문민통제를 연구하는데, 내가 시민 참여 분야를 파고들어 가니 나의 연구에 더 관심을 가졌다. 이데 교수는 자기 별장으로 우리 가족을 초대하기도 했다. 일본인들은 처음에는 오픈을 안 하다가 마음을 열면 굉장히 가까워지고 끝까지 돌봐주는 의리가 있다. 교수들 세계 자체가 '오야붕(親分, 우두머리)', '꼬붕(こぶん子分, 부하)' 문화가 있어 그렇다. 반면 관료들 습성은 상당히 권위적이고 비민주적이고 일반 대중을 멸시하는 태도가 있었다.

일본 사람들이 좋아하는 단어 중에 '마지메(まじめ, 眞面目)'가 있다. 진짜 그 사람의 됨됨이를 말한다. 일본인이든 누구든 진실하고 성실하며 신뢰할 수 있는 사람을 좋아하는 것은 만고의 진리일 것이다. 이데 교수는 나를 마지메한 사람으로 평하며 우리 가족을 자기 집과

별장으로 초대하고 인간적으로 따뜻하게 대해 주었다.

셋집 살이

일본의 집은 대부분 매우 비좁다. 유학생들은 비좁은 집이라도 얻기가 어려웠다. 미국 학생들은 남녀가 모여 파티하고 놀며 시끄럽고 문란하다는 편견, 중국 학생들은 집을 지저분하게 쓴다는 편견, 한국 학생들은 한번 들어오면 계약 기간이 지나도 나갈 생각을 안 한다는 편견을 일본인들이 갖고 있었기 때문이다. 일본은 차별과 편견이 심한 나라다. 어느 학교를 다니는가에 따라 대우가 다르다. 동경 대학에 다닌다고 하면 신뢰를 해 주었다. 그때는 한국에서 교수를 한다 해도 집을 구하기가 힘든 때였다. 방 하나의 월세가 당시 3만 8천 엔이었다. 지금 환산해도 38만 원이니 1976년에 그 정도면 엄청 비싼 것이었다. 그때 문무성 장학금은 12만 엔이었다. 기숙사를 사용하지 않고 방을 얻으면 만 이천 엔의 보조금을 주었다.

동경 시내에 있는 동경대 기숙사는 이미 다 차버려서 같은 국립대학인 지바에서 묵게 되었다. 동경에서 한 시간 반 정도 떨어진 곳이었다. 거기에서 학교에 가려면 꼬박 두 시간이 걸렸다. 30분을 걸어 나오고 지하철 스무 정거장을 가서, 다시 버스를 타고 가야 했다. 지바에서 지내다 아내와 아들이 온다고 하여 하마다야마(浜田山)라는 곳에 방을 얻게 되었다. 월세 3만 8천 엔에 관리비 만 엔이었다. 보증금은 들어갈 때 3개월 치 월세, 권리금은 2개월 치 월세였다. 권리금은 그대로 사라지는 돈이다. 부동산 중개료는 한 달 치 월세였다. 월세는 선금으로 내야 했고 매달 가서 돈을 지불하고 장부에 도장을 찍어야 했다.

매달 받는 장학금 12만 엔 중 6만 엔은 쓰고, 나머지 6만 엔은 저축해 두었던 것으로 가까스로 방을 얻었다. 남편과 같이 지내기 위해 길 떠나는 아내와 아들에게 아버지는 돈 한 푼을 들려 보내지 않으셨다. 며느리와 손자가 시부모를 두고 유학 중인 남편에게 가는 것 자체를 못마땅하게 생각하셨던 것 같다. 그러니 없는 돈에 이사를 해야 했다. 지바에서 하마다야마까지 이삿짐을 옮겨야 하는데 그 거리가 만만치 않았다. 지하철로 세 시간 이상이 걸렸다. 차를 부를 수도, 사람을 사서 쓸 돈도 없어 직접 이삿짐을 날랐다. 매부가 월남에 갔을 때 쓰던 매우 크지만 무겁고 바퀴도 없었던 샘소나이트 가방이 있어서 거기에 이삿짐을 넣어 옮겼다. 짐이라야 거의 책이었다. 그 가방으로 아침부터 네 번 왔다 갔다 했다. 같이 공부하는 친구에게 도움을 청할 수도 있었지만 폐를 끼치는 것 같아 혼자 짐을 날랐다. 기숙사에서 지하철까지 20분을 가고 엘리베이터도 없는 지하철에 내려가 타고 환승하면서 2시간에 걸쳐 30여 정거장을 가서 하마다야마 역에 내리면 집까지 또 20분이 걸렸다. 정말 힘들었다. 그렇게 이사를 하고 식구들이 와서 함께 살게 되었다.

그런데 월세를 3만 8천 엔이나 주고 얻은 집이지만 살아보니 너무 더워서 사는 것이 고역이었다. 일본의 집은 콘크리트가 아닌 목조로 지은 집이 많다. 우리가 얻은 집은 지붕이 양철로 되어있는 이층집이었고 2층이 우리의 거주 공간이었다. 그러니 얼마나 더웠겠는가! 우리나라에 옛날 일본 사람들이 살다가 두고 간 적산가옥과 같은 집이었다. 목욕탕도 없고, 작은 화장실, 부엌 하나, 방 하나인데 3만 8천 엔이었던 것이다. 일본은 습도가 높은 나라라 매일 목욕을 해야 살 수 있다. 작은 화장실에서는 목욕을 할 수가 없었다. 일본 집은 대부분 욕실이 작기 때문에 우리 집뿐 아니라 대다수 사람이 역 앞에 있는 목욕탕에 자기 세면도구를 가져다 놓고 퇴근하며 목욕을 하고 집으로 오곤 했다. 낮에는 너무 더워서 집 안에 있을 수가 없었기 때문에 내가 아침에 학교에 가면 아내는 아들을 데리고 지하철을 타고 공원으로 가서 대부분의 시간을 보내고 돌아오곤 했다. 그 당시 일본의 가정은 에어컨, 냉장고, 세탁기, 자동차는 필수적으로 가지고 있었다. 1970년대의 우리나라는 생각할 수 없는 수준이었다. 우리 집에는 간신히 작은 냉장고 하나만 있을 뿐이었다.

일본인과 생활 문화

어느 날 저녁 목욕을 하고 왔는데 아내가 집주인이

찾아왔다고 했다. 집주인은 집을 여덟 채나 소유하고 있는 사람으로 동경 공업대학 수위를 하고 있었다. 자기 집은 상속받은 것인데, 천여 평이나 되었다. 이런 자산가이면서도 넉넉함은 찾아보기 힘들었다. 세 든 사람들은 작은 것이라도 서로 나눠 먹고 했는데, 집주인은 그런 것이 전혀 없었다. 명절에 내가 한국에서 온 인삼차를 가져다주면 그 사람은 자기 집 마당 감나무에서 딴 감 몇 개를 가져다줄 뿐이었다. 그러던 사람이 갑자기 아내를 데리고 찾아와 함께 고개를 조아리며 "미안합니다. 죄송합니다. 저희가 잘못했습니다." 하는 것이었다. 그래서 당황해 "무엇을 잘못했다는 말씀입니까?" 물었더니 "집에 없어진 것이 없느냐."고 물었다. "나는 유학생이라 돈도 없고 가져갈 것도 없다." 했더니 "아닙니다. 있습니다." 했다. 그래서 일단 올라오시라 하고 2층으로 갔다. 그랬더니 다시 몇 번씩이나 고개를 숙이는 것이었다. 그러면서 자기 아들이 중2인데 사고를 쳤다고 했다. 그때만 하더라도 일본 사회는 성에 상당히 개방적이었다. '11시 PM'이라는 프로그램이 있었는데, 여자들이 윗옷을 다 벗고 있으면 MC가 사회를 보면서 그녀들의 몸을 만지며 희롱하는 프로가 있을 정도였다.

술의 문화나 밤의 문화가 매우 활성화되어 있던 시기였다. 게다가 경찰관들이 여자기숙사에 들어가 속옷을 수집해서 가방에 넣어 숨겨 놨다가 잡혀 들어가는 것들도 상세하게 TV에서 보여주었다. 공영 TV에서 이런 자극적인 것을 무분별하게 보여주니 한창 성에 호기심이 많을 십 대 아들이 집에 있던 스페어 키를 가지고 세 든 집마다 들어가서 걸어놓은 팬티나 서랍에 넣어둔 속옷들을 훔쳐다가 자기 책상 서랍에 숨겨놓았던 것이다. 그것을 부모가 발견한 것이었다. 주로 여자들 속옷이었는데, 그중에서 잃어버린 것을 찾으라고 했다. 그러더니 귤 한 봉지와 봉투를 내밀었다. 그래서 나는 "안 받겠습니다. 어린 나이에 그럴 수도 있는 것인데 돈까지 받을 일은 아닙니다. 귤은 가져왔으니 이것만 받겠습니다." 했다. 그들은 울면서 "다른 곳에서도 받았으니 당신도 받아 주십시오. 그래야 내 마음이 편할 것 같습니다."라고 하였다.

나 같으면 자식을 야단치고 쉬쉬할 것 같은데, 이걸 신문지에 싸서 가지고 와서 '고멘나사이(ごめんなさい, 자기가 한 실수나 무례함을 사과할 때 쓰는 말), 고멘나사이' 하며

일일이 찾아주려 하는 이들의 모습이 일본인들에 대한 인상적인 경험이었다. 그 집에서 1년 반을 살고 한국에 왔다. 집을 나올 때도 그들의 철저함에 놀랐다. 이사를 간다고 하니 전문가를 데려다가 견적을 내었다. 아들이 벽에 한 낙서, 벽에 박은 못, 살던 흔적 중 수리해야 할 항목을 다 확인했다. 보증금 중에서 수리해야 할 비용을 공제하고 남은 돈을 돌려주었다.

아침에 나가려는데 아이가 우는 소리가 났다. 옆집에 신혼부부가 사는데 그 집 아이였다. 일본은 집이 좁아 대부분 밖에 세탁기를 두었다. 아이가 우니 여자가 밖에서 세탁하다가 들어가서는 자기 아이 앞에 딱 무릎을 꿇고 "미안합니다. 죄송합니다." 하며 자기가 늦게 들어온 이유를 다 설명해 주는 것이었다. "세탁하고 마무리까지 하다 보니 당신에게 오는 것이 늦었습니다. 나를 용서해 주십시오." 돌도 안 지난 아기라 알아듣지도 못할 텐데 저걸 다 설명해 주나 싶었다. 그 당시 한국 문화에서는 상상하기 힘든 일이었기에 정신 나간 여자가 아닌가 싶을 정도였다.

아내와 아들을 데리고 세부라는 마켓에 갔다. 그때 일본은 한창 마켓이 붐이었다. 아내는 마켓에 가고 나는 놀이터에서 아들과 함께 기다리고 있었다. 한 여자가 우리 아들만한 아이를 데리고 와서 잠시 놀이터에 있으면 마켓에 얼른 다녀오겠다고 약속을 하고 갔다. 어둑어둑해지는데 이 엄마가 약속한 시간보다 좀 더 늦게 돌아온 모양이었다. 아이가 엄마를 보고는 울어버렸다. 그랬더니 그 자리에서 무릎을 딱 꿇고 아이에게 "미안합니다. 죄송합니다. 내가 마켓에 들러서 무슨 물건을 사는데 어찌어찌해서 늦었으니 이해를 해 달라." 고 정중하게 설명하는 것이었다. 그 모습을 보며 이 사람들의 교육이 참 인격적이라는 생각이 들었다. 우리는 길을 건널 때도 빨리 건너야 한다며 어른의 보폭에 맞춰서 아이를 잡아끌곤 하는데 일본인들은 아이의 보폭에 맞춰서 간다.

하지만 일본 드라마에 나오는 여성들은 지나치게 순종적이었다. 남성이 잘못해도 남성에게 책임을 묻는 것이 아니라, 여성이 무릎을 꿇고 눈물을 흘리며 잘못했다고 했다. 그러니 이것을 긍정적으로만 볼 수는 없다.

지금은 이런 의식과 태도가 많이 사라졌다고는 하나 여전히 일본에서 여성운동이 제일 힘들다는 이야기가 있다. 일본 사회 자체가 변화를 싫어하고 여전히 사무라이 문화가 남아 있어 계급이나 혈통에 따른 정치가 가능할 만큼 순치된 국민들이다. 신문 사설이나 정치, 사회, 문화적 견해는 상당히 비판적인데 실생활에서는 변화가 없다. 의식 수준은 높아졌으나 뼛속 깊이 각인된 습관과 태도를 바꾸는 건 쉽지 않은 것 같다.

지금은 달라졌는지 모르지만 그 당시만 하더라도 니시오 교수가 학부 강의를 큰 교실에서 하면 전부 녹음을 했다. 그는 칠판에 대충 요약된 내용을 쓰고 자기 강의 노트를 읽었다. 그러면 학생들이 내용을 적었다. 니시오 교수의 강의 노트는 매년 아르바이트생을 고용해 정리하여 출판사에서 출간할 정도로 인기가 높았다. 어느 날 한 학생이 강의를 듣다가 갑자기 쓰러졌다. 그런데 아무도 관심을 갖지 않았다. 다시 일어섰다가 또 쓰러졌다. 그래도 어느 누구 관심이 없었다. 니시오 교수가 '괜찮냐' 물으니 다이조부(大丈夫, だいじょうぶ, 괜찮다)라고 했다. 그러다 세 번째 쓰러지자 교수가 사무실이

있는 2층으로 달려가는데 누구 하나 자기가 가겠다고 나서는 학생이 없었다. 나중에 사무직원이 와서 학생을 데리고 병원에 갔다. 일본에는 특별한 이유 없이 타인을 침해하거나 자신이 침해받는 것을 극도로 꺼리는 '메이와쿠(迷惑)' 문화가 있는데 이런 위급 상황에서도 그런 태도가 드러나는 것 같았다. 개인주의가 지나친 감이 있다. 한국에서는 학교에서 교수를 마주치거나 안면이 있으면 대부분 인사를 한다. 그러나 일본은 인사를 안 한다.

한번은 지도교수가 동경에서 가까운 아타미(熱海)라는 지역에 있는 자기 별장으로 석사, 박사 과정 학생들을 데리고 가 세미나를 했다. 나는 차가 없어 교수님 차를 타고 갔고 다른 학생들은 각자 알아서 왔다. 그날 저녁 교수님이 회를 잔뜩 내와 저녁을 맛있게 잘 먹었다. 아침에 일어나 보니 예닐곱 명의 학생들이 바둑을 두고 있었고 교수님은 일어나 쌀을 씻고 있었다. 그래서 내가 하겠다고 했다. 교수는 내 제의를 사양하고 손수 아침 준비를 다 하였다. 박사 과정에 있는 한 명이 허드렛일을 돕고 나는 마당을 쓸었다. 그러나 바둑을 두던 학생들은 교수가 일을 해도 아무것도 하지 않고 그대로 있었다.

교수들은 외국 유학도 다녀왔기 때문에 개방적이라 자기 집에 초대하기도 했고, 우리 식구들과 같이 별장에 가기도 했다. 그러나 대부분의 일본인은 웬만해서는 자기 집에 초대하지 않는다. 그러나 마음을 열어 놓을 수 있는 상대라고 생각하면 따뜻하게 다가오고 마음을 다해 챙겨준다. 어느 사회나 기본적으로 인간은 외롭기 때문에 마음이 맞는 사람이 있으면 마음을 열기 마련이다. 그러나 일본 사회가 이렇게까지 개인주의가 심화된 것은, 체계적인 메커니즘이나 치밀한 시스템에 의해 선진국 대열에 올랐지만 틀과 형식, 법이나 도덕에 너무 얽매이다 보니 그것이 스스로를 얽어매는 도구가 되고, 피해를 주지 않는다는 명목으로 상대에게 무관심하게 된 것이 아닌가 싶다.

일본 문화는 이중적이다. 대단히 합리적인 것 같은데, 일면 미신이 지배하는 사회이기도 하다. 곳곳에 신사가 있고 집안에 부쓰단(仏壇, 불단)을 만들어 놓고 가신

을 모시며 지방마다 연중행사로 하는 마쓰리(祭·祭り まつり, 일본의 전통 축제)에는 별의별 축제가 다 있다. 풍작, 풍어, 사업번창, 무사고, 무병장수, 가내 안전 등을 빌며 수많은 미신적 요소를 가지고 축제를 연다. 이러한 축제는 시민들의 단합을 위해서는 도움이 되는 면이 있을 것이다. 한번은 공원에서 축제를 연다고 해서 구경을 갔다. 축제의 선두에는 제일 연장자가 기모노를 입고 섰다. 가운데에는 소리하고 장구 치는 사람, 그 뒤로 연령대별로 서는데 맨 뒤에 어린이들이 섰다. 그렇게 축제 의식을 하며 한 바퀴를 돌면 뒤따라가는 젊은 사람들이 그 의식을 배우는 것이다. 전통이 매해 이어지는 것이다. 전국 지역별 축제에서 지자체가 일등을 했다고 하면 대단한 영광으로 여긴다. 일본의 3대 마쓰리로는 간다 마쓰리, 기온 마쓰리, 덴진 마쓰리가 있다. 이처럼 축제를 통해 단합하는 측면도 있지만 일본 국민을 순치시키려는 도구로 사용하는 측면도 있는 것 같다. 매년 되풀이되는 행사에 사람들은 비판의식 없이 길들여지고 있다는 생각이 들었다.

또한 일본은 분야별 벽이 너무 높다. 학교는 학교대

로 관료는 관료대로 계급이나 혈통에 따라 이어지는 경우가 많아 다른 분야로 진출하기가 매우 어렵다. 만담을 하더라도 3, 4대에 걸친 전통은 인정하지만 새로운 사람이 끼어들 수 있는 기회를 내어주지 않는다. 이것이 일본 사회의 발전을 저해하는 요인이며 전통이란 명목으로 무비판적으로 수용하는 교조주의가 만연하게 한 것 같다. 영국과 일본은 같은 내각책임제이다. 그런데 통계를 보면 영국은 3년 정도 내각을 유지 한다. 그런데 일본 내각의 평균수명은 1.5년밖에 안 된다. 그러니 정책에 일관성을 유지하는 것이 어렵다. 일본에서 정책을 실행하는 것은 바로 관료들이다. 대를 이어온 관료 집단에 의해 정책이 실행되기 때문에 관료 사회의 높은 벽에 변화는 좌절되고 만다.

제2차 세계대전 이전까지 일본은 3벌(재벌, 군벌, 관벌)이 있었으나 패전과 더불어 재벌과 군벌은 해체되었고 관벌은 오히려 확대 재생산되면서 정치, 경제, 사회를 지배하고 있다. 관료 사회는 엘리티즘이 팽배하여 선민의식이나 계명 관료의식에 젖어있다. 관료 사회가 공고하게 구축되어 있는 일본은 관료 독재국가나 마찬가지다. 이러한 체제는 혁명이나 쿠데타에 의해서도 부서지지 않는다. 오히려 공산주의보다 더 공고한 것이 관료국가다. 따지고 보면 공산주의도 관료국가다. 민주국가에서는 정치, 사회, 문화가 나뉘어져 기능하지만 공산주의는 하나로 묶어져 있다. 일본 사회도 마찬가지다. 그러니 일반 서민들 입장에서는 공부를 열심히 해서 좋은 대학을 나와 연봉 높은 직장을 다니며 여유롭게 사는 것에 가치를 둘 뿐 국가는 별로 중요하지 않다. 면접시험을 볼 때 일본인들에게 애국가를 불러보라 하면 제대로 부르는 이가 열 명 중 한두 명밖에 되지 않는다고 한다. 지나친 애국심도 문제지만, 기존 틀에 순응하며 개인주의로 살아가는 일본이 빠르게 변화하는 국제적 경쟁에서 제자리걸음을 하거나 후퇴하게 된 원인은 여기에서 기인한 것이 아닌가 생각된다.

✦

기러기 29.4 x21.4cm 한지에 수묵채색 2019

가나가와대학 국제일본학부 교수

유혁수

최 선배는 고등학교와 대학교 6년 선배다. 6년이나 선배이신 관계로 학창 시절 실제로 겹친 적은 거의 없다. 최 선배가 대학원에 진학하셨기에 대학에 들어갔을 때 다행히 고등학교 동창회에서 만나 뵐 수 있었지만 그 외의 특별한 관계는 없었다. 직접적인 대면은 내가 일본 문부성 장학생으로 선발되어 유학을 준비하는 과정에서 문부성 장학생 선배이신 최 선배 댁으로 찾아뵙고 말씀을 나누며 이루어졌다. 그 후 최 선배가 경기대학교 총장이 되시고 내가 재직하고 있는 요코하마 국립대학과 자매결연을 맺기 위해 오셨을 때 그 일을 돕고, 저녁을 같이하면서 쌓인 얘기를 나눈 것이 최 선배와의 뒤늦은 만남이었다.

그리고 총장직을 그만두신 후에도 한동안 한국에 갈 때마다 아트레온의 사무실을 찾아 근처에서 식사하면서 자서전에 쓰신 많은 부분에 대해서 직접 말씀을 들을 기회를 가졌던 기억이 난다. 정말이지 한 편의 드라마를 보는 듯했다. 그 어려움들을 꿋꿋이 부딪치며 자신이 가져야 할 것을 되찾고, 자신이 가야 할 길과 해야 할 일을 찾아오신 모습에 놀랄 뿐이었다.

역시 최 선배의 인생에 있어서 무엇보다도 큰 역사는 장아람이 아닐까 생각해 본다. 장애인과 그 가정들과 가족 같은 관계를 구축하고 그들을 지원하고 계시는 것에는 박수와 찬사를 보내지 않을 수 없다. 얼마나 쉽지 않은 일인지 조금은 알 것 같기에. 최 선배에 대한 존경의 마음을 바탕으로 앞으로도 뒤늦은 인연을 소중히 하고 싶다.

행정안전부 지방자치인재개발원 교수

홍진이

교수님은 학부 때 지도교수로 오늘의 내가 있도록 초석을 만들어 주신 분이다. 학문적 열정과 옳음을 추구하시는 기개, 매사에 시시비비가 없으신 분으로 대할 때마다 항상 몸가짐과 마음가짐을 바로 가지게 하는 분이시다.

나는 자서전에서 언급하신 아버님을 직접 뵐 기회가 있었다. 몸이 쇠약하셨던 시기임에도 일본에서 서예 전시회를 여시며 예술가로서 열정을 멈추지 않으셨다. 그 당시 일본 유학 중이었던 나는 아버님 뒤에서 묵묵히 도우시던 교수님의 모습을 기억한다. 그러나 얼마 안 가 돌아가셨고 아버님의 유품을 동경 화실 빈방에서 정리하시던 교수님의 눈가에 고인 슬픔을 기억하고 있다. 나는 그 당시 교수님의 마음을 잘 알지 못했다. 아들이 아버지에게 끊임없이 내쳐짐을 당할 때, 그 아들의 마음도 감히 상상하지 못했다. 그러나 이 책을 통해서 이제야 모든 퍼즐

이 맞춰지는 듯하다. 상처와 고통 속에서도 묵묵히 인내하며 걸어가는 이에게 인생의 반전을 허락하시는 하나님의 손길과 섭리를 깨닫게 된다.

30년을 이어오신 어려운 이웃을 돌보는 장아람의 사역도 의의 열매 맺는 생명나무로 더욱 자라기를 소망한다. 이 책의 독자들에게도 부탁한다. 예단 없이 전 편을 다 읽어주시기를. 일본에 대한 날카로운 분석, 그리고 학술적인 지식의 보고, 어려움에 대처하는 리더의 자세를 어느 틈에 습득할 수 있을 것이다. 또한 빈 마음이 차오르는 따스함과 가슴 뭉클함을 느끼게 될 것이다.

3. 대학교수 시절

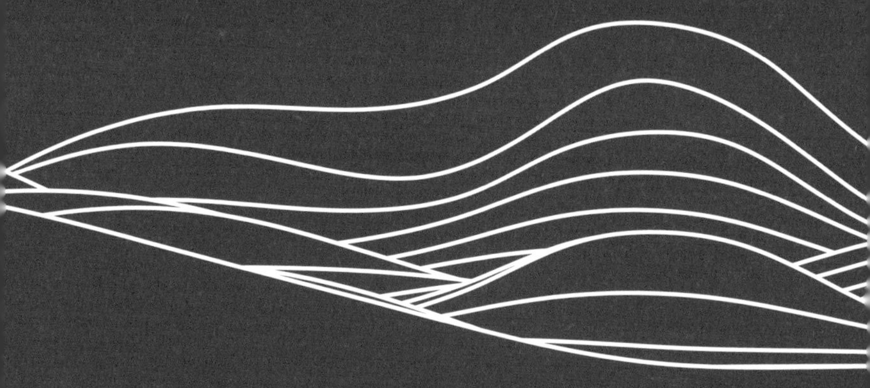

교수 임용 과정

동경에서의 유학을 마치고 한국으로 들어오게 된 계기는 서울시립대 교수로 추천을 받았기 때문이었다. 석사학위논문이 일본의 『지방자치』라는 잡지(60년이 넘는 전통을 가진 잡지로 도시·지방행정 분야에서 유명하다.)에 일본어로 번역되어 실리게 되면서 평가가 좋았다. 이를 본 지도교수가 서울시립대 교수 채용 공고를 보고 나를 추천한 것이다. 그러나 동경대에서 2년 동안 장학생으로 공부하긴 했지만, 아직 박사학위를 받지 못한 상태였다. 함께 교수로 지원한 이들 중에는 동경대에서 잘 알고 지내던 박사과정에 있던 동기와 선배가 있었고, 연세대에서 박사학위를 취득한 선배도 있었다. 연세대 출신끼리의 경쟁이 되다 보니 아무도 채용이 안 되었고, 나는 풀타임 강사로 있다가 추후에 전임 강사로 채용하겠다는 구두 약속을 받았다.

한국으로 돌아와 모교에서 박사과정을 시작했고 서울시립대와 이화여대에서 강사를 했다. 1년쯤 지났을 때 신문에서 원주에 있는 상지대학의 교수 임용 공고를 보고 지원했다. 상지대에 가보니 대학으로서는 매우 열악한 환경이었고, 공채도 처음 시도하는 것이었다. 그때 일곱 명의 교수를 임용했는데 지원한 교수들이 소위 학벌이 좋다 보니 인재를 등용했다고 좋아했다. 교수로 임용되고 난 직후 당시 이사장과 낙원동 근처에서 식사를 했다. 그때 받은 이미지는 상당히 좋았다. 그는 30대에 상공회의소에서 실업인 대표를 했는데, 비행기를 타고 미국 여행을 하면서 좁은 땅덩어리를 가진 우리나라가 세계적 경쟁력을 갖추려면 교육밖에 없다고 생각했고, 교육에 전 재산을 투자하여 상지대학을 만들었다고 했다. 실상을 몰랐던 나는 그런 뜻을 가지고 설립된 학교에서 일하게 되어 의미 있고 영광이라고 했다. 그러나 그를 실제로 겪어보며 또 그의 행적을 볼 때, 그는 육영을 빙자해 부를 증식하고 권력을 추구하고 있었다. 육영을 할 만한 사람은 아니었다.

상지대학과 교수 생활

1979년 3월 1일 자 발령이었지만 졸업식에 오라고 해서 2월 말경에 학교에 갔다. 당시 상지대는 대학이라고 할 수 없을 만큼 아주 열악한 환경에 있었다. 건물 하나에 전문대와 함께 있었고 교수 연구실도 따로 없어 큰 방에 채용된 일곱 명의 교수를 포함해 이십여 명의 교수들을 모아 놓았다. 중고등학교 교무실처럼 책상 하나에 교수들을 한 명씩 앉혀 놓은 것이다. 교수들 중에 박사 학위자는 명예 문화 인류학 박사라는 이사장과 학장 둘뿐이었다. 나중에 알고 보니 학장은 이사장의 수족으로 이사장에게 교수들의 행적을 일일이 보고하고 있었다. 거기다가 행정업무를 보는 교무과, 행정과 등에는 상기, 원기 등 '기' 자로 끝나는 이사장의 친인척들이 포진해 있었다. 그때 교수들 대부분이 박사과정을 하고 있었다. 나 역시 상지대 교수였지만 박사과정과 함께 이대와 시립대 강사도 겸하고 있었다. 상지대의 월급은 타 대학에 비하면 반밖에 되지 않았다. 다른 지역에 집을 둔 교수들이 대부분이었기에 교통비와 하숙비를 내고 나면 남는 것이 없었다. 그러니 다들 타 대학으로 떠날 궁리를 안 할 수가 없는 상황이었는데, 그 필요는 채워주지 않고, 운영진이라고 하는 사람들이 교수들을 감시하고 있었던 것이다.

교수 연구실은 흡사 시장통 같았다. 모든 교수들이 모여 있으니 각 과의 학생들이 들락날락하는 상황에서 책 한 페이지 읽기가 어려웠다. 송정부 교수라고 정년까지 상지대에 계셨던 분이 있다. 사회복지 전공이었는데, 일본 동지사대학(同志社大學, 도시샤대학 : 일본 교토부 교토시와 교타나베시에 위치한 명문 사립대학이다. 간사이 지방의 4대 명문 사립대학인 칸칸도리츠 중 하나이다.)에서 공부를 하였다. 송 교수와 마음이 잘 맞았다. 둘이 책상을 나란히 하고 아침에 출근하면 강의 시간과 점심 시간을 빼고는 저녁 퇴근 때까지 앉아서 책을 읽었다. 그랬더니 교수실의 분위기가 달라지기 시작했다. 그때 마침 칸막이를 치고 방을 두 개로 나누었는데, 우리가 있는 쪽 방에서는 다들 조심하며 정숙함을 유지해 주었다.

또한 교수들이 두 사람 이상 어울려 다니는 것까지 보고된다고 하니 교수들 사이의 단합도 어려웠다. 그래서 송 교수와 둘이 회람을 돌렸다. 근처 치악산으로 단합 대회를 가고자 하는데 참석 여부를 체크해 달라고 했다. 대부분의 교수가 참석하기로 했다. 고기도 구워 먹고 술도 한잔하며 신나게 놀며 단합 대회다운 시간을 가졌다. 버스를 타고 돌아오는 길에 돌아가며 노래를 부르며 흥을 돋우고 있었는데, 영문학과 교수를 하고 있는 전 모 교수가 나서서 자기가 교가를 하겠다고 했다. 그러고는 남진의 "울려고 내가 왔나."를 불러 젖혔다. 노래에 담긴 뜻을 알기에 다들 의미심장하게 듣고 박장대소를 했다.

상지대 교수들과의 단합 대회

이사장의 전횡과 도전

상지대에서 근무를 시작한 그해에 12.12 사태가 터졌다. 이사장이 학교로 내려와 교수회의를 소집하며 학장실로 모이라고 했다. 모두 퇴근을 미루고 모였다. 이사장은 허심탄회하게 학교 발전에 대한 의견을 나누려고 한다고 말했다. 12.12 사태가 나자 이사장도 겁이 났던 것이다. 그러나 김 이사장의 왕국인 것을 뻔히 아는데 그 앞에서 누가 무슨 이야기를 하겠는가! 어렵게 한 축산과 교수가 이야기를 꺼냈다. 실습실이 협소하니 충분한 실습실을 확보해 줄 것과 실습실에 수도시설이 갖추어져 있지 않아 실험 후 손을 닦거나 실험기구를 정리하는 데 어려움이 있으니, 수도시설을 갖추어 달라고 했다. 그랬더니 이사장은 자기가 공사를 많이 해봐서 아는데 수도를 실험실로 끌어들이는 데 드는 비용이 얼마이며, 실습실을 만들려면 또 얼마가 든다고 했다. 또 실습실에 좋은 기자재를 가져다 놔야 하는데, 원주는 도둑이 많아 비싼 기자재를 가져다 놓을 수도 없어서 고민이라고 말했다. 다들 할 말을 잃었다. 이사장은 또 할 말이 없냐고 물었다. 내가 나섰다. "제가 여기

내려온 지 1년이 되어 갑니다. 그동안 본 것도 있고, 느낀 것도 있고, 들은 것도 있습니다. 오늘 허심탄회하게 말하라 하셨으니, 어떤 이야기는 수치스러운 것도 있는데, 이것을 밖에 나가 얘기하면 자기 얼굴에 침 뱉기니, 오늘 이 자리에서 말씀드리겠습니다." 했다. 내 말에 모든 교수들이 긴장했다.

"내년에는 틀림없이 새로운 사태를 맞이하게 될 것입니다. 학생들은 대학의 운영, 교육, 시설 등에 대해서 불만을 표하며 거세게 데모할 것입니다. 그러면 교수들에게 학생들을 설득하고 나서서 막으라고 할 것 아닙니까. 그러려면 가장 중요한 것은 교수와 대학 운영진 간의 일체감입니다. 그러나 현실은 그렇지 않습니다. 첫째, 적어도 교수들이 살아가는 데 필요한 기본 생활비는 주셔야 합니다. 잘 알다시피 다른 대학과 비교해 봤을 때 우리 월급은 반도 안 됩니다. 고속버스를 타고 내려오고 하숙비를 주고 나면 집에 생활비를 가져다줄 수가 없습니다. 표준생계비라도 주십시오. 둘째, 돈도 돈이지만 인간적인 대접을 받고 싶습니다. 캠퍼스가 허허벌판이라 너무 춥습니다. 영하 15도 이하인데 난방을 해 달라고 하니 말한 지 15일이 지나서야 사십구공탄 난로를 가져다주었는데 냄새가 나서 도저히 있을 수가 없습니다. 서무실에서는 기름 난로를 사용하고 있더군요. 이것은 너무한 처사 아닙니까? 셋째, 대학을 운영하려면 기획조정실이 있어야 합니다. 마스터플랜을 가지고 건축도 하고 학교 행정도 적절히 분할하며 각 부서를 통합해 나갈 시스템을 구축해야 한다고 생각합니다."

그랬더니 이사장의 얼굴이 굳어지며 대답도 하지 않은 채 다른 분은 할 얘기가 없느냐고 했다. 나중에 전남대로 간 이 모 여교수가 계셨었는데, 그가 나서서 "최 교수님 말씀에 동감입니다. 저도 인간적인 대접을 받고 싶습니다." 했다. 그랬더니 여기저기서 물꼬가 터지듯 동감이라는 말이 터져 나왔다. 이사장이 너무 코너에 몰리는 듯하여 다시 내가 말을 꺼내 한꺼번에 많은 요구를 하면 받아들이는 분도 부담스러우실 테니 오늘은 이 정도로 끝내고 대신 이런 모임을 정기적으로 가져 허심탄회하게 대화하며 대학의 발전을 강구해 나가자고 했다. 그리고 이왕 내려오셨으니 저녁이나 사주고 올라가시라고 웃으며 이야기했다. 이사장도 못 이기는 척 교수들을 데리고 원주 시내 식당으로 갔다. 술도 하고 삼겹살을 먹으며 흥이 오르니 노래들을 했다. 그래서 내가 이사장님도 노래 한 곡 하시라고 부추겼다. 교무처장이 옆에 있다가 이사장에게 무슨 노래냐며 내 옆구리를 쿡 찔렀다. 이사장님은 노래하면 왜 안 되느냐 했더니, 마지못해 일어나서 노래를 했다. 그러고는 단합 대회 때 교가라며 '울려고 내가 왔는가'를 불렀던 전 교수에게 교가 한번 해 보라고 했다. 항상 교수들 동정을 일일 보고를 하면서 이사장에게 잘 보이려 했던 친구라 언제 한번 골탕을 먹여야지 맘먹고 있었었다. 전 교수의 얼굴은 시뻘게지고 다른 사람들은 와! 하고 웃으며 다들 빨리하라고 재촉하니 어쩔 수 없이 일어나 놀랍게도 교가를 4절까지 불렀다.

모임을 마치고 가까스로 막차를 타고 집에 올라왔다. 그런데 새벽 1시쯤 전화가 왔다. 아까 골탕을 먹였던 전 교수였다. "최 교수, 다른 교수들이나 최 교수나 나를 배신자라고 생각할 텐데 내가 그 생각을 하니 잠이 안 옵니다. 부들부들 떨리고 아무리 이사장이 잘못을 했어도 내가 "울려고 내가 왔는가'를 교가라 하고 차마 어떻게 부를 수 있었겠소." 하며 우는 것이었다. 골탕을 먹이려 했으나 마음이 짠해서 "내가 농담으로 한 것이고, 당신도 받아서 교가를 다 잘 불렀으니 되지 않았소. 내가 내일 아침 일찍 가겠소." 하고 새벽같이 달려가서 위로해 주었다. 교수 사회에서 생긴 요즘 말로 '웃픈' 일화였다.

상지대를 떠나기까지

이사장과 이 정도까지 대화했으면 학교 운영이 좀 달라져야 하는데 이사장은 오히려 자기 사위를 기획실장에 앉히며 체제를 더 강화해 갔다. 그러니 교수들은 다들 봄이 되기 전에 떠나려 했다. 누구도 간다, 누구도 간다 하는 소식이 들려왔다. 그때 마침 경기대에 모집 공고가 나왔다. 모교 선배 교수들이 적극 추천했고, 경쟁 후보자도 없었던지 거의 나로 확정되어가고 있다고 들었다. 그러니 참 고민이었다. 이사장과 회식을 한 다음 날 연구실에 있는데, 교직원들이 찾아왔다. 그들은 내게 감사하다고 했다. 지금까지 나와 같은 사람이 없었다며 자기들의 입장이나 처지를 대변해 주어서 고맙다는 것이었다. 내가 그렇게 총대를 메 주었으니 힘껏 뒤에서 밀겠다고 했다. 그랬는데 떠나려니 마음이 오죽 불편한 것이 아니었다. 몇몇 교수들은 잉크가 마르기도 전에 간다고 이사장에게 가서 호되게 야단을 맞았다고 했다. 나는 어차피 소문이 날 터이니 내가 직접 이사장에게 간다고 이야기하지 않고 있었다. 교무처장이 날 불렀다. 다른 대학으로 간다는 얘기가 있는데 어찌 된 것인가 물었다. 이런 상황에서 간다는 것이 참 안 된 일인데 나도 갈 수밖에 없겠다고 말했다. 그는 내게 가기 전에 학장을 만나, 이사장의 충견처럼 일하지 말고 소신껏 일하라고 얘기를 해달라고 했다. 총학생회장과 행정학과 대표 학생도 찾아왔다. 교수님이 떠난다는 이야기가 있는데 사실이냐고 물었다. 학생들에게 정말 미안했다. 진심으로 그들을 두고 떠나는 미안함을 이야기하고 이 대학의 주체인 너희 학생들이 문제의식을 안고 대학을 바로 세워 가기를 뒤에서나마 응원하겠다고 했다. 학생들은 희망이 안 보이는 이 대학에서 교수님이 떠나시는 걸 말릴 수도 없고, 교수님은 떠나셔도 교수님의 염원을 받들어 학교를 정상적으로 만들어 가겠다고 씩씩하게 말해 주었다. 이런 학생들을 두고 떠나려니 정말 마음이 아팠다.

경기대로 옮기기로 결정하고 학장을 만났다. 그는 내게 떠나는 마당이니 이사장을 만나면 자기 얘기를 잘 해달라고 부탁을 했다. 그래서 학장님이 교수들에게 군림할 것이 아니라 교수의 권익을 위해 이사장에게 맞서야 교수들이 따를 것이라고 말했다. 그는 자기에게 그런 권한이 없다며, 입학 학생 관리도 이사장이 다 한다고 했다. 가방을 가져와 돈도 다 챙기고 보결생, 신입생까지 이사장이 나서서 받는데 자기가 어떻게 관여할 수 있겠느냐고 했다. 만약 그런 사실이 있다면 학장을 그만두는 한이 있어도 권한을 되찾아야 하고, 입시관리를 제대로 해 나가야 한다, 나중에 같이 감옥 가려고 하냐고 직언을 했다. 그렇게 상지대를 뒤로하고 경기대에 왔다. 몸은 경기대로 왔지만 여전히 관심은 상지대에 있었다.

어느 날, 상지대에 학생들이 모여 있다고 내려와 달라고 했다. 당시 상지대 행정학과 학과장은 양 모 교수로 국학 대학을 나온 행정학 비전공자로 학생처장을 맡고 있었다. 나는 제대로 행정학을 공부한 사람으로서 행정학과 교수로 부임을 했는데, 강사에게 행정학 교과 강의를 줄지언정 내게는 주전공을 한 과목도 주지 않았다. 사회복지학과의 인간관계론 같은 강의를 주는데, 전공도 아닌 데다 계속 과목이 바뀌는 바람에 강의 노트를 만드느라 엄청나게 고생했다. 그는 나를 멀리했고, 치악산으로 단합 대회를 갈 때도 안 나타나더니 그날 상지대 학생들이 모여 있는 장소에는 나타나서 이미 떠난 사람이니 견제할 필요가 없다고 생각했는지 나에게 학생들에게 한마디 해 달라고 했다. 그때 의식 있는 교수들과 학생 대표 이십여 명이 모여 있었는데, 여기는 자기들에게 맡기고 최 교수는 좋은 곳으로 가라고 했다. 그리고 자기들도 기회가 있으면 미련 없이 떠나겠다고 했다. 의식화만 시켜놓고 빠져나온 것 같아서 어찌나 미안하고 죄스러웠던지 경기대로 가서 몇 년 후 타 대학으로 갈 기회가 있었는데 가지 못했다. 이때의 기억이 내내 마음에 남아 있던 터라 나만 좋자고 정든 학생들을 두고 떠나는 것을 도저히 스스로 받아들일 수가 없었기 때문이다.

상지대에는 1년 있었을 뿐인데 재단의 비리를 수도 없이 목격했다. 상지대에서 1년을 전임강사로 있었기에 경기대에 와서 1년이 지난 후 조교수로 승진했다가 다시 반려되는 일이 일어났다. 이유인즉슨 나는 상지 전문대에는 교수임용 신청도 하지 않았는데 상지대에서 3월에 전문대에 조교수로 발령을 내놓고, 대학에는 5월로 발령을 했던 것이었다. 한 사람을 가지고 두 군데에 임용을 하고 전문대와 대학 두 곳의 전임교수 비율을 높이는 비리를 저지르고 있었던 것이다. 그래서 2개월이 부족하다는 이유로 조교수 승진이 반려되었고 6개월 후에 다시 받을 수 있었다. 그뿐 아니다. 월급에서 의료보험과 연금을 공제해 놓고는 실제 공단에는 한 푼도 넣지 않았다. 그대로 착복한 것이다.

또한 대학 부지로 땅을 구입해야 하는데 아직 사지 못한 곳이 있으면 불도저로 벽을 높게 쌓아 주민의 집을 포위해 버렸다. 집이 묻힐 정도로 흙을 쌓아놓으니 그 위협감에 어쩔 수 없이 집을 팔아야 했던 주민이 한둘이 아니었다. 소송을 치른 것만도 400여 건이 되었다. 12.12 사태 후에 학생들과 동문, 지역 주민이 모두 지역 호텔에 머물고 있던 이사장에게 달려갔다. 이사장직을 내려놓으라고 데모했다. 그때 도망쳤던 김 이사장은 전두환이 정권을 잡자 다시 돌아왔다. 그는 직권남용과 학원 사유화 논란으로 결국 1993년 구속되었고 상지대학은 민주시민대학으로 운영되었다.

이후 상지대학은 관선이사가 들어오며 연세대 김찬국 교수 등 쟁쟁한 분들이 총장으로 재임했다. 그러다가 다시 2010년 김 전 총장 쪽의 옛 재단이 학교를 장악했고, 김 이사장은 2014년 총장으로 선출되어 복귀했다. 그는 이사장 겸 총장이라는 전무후무한 직함을 얻으며 학교로 돌아왔는데 이로 인해 학생들과 지속적인 마찰을 빚었다. 그 후 2017년 학생들과 교수들이 힘을 합쳐 비리 사학 재단을 몰아내고 다시 민주대학을 쟁취해 냈다. 현재까지도 그는 상지대학 구출위원회라는 것을 만들어 88세(2021년 현재)의 나이에 구출위원장을 하고 있다. 인간의 욕심은 참으로 끝이 없다는 생각을 하게 된다.

상지대에서 겪은 일화가 더 있다. 서울 동대문구 신설동으로 기억하는데, 김 이사장이 구정에 교수들을 자기 집으로 초대했다. 몇 백 평이 되어 보이는 집이었는데 그때는 집이 백 평이 넘으면 재산세로 중과세가 나왔다. 그걸 안 내려고 그는 자기 집에 <학교법인 상지학원 교육관>이라고 간판을 붙여 놓았었다. 또 졸업앨범에는 내가 가르치지도 않은 아이들이 여러 명이 있었다. 돈을 받고 졸업을 시켜준 것이다. 엄청난 보결생을 받고, 편입생을 받았다. 지금은 민주시민대학이어서 못하겠지만 김 씨가 이사장으로 있을 때는 이런 짓들을 서슴지 않았다. 이 부분에 대한 원고를 수정, 보완하고 있는데 사학비리의 상징적 인물인 김 씨의 사망 소식(2021. 12. 19)을 듣게 되었다. 어차피 다 두고 갈 인생 왜 그렇게 살다 갔을까? 하는 안타까움이 남는다.

경기대 학사행정을 시스템화 하다

교수로 임용되어 가보니 경기대도 행정이 합리적으로 운영되고 있지 않았다. 경기대 교수가 된지 3개월 만에 2부(야간) 교무과장을 맡게 되었다. 그때 경기대는 주간과 야간이 있었는데, 졸업하려면 160학점을 이수해야 했다. 교무과의 한 여직원이 내게 물어왔다. 졸업하기에는 4학점이 부족한 학생이 있는데, 학점 중 F가 나온 것을 담당 교수에게 얘기해서 3학점을 받아오면 1학점만 부족하게 되는데 그 학생을 졸업시켜주자는 것이었다. 이게 무슨 말인가 싶었다. 학점은 이미 나와 있는 것이고, 몇 년이나 지난 학점을 졸업을 앞두고 말 한마디로 고친다는 것은 있을 수 없는 일이었다. 1학점이라도 부족하면 졸업을 못하는 것이 당연한데 그런 것을 물어오는 것 자체가 문제가 있었다. 직원은 이런 학생이 여럿 있다고 말했다. 나는 모두 졸업시킬 수 없다고 말하고 교무과 계장을 불렀다. 그는 이런 친구들은 그나마 낫다고 하며 소위 뒷배가 있는 학생 중에는 이보다 더 심한 사례도 있다고 했다. 그래서 졸업대장을 찾아서 보았다. 그랬더니 수료 학점이 148인데 빨간 줄을 긋고 160으로 고친 것과 147점을 160점으로 고친 것이 있었다. 교무 계장을 다시 불렀다. 이 두 사람의 원장을 봐야겠으니 창고에서 원장을 찾아달라고 부탁했다. 원장까지 고쳐 놨다면 할 말이 없었을 텐데, 거기에는 학점이 고치기 전 상태로 그대로 나와 있었다. 그래서 교무처장에게 보고했다. 이런 것이 여러 건이 있는 것 같으니 조사를 해야겠다고 건의하고 허락을 받아 조사를 시작했다.

그런데 얼마 후 교무처장이 불렀다. "최 교수, 그거 덮어야겠어." 그분답지 않은 소리였다. "아니 그게 무슨 소리입니까?" 물었다. 연루된 학생 중에 삼촌이 변호사인 아이가 있는데 압력이 너무 세게 들어와서 학교가 다치게 되었다는 것이었다. "저는 그렇게는 못 합니다. 이 일의 전후 사정을 다 파악하기 전에는 그렇게 못하겠습니다." 했다. 교무처장은 전 학교인 청주대에 있을 때 학생 하나가 권총을 가지고 와서 F학점인데 점수를 달라고 위협을 할 때도 나도 살고 싶지 않으니 쏘라 하면서 꿈쩍 않고 못 한다고 했던 분이라 들었는데 실망스러웠다. 그래서 연루된 학생들을 내게 보내달라고 요청했다. 두 명이 왔다. 다짜고짜 "너, 졸업하려고 직원에게 뇌물 주고 학점 고쳤지?" 했다. 두 녀석은 "뭔 소리냐."고 딱 잡아떼며 오히려 큰 소리를 쳤다. "난 너희들 졸업 못 시킨다. 아니 안 시킨다. 맘에 안 들면 소송을 하든지 마음대로 해라. 삼촌이 변호사라고 하는데 나에게는 원장도 있고 점수를 조작한 흔적을 다 가지고 있다. 직원이 빨간 줄을 긋고 점수를 조작한다는 것은 뒷돈 거래가 있지 않고는 있을 수 없는 일이다. 6개월 뒤에라도 졸업하고 싶으면 있는 사실대로 말하고 그게 싫으면 네 맘대로 하라."고 딱 잘라 말했다. 그랬더니 머리를 숙이고 살려달라고 했다.

이 일이 불거져 다섯 명이 졸업을 못 했다. 그때가 30대 초반이었는데 최 교수 저 젊은 자가 뭘 안다고 나서냐, 전두환 정권이 들어서며 과거 비리나 부정 등 여러 문제들은 다 탕감해 주라고 했는데, 저렇게 나서서 학교를 쑤셔대니 어떻게 하겠다는 건지 모르겠다는 소리가 들려왔다. 이런 목소리를 내는 교수가 누군지는 알지만 개인적으로는 아무 대꾸도 하지 않았다. 대외적으로 전두환이 개인적으로 뇌물을 받고 나쁜 짓한 것까지 봐주라고는 안 했으며, 학교를 위해 쓴 것도 아니고 개인이 착복한 것까지 봐 줄 일은 없다고 말했더니 더 이상 큰 소리는 나오지 않았다.

1부(주간) 교무과장은 나이가 나보다 한참 많았다. 1부와 2부가 업무가 나뉘어 있으니 일이 있으면 공문으로 처리해야 하는데 공문이 오가지 않고 구두로 처리를 하고 있었다. 내가 맡고 있던 2부에서 직원을 가르치고 적응시켜 놓으면 1부로 데리고 갔다. 그래서 업무의 효율성과 책임성을 위해 일이 있으면 공문으로 전달해 달라고 요구했더니 공문이 왜 필요하냐, 지금까지 구두로 다 잘 처리해 왔다고 했다. 모든 업무는 기록이 있어야 하고 절차가 있어야 한다. 그러니 공문 처리해 달라고 했다. 그랬더니 금요일에 서류를 주면서 문교부에 보고해야 하니 휴일이 포함된 사흘 후인 월요일까지 8백여 명의 신입생에 대한 신상 기록을 다 정리해 놓으라고 했다. 그때 2부에는 계장 한 명과 사환 한 명이 일을 하고 있었는데 이것은 우리를 골탕 먹이려는 처사가 분명했다.

홍낙선 학장을 찾아갔다. 전병두 학장 체제하에서 학장님이 신학기를 맞아 각 부서에 순시를 나온다고 하여 2부 교무행정을 맡으면서 느꼈던 문제점과 그에 대한 해결 방안을 차트로 만들어서 제출하였고, 그분의 요청에 따라 직원을 다 모아 놓고 '교무행정의 현황과 과제'에 대한 발표를 한 적이 있었다. 그래서 이전에 경험했던 것들과 현재의 시점에서 대두되고 있는 문제를 들고 가서 사환이 하루에 할 수 있는 일의 총량, 증명서를 발급하는 데 걸리는 시간을 이야기하고 혹시라도 급히 일을 하다가 잘못 처리가 되면 그에 대한 책임은 사환이 질 수가 없다는 것을 확실히 했다. 또한 금요일에 공문을 보내서 신입생 8백 명에 대한 신상을 월요일까지 기록하라고 하는 건 할 수 없는 일을 지시한 것이라고 합리적 근거를 들어 설명하였다. 성적을 수정할 때도 어떤 양식 없이 구두로 수정하는 관례가 있었는데, 성적 정정원을 만들어 모든 과정을 문서로 남기게 했다.

이런 과정을 거쳐 시스템이 잡혀 있지 않았던 교무행정을 잡아나갔다. 이렇게 하니 직원들 사이에서 '칼날 같은 사람이다. 잘못 걸리면 큰일 난다.'는 식으로 소문이 났다. 양심에 가책되는 일을 한 것이 없기에 어떻게 평가되든 상관하지 않았다. 단지 공적인 업무는 칼날처럼 바르게 하지만, 사적인 부분에서는 따뜻한 인간으로 비치기를 바랐다.

공보실장, 학생처장, 데모

교수로 임용된 후에 학장이 여러 번 바뀌었다. 전두환 정권 이후 온 학장은 교육감 출신이었기에 구성원들은 그가 종합대학으로의 승격을 이루어주기를 요구하고 기대했다. 그러나 종합대학에 대한 개념이 없다 보니 명지대는 종합대학으로 개편되었으나 경기대는 종합대학 승격에서 탈락하고 말았다. 그래서 학생들의 데모로 물러나고 김한주라는 분이 학장으로 왔다. 나는 전혀 알지 못하는 분이었다. 그분이 학장으로 왔을 때 나는 동경대 사회과학 연구소에 나가 있었다. 학장은 미국 출장을 갔다 오면서 일본에 들러 내가 있는 연구소로 찾아왔다. 지하철을 타고 다니며 여기저기 안내해 주고 경기대학이 지닌 문제나 해결책에 대해 상호 의견을 나누었다. 그랬더니 학내 구성원과의 소통과 대내외적인 홍보 활동을 위한 기구로 공보실을 만들고 나에게 공보실장을 맡으라고 했다. 간부회의는 교무처장, 학생처장, 기획처장, 재무처장, 공보실장이 참석했다. 그때가 서른다섯이었다. 그러니 다른 교수나 직원들에게 나는 시기의 대상이 되기에 충분했을 것이다.

공보실장을 맡고 먼저 소통의 창구로서 '경기공보'라는 공보지를 만들었다. 구성원 간의 수직적, 수평적 또는 위에서 밑으로(Top-down), 밑에서 위로(bottom-up)라는 쌍방향의 기능을 염두에 둔 작업의 일환이었다. 그러다가 교수들의 연구업적과 저서, 논문 목록을 담은 목록집을 만들게 되었다. 책 한 권 출간한 일이 없고 논문 한 편 제대로 쓴 일이 없는 교수도 있었다. 목록집이 나오니 신학기 임기를 시작한 총학생회장이 목록집을 크게 확대해서 도서관에 붙여놓고 무능 교수 퇴진 투쟁을 시작했다. 목록집을 토대로 책 한 권, 논문 한 편 없이 수십 년간 근무한 교수들을 중심으로 무능교수 1, 2, 3, 4 순위를 매겨 붙여 놓은 것이었다. 그중에는 나와 친하게 지냈던 교수도 있었다. 이 교수는 수업할 때, 본인이 쓴 책인데도 두 페이지가 함께 넘어가도 인지하지 못하고 그냥 쭉 읽는다고 학생들 사이에서 말이 많았다. 그가 무능 교수로 뽑힌 것이다. 그는 자기 이름을 빼 줄 수도 있는데 그렇게 해 주지 않았다고 나에게 불만을 표했다. 그때는 내가 공보실장에서 학생처장으로 자리를 옮겼을 때였다. 나는 목록집을 만들기만 했지 학생회에서 하는 일을 내가 어떻게 빼고 말고 할 수 있냐 했으나 그의 부인조차 전화를 해서 자기도 학교에 있어서 아는데, 학생처장이면 그 정도 권력은 있는데 왜 안 해주냐며 섭섭해 했다. 나중에야 상황을 이해했지만 당시에는 상당히 원망했다.

이러한 사태 속에 젊은 교수 몇몇이 학장실로 찾아갔다. 그러고는 내게 전화해서 학장실로 오라고 불렀다. 학생처장 할 때 내 나이가 서른일곱이었는데, 나는 업무를 전화로 한 적이 없었다. 공문 하나도 직접 들고 찾아갔었다. 총장 재임 때도 발령장조차 쭉 줄 세워놓고 주지 않고 자리에 앉아있으면 직접 가서 전달했다. 그런데 전화 한 통으로 불러놓고는 학생들이 이렇게 교수 퇴진을 외치는데 같은 교수로서 보고만 있을 것이냐고 따졌다. 학생들 징계를 하라는 것이었다. 그러나 막상 교수들은 징계위원회를 열면 자기 과 학생들에게는 징계를 주려 하지 않는다. 그래서 "징계를 주기 원한다면 징계위원회를 열어 주겠다. 하지만 이것은 알아야 한다. 나도 학교 다닐 때 데모를 많이 해 봤다. 지금 학생들은 불이 붙었다. 징계를 하면 불에 기름을 끼얹는 것이다. 이 고비가 넘어갈 때까지 슬기롭게 기다리는 것이 최상일 것이다. 맞서면 이 문제는 계속 이슈가 된다."라고 했다. 그랬더니 퇴진을 요구받던 교수가 나서서 그것은 최 교수 말이 맞다고 동의했다. 본인도 상황이 이렇게 된 것이 창피하고 일이 더 커지기를 원치 않았을 것이다. 그렇게 교수들을 무마해 놓고 총학생회장을 불렀다. "영어 원서도 보다가 막혀서 안 나가면 한 페이지 넘겨 진도를 나가다가 나중에 다시 보면 이해가 될 때가 있어. 그러니 이제 교수 퇴진은 넘어 가자." 했다. 그 후 학생회의 이슈는 재단 퇴진으로 바뀌었다.

어느 날, 학생처 직원들이 학생들이 데모를 본격적으로 하기 위해 오늘 밤 학생회관에서 잘 것 같으니 자기들이 밤을 새우며 지켜보겠다며 나에게 들어가라고 말했다. 퇴근했지만 잠이 올 리가 없었다. 밤 9시가 넘어 전화가 왔다. 지금 학생들이 밥을 먹으러 나갔는데, 학생회관 총학생회 사무실과 화장실 안에 데모를 위한 장비들을 잔뜩 가져다 놓았다는 것이다. "만장도 있고, 관도 짜서 들여놓은 것 같은데 총학생회실을 따고 들어갈까요? 말까요?" 묻는데 참 고민이 되었다. 열려면 부수고 들어가야 하고, 그러면 내일 데모하는 학생들에 의해 학생처가 다 부서질 것 같고, 안 열면 왜 그걸 안 막았냐고 재단에서 원망할 것 같았다. 정도로 가야겠다는 생각이 들었다. 열라고 지시했다. 그러자 기관에서도 연락이 왔다. 정말 열어도 될지, 그러면 학생들을 자극하여 데모가 더 심해져 상황이 더 안 좋아지는 것은 아닐지 걱정했다. 하지만 열라고 했다. 열어서 뭐가 있는가 보라 했다. 열고 들어갔더니 아니나 다를까 만장과 관이 놓여 있었다. 재단 퇴진을 요구하더라도 관이나 만장까지 준비하는 것은 사람 죽으라는 것으로 이건 아니다 싶었다. 깨끗이 치우라고 했다. 그러니 어디다 치울까 물었다. 책임을 지기 싫으니 내게 묻는 것이었다. 컨테이너로 지은, 미술 실습실로 쓰이는 2층짜리 가건물이 있었다. 거기 창고에 갖다 놓으라 했다. 다음 날 아침이 되었는데, 학교에 출근하기가 정말 싫었다. 이걸 어떻게 해야 할지 막막했다. 출근해서 교무회의 중인데 연락이 왔다. 학생들이 학생처로 몰려가고 있으니 얼른 오라고 했다. 이미 기무사 사람이 와서 나를 막아서더니 무슨 일이냐고 물었다. 그 사람 손을 탁 치고 지금 바쁘니 여기서 길 막지 말고 나중에 물어보라고 했다. 그랬더니 건방지게 굴었다고 나중에 보고를 안 좋게 했다고 한다.

학생처로 달려갔더니 의자 몇 개가 뒤집어져 있고 책상도 부서져 있었다. 총학생회장이 자기네 물건 어디에 치웠냐고 물었다. 모른다고 했다. 그 상황에선 그럴 수밖에 없었다. 열시 반까지 다시 갖다 놓지 않으면 다 뒤집어엎겠다고 엄포를 놓았다. 맘대로 하라고 했다. 그러나 잘 생각하라고, 하루 이틀에 끝날 투쟁이 아닌데 여기서 불을 확 붙여 놓으면 총학생회장이 잡혀갈 것이고 리더가 없으면 그다음엔 사그라질 수밖에 없다. 어떻게 일을 풀어갈지 잘 생각하라고 일러주었다. 그러나 이 말을 새겨듣지 않았다. 총학생회장은 아주 다혈질인 학생이었다. 다시 만장을 만들어 데모를 하다가 그날로 잡혀가 버렸다. 차라리 대외투쟁이면 마음이 덜 아플 텐데, 교내 문제, 교수 문제, 재단 문제로 학생들이 잡혀 들어가니 오히려 가슴이 더 아프고 고민스러웠다.

총학생회장이 구속되고 그 빈자리를 채우기 위해 부총학생회장이 나서니 학생의 아버지가 군대로 보내버렸다. 학생 리더가 없으니 상대하고 조정을 이끌어낼 수가 없어 더 문제였다. 학생회장단이 무너지니 학회 연합회가 생겼다. 학회에서 의사 결정을 하는데 재단과의 투쟁에서 협상을 이끌어야 했다. 학회 대표들을 이끌고 재단 측과 만났다. 재단도 가능한 선에서 학생들의 요구를 들어주기로 하였다. 보건소도 만들고, 랩실도 최신 시설로 하고, 학생들이 원하는 방향으로 식당을 신설하고, 소비조합을 만드는 등으로 타협하도록 중재했다. 근 2개월간의 재단 퇴진 운동이 거세게 불붙었다가 협상 타결로 진정될 기미를 보이자 '우리가 이런 것이나 받자고 데모한 것이냐.'며 반항하고 이탈하는 학생들이 생겼다. 조직이 와해되기 시작했다. 대표 격이었던 열 명이 넘는 학생들이 학생처장실로 찾아왔다.

동료 학생들에게 자기들도 수모를 당하고 찾아온 것이었다. 그러면서 하는 얘기가 "처장님 졌습니다." 했다. "나는 막느라 최선을 다했고 너희들은 투쟁하느라 최선을 다했다." 같이 부둥켜안고 울었다. 학생들이 포기 선언을 하는데 정말 눈물이 났다.

처음 학생처장으로 갔을 때, 전 모 교수가 찾아와 자기가 좋은 사람을 소개하겠다고 했다. 경기 대학을 담당하는 정보계의 권 반장이라는 사람이 있는데 그 사람에게 학생처 직원 인사를 천거 받으면서 친하게 지내면 더 쉽게 학생처를 이끌어 갈 수 있다는 것이었다. 여기저기 정보망이 다 되어 있어서 학교도 편안하게 이끌 수 있으니 만나보라는 것이었다. 정말 어이가 없었다. 내가 학생처장을 안 하면 안 했지 형사의 코치를 받으며 학생처장을 해야 하냐며 딱 잘라 거절했다. 그는 얼굴을 붉히고 나가더니 권 반장에게 그 말을 전했나 보다. 그 후 들려오는 얘기가 권 반장이 학생처장 저놈 목줄이 얼마나 센가 보자 한다는 것이었다. 나 역시 꿀릴 것도 없고 겁날 것도 없었다. 하지만 학교에 대한 정보를 얻어야 할 정보계 반장이 더 아쉬웠는지 학생과장을 통해 만나자는 연락을 다시 해 왔다. 학교 문은 언제나 열려 있고 내 방 역시 아무나 출입할 수 있다. 언제든 오라고 했다. 신변은 보장해 줄 테니 만나고 싶으면 직접 찾아오라고 했다. 그러니까 거기서 또 기분이 상한 것이다. 세 번째 만나자는 제의를 해 왔을 때도 아무 때나 오라고 했다. 그랬더니 나에 대해 거만하다는 입방아를 찧는 소리가 내 귀에까지 들려왔다.

학생들을 구하기 위한 노력과 지혜

학생들의 시위가 밀고 당기고 치열하게 벌어진 날이었다. 학교 근처에 있는 정보계 사람들도 고생했다. 학교에 정보계와 직통전화가 있었다. 내가 처장실에서 직접 전화를 걸었다. 전화를 하고 학생처장임을 밝혔다. 권 반장이 전화를 받았다. 오늘 고생 많이 했으니 저녁이나 같이하자고 하고는 함께 일식집으로 갔다. 술을 한 잔 하더니 그가 "처장님, 제가 나보다 나이도 어린 분에게 세 번을 걸어 차였습니다." 했다. 그러나 나중에 알고 보니 나보다 나이가 많은 것도 아니었다. "나이 든 분께 무례하게 굴었다면 사과해야지요. 그러나 생각해 보십시오. 어찌 되었든 나는 교수고 학생처장은 보직으로 가지고 있는 것입니다. 나는 명예와 권위가 중요한 사람입니다. 그런데 당신이 학생처장을 허수아비로 만들어 놓고 상대를 하겠다는데 제 기분이 어떻겠습니까?" 했다. 그러니 "그게 무슨 말씀이냐."고 했다. "여기저기 사람들 심어 놓은 것 다 압니다. 이사장, 총장에게도 직접 전화한다는 것도 다 압니다. 난 그것이 못마땅합니다. 모든 정보는 학생처에서 나가고 들어오고 해야 나의 권위도 서는 것이고 당신 권위도 제대로 설 수 있는 것입니다." 그랬더니 딱 알아들었다. "앞으로는 처장님께 직접 전화도 안 하고 주임하고 다 알아서 하겠습니다." 했다. 그러고 나서는 학생처 주임과 알아서 처리했다. 수시로 학생회관을 점검하라는 지시가 내려오면 알아서 화염병이 몇 개, 각목이 몇 개가 나왔는지 보고했다. 이렇게 경찰에서 확인한 것이 기무사를 비롯한 모든 관계기관에까지 다 보고가 되었다.

학생 처장 시절 _ 경찰과 대치

이때는 시대적으로 대학마다 데모가 불일 듯 일어날 때라 경찰서장의 서슬이 시퍼랬다. 서울의 대학마다 경찰서장이 마음대로 드나들었다. 경기대학에도 운동권 학생 중 김 모라고 하는, 학교에만 왔다 하면 데모를 일으키고 사라지는, 수배가 내려졌으나 계속 안 잡히는 학생이 있었다. 한번은 예비군 훈련 날, 학생처 직원이 보고하기를 이 학생이 와서 데모를 일으키고 쫓겨서 도서관으로 들어갔다고 했다. 잡혀도 문제고 안 잡혀도 문제라서 고민이 되었다. 그래서 알겠다고 하고 연구실에 있는데, 총학생회장인 고 군이 와서 여기서 책이나 보고 계시면 어떻게 하냐고 했다. 낮에 데모가 격렬하게 벌어졌고, 데모를 일으킨 학생이 학생회관으로 올라갔다는 얘기를 듣고 경찰이 거기까지 들어온 것이었다. 학생회관으로 경찰이 진입하려 하니 학생들이 의자를 던지며 저항을 하고 있었다.

학생회장은 경찰서장이 교문 앞에서 대기하고 있고 정보과장은 교문 수위실에서 지키고 있는데 이대로 보고만 있을 것이냐 했다. 그래서 잘 따라주던 직원 몇 명을 불러, 그 학생을 어떻게든 빼돌려야겠다고 했다. 그때 손발이 척척 잘 맞게 팀워크가 좋았다. 학생을 변장시켜 빼돌리기 위해 직원들은 도서관으로 갔고, 나는 정문 앞에 세워둔 차에서 진두지휘하는 경찰서장에게 갔다. 수배 중인 학생을 수색하러 도서관으로 가겠다는 서장을 말렸다. 한창 공부하고 있는데 지금 거기 들어가 조사하면 오히려 학생들만 자극하게 되니 저녁 9시쯤 들어가는 것이 좋겠다고 했다. 서장은 계속 수위실에 있는 정보과장에게 학생이 빠져나갔는지 동태를 확인했다. 이렇게 시간을 끌고 있는 사이 직원들은 마침 그날이 예비군 동원 훈련 날임에 착안하여 예비군복을 입혀 수배 중인 학생을 빼돌렸다. 확실히 빠져나간 것을 보고 받고는 8시부터 들어가겠다는 것을 계속 말리다 8시 40분쯤 들어가라고 허락했다. 그 후 나는 학생처장실로 왔고 직원들도 아무 일 없었던 듯 복귀했다. 서장은 증거가 없으니 내게 뭐라고도 못하고 정보과장을 닦달하고 학생처가 협조를 안 해줬다며 화를 냈다. 하지만 빼돌렸다는 증거가 없으니 그냥 돌아갈 수밖에 없었다.

그때는 학생 시위와 관리의 모든 권한이 학생처장에게 있었다. 비상시였기 때문에 교직원 출퇴근도 처장의 허락이 떨어져야 했다. 교문이 봉쇄되었기 때문에 집에 못 간 학생들 수천 명이 다 앉아서 "학생과장 나와라, 학생과장 나와라." 소리를 지르고 있었다. 학생처장은 어렵게 생각하니까 직원인 과장을 부른 것이다. 내가 나가서 처장인 나한테 얘기하라고 했다. 학생들이 "오늘 대학의 자유가 침해당한 이런 사태가 발생했는데 어떻게 생각하십니까!" 하고 따져 물었다. 그래서 "이 암울한 시기에 제대로 학교를 지키지 못하고 여러분들을 보호해 주지 못해 진심으로 미안합니다." 하고 90도로 절을 했다. 그러니 학생들이 숙연해졌다. "그러나 요즘과 같은 긴급사태 속에서 학생처장인 저보다 저기 계신 경찰 서장님의 권한이 더 셉니다. 마음대로 경찰 병력을 끌고 대학 내로 쳐들어오는 오늘날 대학이 처한 현실이 안타깝기 짝이 없습니다." 했다. 그랬더니 그 소리를 듣고 화가 난 경찰이 조개탄을 터트리며 다시 교내로 진입했다. 돌멩이가 날아오고 다시 데모가 거세어졌다. 경찰이 들어와서 총학생회장이던 고 군을 비롯해 수십 명을 잡아갔다. 그렇게 되니 학생들이 학생처장실 앞에 모여들었다. 다시 학생처장 나오라고 구호를 외쳤다. 그래서 나갔다. 오늘 이 사태에 대해서 어떻게 생각하는지, 어떻게 하실 건지 얘기를 해 달라고 했다. 그러면서 "경찰서장은 사과하고 구속 학생은 석방하라."는 구호를 계속 외치고 있었다. 그래서 "어느 대학이든 지금 같은 상황에서 경찰서장이 대학에 찾아와서 사과하는 것을 본 적이 있느냐, 그건 너무 무리한 요구다. 내가 가서 사과는 받아오겠다. 구속 학생 석방에 대해서는 무고한 학생들은 나오게 하겠다." 했다. 그랬더니 운동권의 여학생 하나가 일어나 "학생들이 무슨 죄가 있다고, 무고한 학생들은 데리고 오겠다는 것이 무슨 말이냐?"며 말꼬리를 잡았다. 나는 "물론 학생들이 다 무고하다고 생각한다, 내가 보는 시각이 아니라 경찰들이 보는 시각의 잣대를 말하는 것이다. 가서 최대한 많이 풀려나게 해 보겠다." 했다. 그랬더니 이제는 "안전 귀가 보장하라."고 구호를 외쳤다. 그래서 "내가 여러분들 갈 때까지 지켜보고 있겠다. 귀가를 다 할 때까지 여기 학생처장실에서 안 떠날 테니 걱정하지 말라. 귀가하다가 한 명이라도 잡혔다는 소리를 들으면 내가 다시 경찰서로 가겠다." 하고는 학생들을 돌려보냈다.

그러고는 경찰서를 찾아갔다. 우선 정보과장실로 갔다. 그는 이미 다 보고 되었기 때문에 힘들 것이라고 했다. 그때 당시만 해도 여기서 몇 명 잡았다고 위에다 보고하면 안기부(현 국정원)를 비롯한 관계기관에서 다 알기 때문에 상부 지시가 내려오기 전에는 학생들을 풀어주지 못했다. 그에게 서장실로 안내해 달라고 해서 서장실로 갔다. "오늘 학생들 잡아가고 학교에까지 들어와서 대치했는데, 잡아간 학생들 풀어주지 않으면 나는 내일부로 처장직 사표 내고 교수직만 하면 된다. 오히려 편하다. 나도 하기 싫어 죽겠다. 아침에 나올 때마다 아들, 딸이 학생처장 그만두게 해달라고 기도까지 하고 있는데, 나도 이 짓 안하고 싶다. 그런데 이렇게 두고 볼 수만은 없지 않은가. 당신이 최대한 풀어줘야 내 체면도 살고 학생들을 지도할 수 있다. 지금까지 열 몇 명의 재야인사들을 불러다 강의 했어도, 한 건도 데모로 이어진 게 없지 않은가. 학생처장으로서 마찰이 없도록 최선을 다했다. 그러니 잡아간 학생들을 풀어주면 지도해서 반체제 인사가 안 되게 하겠다."고 부탁했다. 그런데도 절대 안 된다고 했다. 그때 나에겐 서장의 딸이 편입해서 경기대 미술대학을 다닌다는 정보가 하나 들어와 있었다. 그래서 "따님이 여기 학생이죠?" 하고 물었다. 서장이 깜짝 놀랐다. "서장님도 학부모신데 학교 교수의 간청을 이렇게 물리쳐도 되십니까?" 했다. 서장이 한참을 고민을 하더니 그럼 세 명만 남겨놓겠다고 하고는 40여 명을 풀어 줬다. 서장으로서는 엄청난 용기를 내고 결단을 해 준 것이다. 기가 죽어 웅크리고 유치장에 있던 녀석들이 버스에 타더니 해방 춤을 추고 난리가 났다. 학교로 돌아와서는 밥을 사 달라고 해 식당에 데려가서 다 사서 먹였다.

이제 남은 학생들 셋이 문제였다. 운동권 여학생들이 와서 나머지 학생들은 어떻게 할 것인지 물으며 오늘의 사태에 대해 대자보로 써서 붙여달라고 했다. 직원 중 누가 대자보를 붙이겠는가. 그래서 내가 다 써서 붙였다. 그렇게 해 놓고는 남겨진 세 학생을 위해 담당 검사를 찾아갔다. 찾아가서 "나는 학생처장이지만 보호차원에서 왔다. 이 학생들 이렇게 넘기면 완전히 반체제로 나간다. 교수가 한번 지도할 기회를 달라."고 했다. 젊은 검사였는데, "제 맘대로 안 됩니다. 한번 노력은 해보겠지만 기대는 마십시오." 했다. 나중에 연락이 왔다. 지도교수들이 각서를 써준다면 자기가 어떻게 해 보겠다는 것이다. 알겠다, 답하고 세 학생의 지도교수들을 만났다. 사건의 경위를 말하고 검사가 각서를 쓰라는데 경위서 정도로 끝날 수 있도록 막아 보겠으니 검사에게 같이 가 힘을 보태달라고 했다. 교수 세 명과 검사에게 갔다. "검사님! 교수는 명예를 먹고 살아가는데, 각서 말고 경위서로 대체합시다. 학생들은 책임지고 지도하겠습니다." 했다. 그렇게 해서 경위서를 쓰고 세 명을 데리고 나왔다.

또 한번은 어떤 일이 있었냐면, 여학생 중에 운동권의 대모 격인 김 모 학생이 있었다. 경찰서에서 정보가 오기를 그 학생이 오늘 데모대 앞에 서면 바로 잡아간다는 것이었다. 학생처장들은 데모할 때 위험하기도 하고, 위신도 깎인다고 생각해서인지 현장에 나가지 않는다. 그러나 나는 학생들을 보호해야 한다고 생각했기에 항상 나가 보았고, 그때도 그 정보를 듣고 현장에 나갔다. 아니나 다를까 그 여학생이 앞에 서 있었다. 그래서 내가 학생의 팔을 잡고 "너는 앞에 서지 마라. 더군다나 여학생인데 뒤로 가라. 다칠까 걱정된다." 했다. 그랬더니 내 손을 탁 치더니, 어디에다 손을 대냐며 다시 앞으로 나갔다. 여기서 물러날 수가 없어 더 팔을 콱 잡았다. "너는 경기대 데모의 맥이야. 네가 잡혀가면 맥이 끊겨. 그러면 경기대는 어떻게 되겠느냐." 하며 뒤로 잡아끌었다. 이 학생이 어이가 없어 하며 뒤로 빠지는 사이에, 경찰들이 산에 숨어 있다가 내려와서 앞에 나선 학생들을 싹 잡아갔다. 저녁이 되었는데 누가 처장실 문을 두드렸다. 누군가 했더니 그 여학생이었다. 아까는 고마웠다고 자기가 대학 4년 동안 교수연구실 한번 안 들어갔는데, 더군다나 학생처장실에 와 있다는 것 자체가 말도 안 되는 것처럼 느껴진다고 했다. 그러면서 "교수님이 처장님으로 오셔서 학생처의 분위기를 학생 중심으로 바꾸어 놓고 고충을 듣고 편의를 봐주시고, 데모 나갔을 때도 보호해 주신 것을 후배들에게 많이 들었습니다. 고맙습니다." 했다. "나 역시 학생시절 데모로 지샌 날이 많네. 자네들의 민주화 투쟁에 마음으로는 공감하는 부분이 많지만, 지금 신분으로 함께할 수는 없기에 내가 할 수 있는 것은 자네들을 최대한 보호해 주는 것이라 생각하네." 했다. 이야기 끝에 그는 "오늘로 금년 데모는 마치겠습니다." 했다. 그래서 경기대 운동권 학생들은 웬만하면 다 졸업했다. 다른 대학 운동권 학생들은 졸업 못 한 아이들이 많다.

내가 학생처장으로 자랑삼을 수 있는 것은 학생들 징계를 한 건도 준 적이 없다는 것이다. 그런데 말 많은 교수 중에서는 학생들 징계를 안 준다며 학생처장이 무능하다고 하는 이들이 있었다. 그중에 나이가 제법 많은 박 모 교수가 있었는데, 그는 밤낮 총장실을 들락날락하는 인사였다. 어느 날 내가 총장실을 들어가려 하는데 거기서 나오고 있었다. 그래서 내가 옆 부속실로 끌고 들어갔다. 나이가 많았지만 '당신'이라고 했다. "당신 학생처장 하시오. 내가 추천하겠소. 하루라도 해보시오. 내가 하고 싶어 처장 하는 줄 아시오? 날 보고 무능하다고 하는데 잘 되었소. 나도 모든 의욕이 다 떨어져 당장 그만두고 싶은데, 누군가가 해야 하니 당신이 하시오." 했다. 총장이 비서실장을 통해 총장실로 불러 "이젠 그만하시오, 최 교수. 그도 알아들었을 것이오." 하며 나를 달랬다. 그렇게 한번 해 놓으니 그 다음부터 아무 소리도 들리지 않았다.

2년 임기가 얼마 남지 않은 어느 날, 학원 담당 권 반장에게 일이 생겼다. 학생과장에게 연락이 왔는데, 자기가 간첩으로 몰려서 다 죽게 되었으니 처장님께 자기 좀 살려달라고 전해 달라고 했다는 것이다. 권 반장이 잡혀 있는 구치소에 가면서 연유를 알아보니 수배 중이었던 김 모 학생과 친하게 지내는 친구가 군대에 갔는데 탈영했다가 잡혔다고 한다. 그 학생을 다그쳐 김 모 학생의 거처를 알아 낸 수사 경찰이 김 모 군을 잡아 심문하면서 알아낸 새로운 사실은 권 반장이 몇 월 며칠 날 서장이 순찰을 돌고 오라고 했는데 하지도 않고 했다고 거짓 보고를 해 놓고는, 수사 받기 전 김 모 군을 만나 '너 그때 거기 없었다.'고 거짓말을 하라고 했다고 진술한 것이다. 그러니 서장은 이런 거짓말까지 시킨 걸 보면 권 반장이 간첩이라는 것이었다. 그는 권 반장을 유치장에 잡아넣고 도에 감사를 요청했다.

고민이 되었다. 나는 처장 임기가 6개월밖에 남지 않은 상황이었다. 그때는 연말이 다가오는 때였다. 봉투를 하나 마련했다. 서장에게 연말에 회식이라도 하시라며 봉투를 건네고는 "나는 이제 임기도 다 되어 갑니다. 지금까지 권 반장과 손발을 맞춰가며 잘해 왔습니다. 지금 권 반장을 간첩으로 몰면 이 친구 인생이 완전히 끝장나게 되는데, 그러면 평생 원망을 듣게 될 겁니다. 한번 용서해 주시지요. 나를 봐서라도 끝까지 권 반장과 잘 마무리하도록 도와주시오." 했다. 그렇게 해서 권 반장을 구출했다. 이 일로 권 반장은 나를 은인으로 생각하게 되었고 처장을 그만둔 후에도 연락하며 지냈다.

학생처장의 슬기로운 생활

학생처장을 하며 하루도 속 편한 날이 없었다. 그래도 직원들과 마음이 맞았고 즐기면서 했기에 감당할 수 있었다. 재단 퇴진을 외치며 데모하는 운동권 학생들과 학생처장은 대부분 적이 된다. 그런데 총학생회가 섭외해서 강의를 했던 인사들 중에는 양성우 시인, 문익환 목사, 그리고 오충일 목사라고 기독교 계통의 유명한 사람이 있었다. 그는 연세대 신학대학을 나왔다. 총학생회장인 고 군이 그분을 초청했다고 해서, 내 방으로 모시고 오라고 해서 만났다. "저도 같은 대학 나왔고 도시문제 연구소에 있었습니다." 하니 "아, 그렇습니까. 거기 박창빈 목사, 김진홍 목사, 제정구 씨도 잘 압니다." 하며 반가워했다. 그러더니 강당에서 강의를 하면서 "오늘 기분이 좋다. 다른 데는 학생처장이 들어오지도 못하게 막는데, 학생처장에게 차를 한 잔 얻어먹었을 뿐 아니라 들어보니 이분이 운동권의 대부더라." 고 했다. 그 덕분에 마찰을 일으키기보다 서로 이해하며 맞춰 갈 수 있었다.

경기대 학생들과 야외 수업 후

임기가 끝나갈 무렵 학생회에서 고은 시인을 모시고 싶다고 연락을 해 왔다. 지금이야 성추행 사건으로 이미지가 많이 손상됐지만 그때만 해도 운동권 학생들 사이에서 고은 시인의 위세가 대단했다. "재야인사 초청을 여러 번 도와주었으면 이제 나도 편하게 임기를 마치게 해 줘라. 꼭 모셔야겠냐?" 물었다. 그랬더니 "이번이 마지막입니다." 했다. 그래서 이왕 허락하는 거 한술 더 떠야겠다고 생각하고, 고은 시인이 안성에 살고 있으니, 학생처장 차로 직접 가서 모시고 강연하기 전에도가니탕 잘하는 식당으로 오라고 했다. 도가니탕을 대접하고 소주 몇 잔을 나누었다. 그랬더니 학생회 간부들이 시계를 보고 안절부절 못했다. 고은 시인은 경기대 강연을 마치고 투옥 중이었던 문익환 목사 70세 고희기념 출판기념회가 종로5가 기독교회관에서 있어 거기도 가야 하는데 시간이 빡빡해진 것이다. 고은 시인은 "아, 시간이 이렇게 됐나. 큰일인데, 문익환 목사 출판기념회 가야 하는데" 했다. 그래서 "제가 여기 강의가 끝나면 그쪽으로 차로 모시겠습니다. 하고 싶은 얘기 다 하십시오." 했다. 그랬더니 강당에 가서 선동하기보다는 오히려 학생들에게 교훈적인 얘기만 해 주고는 기분 좋게 돌아갔다.

운동권에서 인기가 높았던 유명 인사가 와서 연설하고 학교 밖의 데모로 이어지지 않고 끝난 곳은 거의 없었고 그것은 기적 같은 일이었다. 1985년부터 1987년까지 2년간 학생처장을 했는데, 6월 민주항쟁도 겪었다. 국정원에서 처장들을 다 모아서 교육했다. 학교별로 어떻게 징계를 주었는지 사례 발표를 하기도 했다. 서울 교대는 징계를 세게 했는데 오히려 데모가 더 거세어졌다.

권력이 세게 나갈 때는 주춤하는 것 같지만 곧 그보다 더 거세게 데모가 일어나는 곳은 늘 학교였다. 쇠몽둥이 들고, 예비군복 입고, 치약 바르고 수십 명이 뛰어다니면 진짜 겁이 날 정도다. 그런 시대를 이 정도로 무사히 보낼 수 있었던 것 자체가 감사하다. 그때 CCC, 영어 성경 읽기 모임, 성경 공부 모임 등에서 학생처장실 앞 잔디밭에 12시에 모여 최 처장을 보호해 주시고 힘내게 해달라며 기타 반주와 함께 찬양을 불러주고 기도도 해주었다. 그처럼 큰 위로가 되고 큰 힘이 된 것은 없었다.

◆

학생 처장 시절

행정학 박사, 前 을지대학교 교수

박승식

내가 본 교수님은 어려운 상황에서 변화를 추구하는 반전의 창조적 삶을 살아왔다. 특히 자식으로서 부모에 대한 도리에 최선을 다했다. 엄격하고 특이한 성격을 가진 아버님과의 갈등을 참고, 또 참으면서 유훈을 실천해왔다. 아버지의 이해하기 어려운 질책과 어떤 지원도 없는 가운데 교수가 되고 총장이 되는 반전의 삶을 살았다. 뿐만 아니라 병고로 어려움을 겪은 아버님과 치매에 걸리신 어머님을 극진하게 모신 효자였다. 또한 존경받는 교수였다. 철저한 강의 준비와 열정적인 수업에 제자들은 교수님을 진심으로 존경하고 따랐다. 어려운 상황에 있는 제자에게는 정신적으로는 물론 물질적으로도 자신의 일처럼 도와주었다.

기독교의 신앙생활은 종교인들의 모범이 되었다. 자신이 이루어 온 모든 업적과 성취를 하나님의 역사로 인식하고 감사하는 삶이 반전의 근원이 되었다고 생각한다.

아버지께서 물려주신 신영극장을 아트레온으로 대역사를 쓴 것도 대단한 반전이고 성취다. 시대를 앞서가는 혜안으로 문화 사업을 구상하고 실행한 것은 귀감이라 생각한다. 학생들이 가고 싶어 하지 않던 열악한 천안의 동성중학교를 명문으로 만들어 참다운 사학운영을 실천한 것도 큰 반전이다. 장애아동을 위한 자선과 복지 실천에 진력했으며, 30여 년 전에 장애아동을 위한 장아람을 창립하여, 진정한 사회복지사업을 실천하고 있다. 이렇게 존경스런 교수님을 만난 것은 나에게 큰 행운이다.

내가 1979년 상지대학교 행정학과에서 사제지간으로 인연을 맺고 만학으로 교수가 된 것도 최 교수님의 가르침을 계속 받았기 때문이다. 앞으로도 장애아동의 자선사업, 교육과 문화사업 등에서 보람이 넘치는 삶을 살아가시기를 기원하며, 후학과 동시대인에게 새로운 반전의 창조적인 삶을 계속 보여 주시기를 바란다.

前 한국도시연구소 소장, 現 한국사회정책연구원 선임연구위원

박신영

1979년 조직론 강의 첫 시간에 교수님의 "권위란 아래로부터 수용될 때 가능하다"라고 한 체스터 바너드(Chester I. Barnard)의 권위수용론을 강조하시는 말씀을 들으면서 교수님은 자리가 권위를 부여하는 것으로 생각하는 많은 사람들과 다른 분이라는 인상을 강하게 받았었다. 이후 이어진 40여 년간 교수님과의 만남에서 교수님은 언행일치의 삶과 의롭고 바르며, 선하신 모습을 보여주셨다. 권위주의 시절인 1980년대 초 정책형성, 결정, 집행 과정에 시민참여의 중요성을 강조하셨으며, 편견이 초래하는 많은 문제를 부각하고 시정하기 위해 노력하셨다. 정실인사가 난무하던 시절에 압력에 굴하지 않으셨고, 위계질서의 아랫단에 있는 사람들의 이야기에 귀를 기울이시고 개선을 위한 활동을 하셨다.

또한 정치적인 이유로 장애인에게 관심을 보이는 사람들은 있었으나, 장애아동의 삶이나 미래를 걱정하지 않

던 1995년에 장애아동을 사랑하는 사람들(장아람)이라는 단체를 설립해서 오늘날까지 장애아동을 위한 여러 활동과 지원을 아끼지 않고 계신다. 게다가 교수님은 누구보다 용감하고 앞서가는 분이다. 사랑하는 사람을 위해 1970년대 사랑의 도피도 해보셨고, 노후한 신영극장을 재생해서 복합문화공간인 아트레온을 탄생시켰다. 아트레온이 인간의 머리와 가슴, 다리를 닮았다는 말에 전적으로 동의하며, 그 공간을 구상하고, 만들어내고, 운영하신 교수님의 안목과 결단, 창의성을 존경한다.

경기도 자원봉사협의회장, 행정학 박사

이윤희

"저는 가정과 사회로부터 많은 혜택을 받았고, 30년간 교수로 재직하는 동안 여러 보직을 거치면서 수혜를 누렸습니다. 이제는 대학에서 받은 혜택을 되돌려 줘야 할 때라고 생각합니다."

나의 스승이신 최 교수님은 본인의 말씀을 실천으로 옮기셨다. 경기대 총장 경선에서 기적처럼 당선되신 후 임기 4년 동안 5억 원에 달하는 월급 전부를 장학금으로 내놓으시면서, 무임금 자원봉사 총장이 되어 진정한 제자 사랑을 실천하셨다. 뿐만 아니라 2004년부터 이천여 평의 땅을 양평에 마련하여 휴양지 겸 주말농장으로 만들어 나들이가 쉽지 않은 장애인 가족들이 편하게 이용할 수 있는 꿈땅을 조성하셨고, 지금까지 계속 아름답게 가꾸어 가고 계신다.

장애가 있는 이들이 모두와 행복하게 공존하는 세상,

타인을 자기 자신처럼 존중하며 타인의 행복을 위해 봉사하는 아름다운 세상의 밑거름이 될 것이다. 모든 사람에게 아름답게 사는 것이 무엇인지 진정한 삶의 과제와 기쁨을 제시하는 "반전, 길을 찾다 "출간을 진심으로 축하드린다.

4. 경기대 제8대 총장이 되기까지

총장 구속과 신임 총장 선출

2004년, 교수 임용을 조건으로 돈을 받은 혐의(배임수재)로 경기대학교 손종국 총장이 구속되고 교수회의에서 총장 선거 이야기가 나왔다. 총장으로 입후보를 하겠다는 사람들 대부분이 정작 교수사회에서는 인정을 받지 못하는 인사들이라는 이야기가 들려왔다. 그즈음 학교 컨벤션센터에서 교수총회가 있었고 몇몇 교수들은 내게 총장 출마 의사가 있는지 물어왔다. 그때 나는 총장 선거에 전혀 관심이 없었다. 당연히 출마할 의사도 없었다. 그렇게 입후보한 사람들로 총장 선거가 진행되는가 하였는데, 현재 출마한 인사들로는 총장을 뽑을 수 없다고 학생들이 반기를 들어 학생, 노조, 교수로 구성된 총장추천위원회가 결성되어 총장 후보 추천을 받기로 하였다. 정부의 입김이 있었는지는 모르지만 노무현 대통령과 인연이 있다는 동아대 총장을 지냈던 이태일 교수가 유력한 후보로 추천되었다. 본인이 원해서 출마를 했는지 권유에 의해 부득이 출마를 했는지는 모르지만 그때 당시, 그를 지지하는 교수들이 나에게도 지지해 달라고 부탁해 왔다. 또 교내에 있는 다른 쪽 교수들도 찾아와서 이태일이 아닌 자기들이 추천하는 전직 장관 K후보를 밀어달라고 했다. 하지만 나는 관심이 없었다. 학교 돌아가는 꼴이 마음에 들지 않았고, 경기대학과 인연도 없는 명성 높은 전직 장관이나 전직 총장들이 자천 타천으로 나오고 있는 마당에 누가 총장이 되건 관심이 없었다. 총장추천위원회에서는 결국 동아대 총장을 지낸 이태일을 제7대 경기대 총장으로 선출했다.

권유와 수락

새로 선출된 이태일 총장은 외부에서 온 사람이기 때문에 내부 사정을 잘 알고 믿을 수 있는 사람을 부총장 자리에 앉혀야 했다. 아마 주변에서 나를 추천했던 모양이다. 제자인 이윤희 한독건설 사장과 함께 내가 이사장으로 있는 동성중학교에 일을 보러 내려가는 중인데, 이태일 총장에게서 전화가 왔다. 자기가 어떠한 경위로 경기대 총장이 되었는데, 최 교수님 이야기를 많이 들었다며 주변에서 나를 부총장으로 추천한다는 것이었다. 보직에는 관심이 없었기에 감사한 말씀이지만 부총장을 하고 싶은 마음이 없다고 의사를 표명했다. 끈질기게 설득했지만 학교에는 나 말고도 훌륭한 사람들이 많으니 그런 분들을 찾아 쓰시라고 했다. 한 40여 분 통화를 한 것 같다. 그랬더니 타협점을 찾아보자고 했다. 유능한 사람을 찾아보겠는데, 자리에 맞는 유능한 사람을 못 찾으면 그때 다시 연락을 하겠다는 것이었다. 결국 나중에 다시 전화가 왔다. 심사숙고를 하고 다른 이들의 얘기를 들어도 최 교수님 만한 분이 없다고 하며 거듭 부탁을 했다. 더 이상 거절하는 것도 거만하게 비쳐지고 윗분에 대한 예의도 아닌 것 같아 할 수 없이 부총장 자리를 맡게 되었다.

개혁의 시작과 갈등

이 총장은 나를 많이 의지했다. 외부에서 왔으니 교수회에 아는 인맥도 적어 인사 문제나 업무처리를 할 때 대부분 내 의견을 물었다. 전 총장이 비리로 구속된 경기대학에는 그 오명을 씻어낼 변화가 필요한 시기였다. 변화를 위해서는 노조도 설득해야 하고, 학생회도 설득해야 했는데, 이 총장은 노조에 기대기로 마음먹은 것 같았다. 가뜩이나 교수사회에서 입지도 좁은데 마찰을 일으키면 좋을 것이 없으니 좋은 게 좋은 식으로 처신을 했다. 부실학과 통폐합과 부서의 재정비 같은 구조개혁과 학교 인적, 물적 시스템의 변화를 모색해야 하는 당면한 문제를 가진 경기대의 상황에서 그런 태도는 난감한 일이었다. 그래서 학교에 변화가 필요하니 기획실장에게 이 업무를 맡겨 추진토록 하자고 했다. 기획실장은 똑똑하고 업무처리를 잘 하는 사람이었다. 하지만 구조조정을 표면적으로 찬성할 교수나 직원은 없었다. 반대 세력에게 너무 많은 공격을 받았다. 대부분 서로 이해관계가 있기 때문에 개혁은 쉽지 않은 문제였다. 이태일 총장은 기획실장 혼자서는 당해낼 수가 없으니 구조개혁위원회를 만들고 내게 위원장을 맡으라고 했다.

이 총장은 점심때가 되면 비서를 통해 연락을 했다.

대부분 점심을 함께 했다. 그는 어떤 문제든 내게 결정권을 맡겼다. 좋게 보면 겸손하게 아랫사람 의견을 수용하는 거지만 어떤 면에서는 작은 일이나 큰일이나 스스로 결정하지 않으려는 책임회피이기도 했다. 그러면서 어떤 위원회든 위원장은 다 나에게 맡겼고, 문제가 되는 구조개혁위원회 역시 내게 넘어왔다.

당시 경기대는 두 파로 나뉘어져 있었다. 2004년 손종국 당시 총장이 학교 경영 관련 비리로 구속되면서 손 총장의 장인이 이사장으로 있던 학교법인 경기학원의 이사진을 교육부에서 해임하고 관선이사를 파견했다. 당시 노무현 정부 집권 여당이던 열린우리당 강원도당 위원장으로 있던 이창복 씨가 이사장으로 선임되었다. 그는 민주화운동과 통일운동을 해 온 사람이다. 그러니 스타일이 투쟁적일 수밖에 없다. 그러나 이태일 총장은 너무 미온적으로 모든 일 처리를 해 나갔기 때문에 서로 맞지 않았다. 이사장과 총장이 마음을 합해 같이 가야 하는데 서로 맞지 않다보니 이사장을 따르는 세력이 형성된 것이었다. 이들은 막후에서 권력에 도취된 것인지 사람들을 대하는 태도가 권위적인 것이 보기 좋지 않았다. 이사장에게 인사에 대한 의견을 내는 것 같은데, 그 태도가 이 총장을 무시하고 반대쪽 인사들을 포진시키려 하는 듯했다.

아무래도 이대로 가다가는 현재 보직을 맡고 있는 몇 분들도 총장과 호흡이 안 맞아 일이 진행이 안 되는데, 이 총장을 무시하는 세력이 더 들어오면 더 힘들어질 것 같았다. 그래서 부총장의 입장으로 이사장을 찾아갔다. 일단 통일 운동을 하신 분이시니, 내 아버지도 통일 운동을 하셨다고 운을 떼었다. 그랬더니 굉장히 반갑게 맞아주었다. 거기다 내가 중립적인 입장이라는 것을 들어서인지 우호적으로 대했다. 그래서 "학교의 인사가 능력 위주가 아닌 편파적으로 이루어지고 있어 학교 행정에 많은 지장을 초래하고 있는 것 같습니다. 재고를 해주십시오."라고 단도직입적으로 말을 했다. 그랬더니 당신이 고속버스에서 내리자마자 이런 쪽지가 왔다며 이태일 총장에 대해 투고하는 쪽지를 보여주었다. 그나마 나를 신뢰했기에 그런 쪽지도 내보여 주는 것 같았다. 그러나 나는 끝까지 "이건 아닙니다." 하며 이 총장을 비호하며 그편에서 이야기를 했다.

총장과 이사장 모두 같은 당(당시 열린우리당) 인사이면서도 사이가 좋지 못한 데는 이유가 있었다. 노무현 정부가 들어서며 이태일 총장에게 부산에서 총장까지 했으니 국회의원에 출마를 하라고 했던 모양이다. 그러나 이 총장은 출마를 하지 않았고 청와대나 정부 쪽 사람들에게 좋지 않은 인상을 남기며 경기대 총장으로 오게 된 것이라는 말이 돌았다. 거기다 경기대 총장으로 와서는 파워를 가지고 변화와 혁신으로 학교를 운영해 갈 줄 알았는데, 이사장과의 갈등으로 리더십을 발휘하지 못하고 있었다. 상황이 그렇다 보니 부총장인 최호준이 다 하고 있다고 소문이 돌았다고 한다. 그러나 나는 내 인맥의 사람을 끌어들인다거나 정실인사를 추천한다거나 하지 않았다. 일례로 같이 걸어가면 이 총장이 나이가 위이기도 해서 항상 한 보 뒤에서 걸었다. 내가 총장을 모시는 입장이라는 것을 명확히 하고 처신했다.

학과 통폐합으로 코너에 몰린 기획실장을 도와 위원장을 맡아 구조조정에 박차를 가하기 시작했다. 필요한 일임에도 이해관계에 따라 무조건 반대하는 이들에게 논리로 안 질 자신이 있었다. 그때 경기대는 대학 자체가 너무 세분화 되어 있었다. 예술대학은 동양화과, 서양화과, 서예학과, 장신구, 산업디자인, 시각디자인 등으로 나뉘어 있어, 학생 열대여섯 명씩 앉혀놓고 가르치니 인건비며 관리비가 과하게 지출되었다. 통계 수치상 경기대학이 과목도 강사 수도 제일 많았다. 구조조정이 시급했다.

정원 20명의 서예학과를 한국화학과(정원 20명)로 통합하고 체육학과 내 레저스포츠학과를 사회체육과로 합쳐 정원을 20명 줄이는 등 모두 105명의 정원을 감축하기로 하였다. 또한 기존의 건축, 서비스 경영, 관광, 정치 등 4개 전문대학원을 관광/서비스 경영 등 1개의 전문대학원으로 축소하고 건축과 정치 등의 전문대학원을 특수대학원으로 전환해 10개의 특수대학원으로 운영, 석사 84명, 박사 7명 등 총 91명의 정원을 감축하기로 했다. (2007년 경기일보 기사 참고)

제일 거세게 반발했던 과는 서예학과였다. 특히 그 과의 박 모 교수는 서예학과 동창회는 물론 전국 서예연합회 회원들과 학원장들을 선동해 이분들이 갓 쓰고 와서 데모하고 난리가 났다. 식사를 하러 가는 중에도 서예학과 학생들이 울면서 총장 다리를 잡고 못 가게 하기도 했다. 유혈 없는 개혁은 어려운 법, 그들의 입장을 모르는 바는 아니나 꿈쩍하지 않고 버텼다.

국제대학의 경우도 두 개 학과밖에 없는데 너무 세분화하여 단과대를 만들어 놓아 쓸모없는 비용 지출이 많아 통폐합이 필요했다. 그 과정에서 없어지는 단과대의 학장이 여기저기 다니며 사람들을 만나 로비를 하며 통폐합을 막으려고 기를 쓰고 달려들었다. 그러자 총장이 뒤로 밀리기 시작했다. 학생들은 총장실을 점거하고 학과 통폐합을 반대했다. 이런 와중에 어느 날 아침 출근을 하니 분위기가 이상했다. 국제대학 교수들과 학생 대표들이 컨벤션센터에서 총장과 회의를 하기로 했다고 했다. 그래서 총장과 같이 기다리고 있는데, 그들이 문을 발길로 차다시피 하며 거칠게 들어왔다. 그런 그들과 맞서 학교 측 입장을 전하며 상대하는 것은 나뿐이었다. 총장은 뒤로 물러나 있었다. 그 후 몇몇이 식사를 하러 나간다고 가는데, 국제대학 학장과 총장이 같이 가고 나는 부르지 않았다. 그다음 날 총장이 교수회 대표, 학생들과 구조조정을 안 하기로 합의를 봤다는 이야기가 들려왔다. 말이 안 되는 소리였다. 그다음 날에 공청회가 잡혀있었다. 대부분의 교수는 구조조정을 찬성하는 입장이었지만 이해관계에 얽혀 반대하는 교수들의 목소리가 더 컸다. 기획실장을 맡고 있는 이 교수는 100분 토론회에도 자주 등장하는 깐깐한 성격에 언변도 좋은 경제학과 교수였다. 그런 그도 반대파에게 성토를 당하며 고전하고 있었다. 기획실장이 당하는 것이 너무 안쓰러워서 내가 나섰다. “제가 위원장인데, 뭐가 잘못되었습니까? 학교가 어려운 상황이고 구조조정이 필요한 것 다 아시지 않습니까? 모두 합의한 내용 아닙니까? 무엇이 문제입니까?” 했더니 어제 총장이 구조조정 안 한다고 했으니 제대로 알아보라는 것이었다. 그러나 총장은 실무를 담당하고 있는 나에게 어떤 말도 하지 않고 있었다.

부총장으로 모든 책임을 지다

그날 공청회가 늦게 끝나서 총장, 처장들과 함께 저녁을 같이하기로 했다. 저녁을 먹고 술을 한잔씩 한 처장들이 총장에게 물었다. "총장님, 이러시면 안 됩니다. 구조조정, 하실 겁니까? 안 하실 겁니까?" 그러나 총장은 한마디도 답하지 않았다. 처장들이 불만이 섞인 어조로 총장에게 하실 것인지 안하실 것인지 말해 달라고 다그쳤으나 내내 묵묵부답이었다. 그래서 내가 "모두 그만들 하십시오. 대신 제가 총장님께 한 가지만 물어보겠습니다. 지금 단계에서 그만두고 수습을 하라하시면 수습을 할 것이고, 이대로 계속 진행하라고 하시면 무슨 일이 있어도 일이 되도록 할 것입니다. 어떻게 하시겠습니까? 예스입니까 노입니까? 답을 주십시오." 라고 했다. 옆에서 몇 시간을 다그치고 모든 사람이 귀를 기울이고 있는데도 총장은 끝까지 답을 하지 않았다. "그러면 좋습니다. 생각할 시간을 드리겠습니다. 내일 아침 맑은 정신에 제가 들어가서 뵐 테니 그때 말씀해 주십시오." 하고 헤어졌다.

다음 날 아침 찾아갔다. 역시 답이 없었다. "지금까지 결정을 안 하신 거 보면 안하는 게 좋겠다고 결론이 난 것 같습니다. 사태가 이렇게 되었으니 누군가가 책임을 져야합니다. 부총장인 제가 모든 것을 안고 책임을 지겠습니다." 했다. 그러자 그제야 "부총장이 뭘 잘못했나. 책임을 지려면 기획실장이 져야지."라고 말했다. "내가 개혁 위원장이고, 그나마 수습하려면 누군가 책임을 져야 끝이 납니다. 부총장 임기도 다 되어 가는 데다 더 이상 하고 싶은 일도 없으니 마무리하겠습니다." 했다.

그렇게 구조조정은 긴 진통만 겪다가 아무 성과도 없이 마무리되었다. 내가 그만둔 소문을 듣고 여기저기서 나를 지지한다는 말들이 들려왔다. 그렇게 이태일 총장과는 선을 긋게 되고, 이 일은 오히려 2년 뒤 내가 총장이 되는 데 유리하게 작용된 측면이 있었던 것 같다.

총장 입후보와 후보 선출

이러한 진통 속에서 다시 총장 선거가 다가오고 교수들과 학생들이 투표를 해서 총장을 민선으로 뽑자는 움직임이 있었다. 이태일 총장이 어떻게 하든지 영향력을 발휘를 해서 한 번 더 총장을 하고자 마음먹은 것이었다. 4년을 했으면 분위기를 알아차려야 하는데 감각이 없다고들 했다. 물러날 때를 알고 물러나면 좋으련만 욕심이 사람을 망가지게 하는 법이다. 이 총장이 자기에게 유리하게 선거 룰을 만들어가고 있고 그렇게 선거가 진행될 것이라는 이야기가 나오는 중에 나는 항상 그랬듯 미국에 있는 가족을 만나러 떠날 차비를 하고 있었다. 다른 교수들도 내가 겨울이면 미국에 가는 걸 다 알고 있었다. 내년 봄이 선거인데 10월쯤, 교수회와 학생들에게 영향력이 큰 교수들이 나를 찾아왔다. 총장에 입후보 해 달라는 것이었다. 내가 미국에 가 있는 동안 자기들이 최대한 공정한 룰이 되도록 만들어 놓겠으니 결단을 해 달라고 했다. 생각해 보겠다고 하고 방학이 시작되자 미국으로 갔다.

미국 딸 집에 기거하고 있는데 참으로 이상하게 성경이 보고 싶어졌다. 고시 공부하듯이 새벽에 일어나면 앉아서 성경을 읽었다. 일독을 하고 나서 변호사를 하다가 선교활동을 하고 있는 아들에게 다음에 뭐를 보면 좋겠느냐 물었다. 아들은 성경을 한 번 더 읽으시라고 했다. 그래서 한 번을 더 통독했다. 그 후에 아들이 추천하는 신앙서적 20여 권을 읽어 내려갔다. 성경 속에 나온 글귀들과 책을 읽으며 마음에 와닿는 것들을 노트에 적었다. 한국에 오기까지 네 달 동안 하루에 10여 시간을 집중적으로, 새로운 지식에 흥미를 가지고 책을 읽으면서 시간을 보냈다.

한국에 돌아왔더니 선거 룰이 모두 정해져 있었다. 교수들 사이에서 자체적으로 3명의 후보를 추천하고, 현직 총장은 교수나 직원 20명이 추천하면 후보 자격이 주어지며, 장, 차관을 했던 사람 중에 후보를 추천받아 세 차례에 걸친 투표를 통해 총장을 선출하기로 했다. 먼저 교수 세 명을 뽑는 선거가 치러지게 되었다. 후보로 9명이 나왔다. 교수 한 사람당 3명에게 표를 행사할 수 있었다. 나는 1997년 도서관장을 끝으로는 기획실장을 하라고 해도 안 하고 어떤 보직도 맡지 않았었다. 그러니 새로 온 교수들은 나를 알 리가 만무했다. 그런데 의도치 않게 부총장이 되었고 이태일 총장의 취임식을 준비하고 실행하게 되었다. 취임식 사회를 봤는데, 학생 대표로 사회를 보던 학생은 부총장님 목소리가 예사롭지 않다며 추켜세우기도 했다. 나는 이름 있는 사람들만 초대해 긴 축하의 말들로 시간을 때우는 기존의 총장 취임식과 다르게 지역의 소외된 사람들, 고아원, 양로원 사람들도 초대하고, 청각장애인들을 위해 수화 통역사도 배치하는 등 차별성이 있는 취임식을 준비했다. 취임식이 끝나고 이 총장이 내 손을 꽉 잡더니 자기 친구들이 경기대에 저런 사람이 다 있느냐며 놀랐다며 고맙다고 했다. 총장 취임식이 의미 있는 자리가 되도록 최선을 다했었다. 그렇게 2년간 부총장의 역할을 했기에 교수와 학생들 사이에 인지도가 올라갔고, 임기를 다 채운 것이 아니라 오히려 소신껏 책임을 지고 물러났기 때문에 총장 후보자로 설 기회가 찾아온 것이라 할 수 있다.

3명의 교수 후보 선출은 서울과 수원 캠퍼스 교수들

모두가 참여하는 선거였다. 전화도 할 수 없고, 만나서 밥이라도 먹으며 지지를 요청할 수도 없이 정말 깨끗하게 치러졌다. 정견 발표조차 없이 그간의 인지도를 가지고 진행되는 선거였다. 그렇게 해서 9명 중에 3명이 뽑혔는데, 거기에서 나는 2등으로 후보가 되었다.

교수 추천 세 명의 후보가 정해지고, 외부에서 장차관 지낸 사람들과 이태일 총장까지 모두 20여 명이 총장 후보자가 되었다. 이 중에서 6명을 추리고, 다시 3명을 뽑아 그중에서 마지막으로 총장을 선출하는 룰이었다. 총장후보자추천위원회(이하 총추위)는 법인이사 3명, 교수 대표 4명, 직원 대표 2명, 학생 대표 2명, 동문 대표 2명, 총 13명으로 구성되어 있었다. 총추위에서 먼저 6명을 뽑았는데 내가 제일 많은 표를 얻었다. 추려진 6명에 이태일 총장은 들어가지도 못했다. 내게 강력한 라이벌이 될 전 총장이 자기에게 유리한 선거 룰을 만들어 놓고도 6명 안에 들지 못한 것이다. 선출된 6명 중에는 현승일 씨도 있었다. 그는 16대 국회의원을 지낸 한나라당 출신이었고 국민대 총장을 지낸 인사다. 이 사람은 구속된 손종국 전직 총장과 친해서 총장이 되면 손종국을 다시 끌어들인다는 얘기가 있었고, 그 부인을 경기대 교수로 넣었다가 문제가 되니 미국으로 보냈다는 말도 있었다. 현승일과 김대중 정부에서 부총리를 지낸바 있는 임창열, 장관을 지낸 김석기, 나를 포함한 교수 3명까지 6명이었다.

그다음은 6명 중에서 다시 3명을 추려내는 것이었다. 후보자 6명의 소견 발표를 듣고 면접 심사를 진행한 뒤 13명의 총추위원이 1인당 2표씩 행사하게 되어 있었다. 후보가 된 6명은 컨벤션센터에서 소견 발표를 해야 했다.

경기대 앞에 광교 교회가 있다. 교수들과 학생들이 많이 나가는 교회인데, 나도 기도하러 가끔 갔다. 그 교회에서는 크리스천 총장이 나오게 해 달라고 신우회를 중심으로 기도를 많이 하고 있었다. 당시 내가 출석하던 세검정교회에서도 중보기도가 이어졌으며, 미국에 있던 아내는 LA에 있는 충현교회에서도 많은 지인과 성도들이 함께 모여 중보기도를 했다고 했다. 그 덕이었는지 그때부터 상황이 내게 유리한 방향으로 흘러가기 시작했다.

12 2009년 4월2일 목요일 수도권

경기대 교수들, 교과부에 진상공개 촉구

'총장선거 개입' 파문 확산
학생 1천여명 항의시위도

교육과학기술부 고위 간부가 현승일 전 한나라당 의원을 경기대 총장에 선임하기 위해 총장 선거에 개입한 일에 대해 1천여명의 경기대 학생들이 현 전 의원의 후보 사퇴를 요구하는 시위를 벌이고, 400여명의 경기대 교수들이 교과부에 진상 공개를 요구하는 등 파문이 갈수록 확산되고 있다.

경기대 학생 1천여명은 1일 오후 현승일 전 의원 등 신임 총장 후보 6명의 소견 발표회가 열린 경기대 수원교정 텔레컨벤션센터를 에워싸고 "교과부와 결탁하고, 비리로 물러난 손종국 전 총장 등 구재단과도 결탁한 현 후보는 사퇴하라"며 시위를 벌였다. 현 전 의원은 이날 오후 4시께 컨벤션센터에 나타났으며, 1천여명의 학생들은 '현승일 물러나라'는 내용의 팻말과 펼침막을 들고 구호를 외치며 시위를 벌였다.

경기대 제8대 총장 후보로 입후보한 현승일 전 한나라당 의원(앞줄 왼쪽)이 1일 오후 경기 수원시 영통구 경기대 수원교정 텔레컨벤션센터 앞에서 소견발표회장으로 걸어가는 동안 학생들이 "교과부와 손종국 전 총장과 결탁한 현 후보는 사퇴하라"며 시위를 벌이고 있다. 수원/이종근 기자 root2@hani.co.kr

경기대 전체 교수회도 이날 낮 12시께 단과대학 및 대학원 등을 대표하는 30명의 교수들로 이뤄진 운영위원회를 연 뒤 성명서를 내어 "총장 후보 선출 과정에서 외부(교과부)의 부적절한 선거 개입이 확인됐다"며 △외부의 어떤 세력도 경기대 총장 선출에 개입하지 말 것 △교과부는 언론보도의 진상을 공개할 것 △총장추천위원회는 외부 개입에 흔들리지 말고 공정하게 총장 후보를 선출할 것 등을 요구했다.

그러나 당사자인 엄상현 학술연구정책실장과 해당 부처인 교과부는 '교과부 간부, 경기대 총장 선거 개입' 내용의 <한겨레> 보도 뒤, 책임을 회피하는 태도를 보이고 있다. 엄 실장은 이날 <한겨레> 기자를 마주치자 "노 코멘트"라면서도 "오늘로 기사 끝나겠죠"라고 물었다. 교과부 대변인실은 31일 "엄 실장은 '이 문제와 관련해 할 말이 없다'는 입장"이라고만 전한 뒤 어떤 조처도 취하지 않고 있다. 교과부 엄 실장은 지난달 10일과 17일 2차례에 걸쳐 경기대 총장 후보로 나선 이태일 경기대 현 총장을 만난 자리에서 "현승일 전 국민대 총장을 모시려 한다" "이 총장이 다시 출마하는 것은 적절하지 못하다"며 후보 사퇴를 종용한 바 있다.

홍용덕 이종규 기자 ydhong@hani.co.kr

경기대 교과부에 진상규명 촉구

최종 후보에 들기 위한 각자의 전략

정치권 인사인 임 씨는 지지 세력으로 일개 사단을 끌고 왔다. 그의 공약은 거창했다. 학교 발전을 위해 수천억을 끌어들이고, 골프장을 만들 것이며 경기대를 앞으로 어떻게 혁신시켜 갈 것인지 마스터플랜을 담은 책자까지 내며 선거에 열을 올렸다. 그러던 중, 교육과학

기술부 고위 간부가 현승일 전 한나라당 의원을 새 총장에 앉히기 위해 이태일 현 경기대 총장을 만나 총장 후보직 사퇴를 요구하는 등 총장 선거에 개입한 사실이 드러났다. 이 논란으로 학생들이 현 씨를 반대하는 플래카드를 들고 시위했고, 교수들은 성명서를 내며 진실 규명과 공정 선거를 촉구했다.

결국 자연스레 임 씨가 가장 막강한 후보로 떠올랐다. 3명으로 후보를 추리는데, 교수 3명 중 1명이라도 올라가야 한다는 부담이 더욱 가중되었다. 나는 선거캠프에 판공비, 보직 수당 등 이것저것 합하면 임기 4년 동안 받는 월급 외 수당이 1억 정도 되는데, 그 돈을 장학금으로 내놓는 것이 어떠냐고 제안했다. 그랬더니 한 후배가 선배님은 재력이 있으시니, 판공비 말고 봉급을 안 받는 것은 어떠냐고 했다. 가만히 생각해 보니 일리가 있는 말이었다. 그래서 소견 발표할 PPT 마지막 장에 '나는 5년 동안 봉급을 다 내어놓고 봉사로 섬기겠습니다.'라는 캐치프레이즈를 만들어 배치했다. 그런데 정작 발표 날, 마지막 장을 하이라이트로 발표하려는 순간, 사회를 보는 교수가 '시간 다 되었습니다.' 하는 것이었다. 순간 당황해 얼굴을 붉히고 '미안합니다.' 하고 내려오고 말았다. 그것을 강조하지 못하고 내려온 것이 어찌나 아쉬운지 안타까워했는데, 오히려 주변에서는 발표 페이지가 화면으로만 부각된 것이 더 인상적이었다고 이야기했다.

대학의 미래를 걱정하는 뜻있는 교수들 사이에서 세 명의 교수 후보 중 단일 후보를 내자는 논의가 있었다. 셋이 따로 나가면 이사회 추천 인사를 이길 수 없으니 누구든 양보해서 단일 후보를 내자고 합의한 것이다. 그래서 다른 이들을 다 물리고 후보 셋이 모였다. 그랬더니 A 교수가 나에게 말했다. "최 교수님은 하실 수 있는 게 많지 않습니까. 중학교 이사장도 하시고 법인인 아트레온도 있고, 장애아동을 돕는 장아람재단도 하고 계시니 총장은 제게 양보하시죠." "그렇게 따지면 A 교수는 아직 젊지 않습니까. 나는 정년이 가까이 왔고, 교수로서 의미 있게 일할 수 있는 마지막 기회인데 A 교수가 양보해 줘야 할 것 아닙니까?"라고 답했다. A 교수는 B 교수에게도 "내가 같은 대학 선배인데, 후배가 양보해야 할 것 아닌가?"라고 말했다. 자기가 먼저 우리 둘에게 다 양보하라고 말하는 그 태도에 나도 B 교수도 기분이 상했다. 그래서 내가 "스스로 양보하겠다고 말하기 전에는 양보하라고 강요할 수는 없는 일입니다. 막상 모여 이야기를 나누어 보니 조정이 불가능한 것 같습니다. 없었던 이야기로 합시다."라고 말했고, 단일후보를 내는 일은 무산이 되었다.

그랬는데, 3명의 교수 중 1위를 했던 B 교수가 나를 지지하겠다고 나섰다. 대의를 위해서 자기가 양보하는 것이 나을 것 같고 A 교수보다는 나를 지지하는 것이 자기 뜻을 간접적이라도 펼칠 기회가 된다고 생각했던 것 같다. B 교수는 당시 경기도지사인 김문수와 경북고 동기였다. 투표권을 가진 이사 중에는 경기도 기획실장이 있어 그 표는 B 교수의 것이나 다를 바 없었는데, 나에게는 큰 힘이 아닐 수 없었다. 그러나 2차 투표 결과 A 교수 1위, 임 전 부총리가 2위, 내가 3위를 했다. B 교수의 사퇴로 득을 보려 했으나 사퇴한 분에게도 표를 던져 사표가 되어 도움이 되지 않았다. 나는 가까스로 맨 꼴찌, 3위로 마지막 기회를 바라보게 되었다.

예기치 못한 도움의 손길

이제 7명의 이사진의 투표를 거쳐 최종 총장을 선출하는 절차만 남았다. 내 계산으로는 믿어볼 수 있는 표는 딱 하나였다. 처음부터 내게 총장 후보를 권유했던 교수가 이사진에 있었으나 나머지 6인의 이사는 일면식도, 어떤 연줄도 없는지라 막막했다. 그때, 연세대 총장과 교육부 장관을 지낸 박 장관이 내가 사는 빌라 아랫동에 살고 계셨다. 그전에도 한 번 만나 뵌 적이 있는데, 정치계에 있는 제자가 내가 총장에 출마했다는 소식을 듣고 달려와 박 장관님과 식사 자리를 마련하였다. 나와 이야기를 나누며 좋은 인상을 받으셨는지 아주 호의를 가지고 적극적으로 도움을 주셨다. 이사들의 면면을 이야기했더니 그 자리에서 바로 어딘가로 전화하더니 "최 교수님이 총장 입후보해서 3인에 올랐다는데 좀 도울 길이 없어요?" 했다. 박 장관은 전화 통화 한 분을 프린스 호텔에서 만나기로 했다고 같이 가자고 했다. 박 장관을 모시고 약속 장소로 가기 위해 로비로 들어섰는데, 정치인 두 명이 지나갔다. 한 사람과는 안면이 있는 사이였고, 또 한 사람은 같은 대학 출신으로 학교 다닐 때 한두 번 보았을 뿐 그 후에는 만나지 못했던 사이었다. 그들이 지나가니 박 장관이 "최 교수 알지?" "네, 압니다." "이번에 총장 나왔는데, 좀 도와줘." 그러자 대뜸 "임이 되면 안 됩니다." 하는 것이었다. 그렇게 말하니 자신감이 생기기 시작했다. 각 이사들의 생각도 중요하지만 사립대학도 청와대의 입김이 작용한다고들 한다. 총장의 신상에 대해 촉각을 세우고 있는 것이다. 들리는 이야기로는 전직 부총리에 대해서는 별로 탐탁히 여기지 않고 있고, 2명의 교수는 진보적 인사로 사상이 속칭 빨갛다고 여긴다는 것이다. 그러나 최 교수는 신촌에 큰 건물을 포함한 재력이 있고, 노블레스 오블리주 차원에서 나눔을 실천하는 일을 많이 하며 외유내강의 성품의 소유자로 보고 있다고 했다.

유세 연설을 할 때도 미국에서 지내는 동안 성경을 읽고 필사했던 내용들이 떠올라 그 문장들을 사용하였다. 섬김과 나눔의 리더십이나 '섬김을 받으러 온 것이 아니라 섬기러 왔다.'는 문장과 인간으로서의 겸손함 같은 덕목들이 떠올랐고 그런 마음과 자세로 임하였다. 어느 날은 잠이 오지 않아 새벽에 티브이를 틀었는데, 천주교 방송이 나오고 있었다. 옛날에는 교황(教皇)을 교종(教宗)이라고 했다는 이야기를 들었다. 그때, 난 총장이 아니라 총종으로 일해야겠다고 생각하게 되었다. 나중에 알고 보니 교종의 종(宗)은 내가 생각한 종(섬기는 자)으로서의 의미가 아니라 우두머리를 뜻하는 것임을 알았지만 그때의 깨달음이 종과 같이 일하는 총장이 되어야겠다는 다짐을 하게 했다.

6명을 선출했을 때는 1위로 올라갔지만 3명이 선출되었을 때는 세 번째로 간신히 올라갔고 2위와도 꽤 차이 나는 3위였다. 그러니 낙심이 되었다. 그때 매일 생명의 말씀을 읽으며 큐티를 하고 있었다. 큐티 집에 있던 '카라'라는 포르투갈어가 눈에 들어왔다. 그 뜻이 '붙잡고만 있으라, 그러면 하나님이 다 해 주신다.'는 것이었다. 영화 벤허에서 주인공 찰턴 헤스턴이 마차를 몰 줄 몰랐는데 단지 고삐를 붙잡고만 있으니까 하나님이 다 인도해 주셨던 장면이 생각났다. 그 장면이 오버랩 되면서 '카라'라는 단어가 가슴에 와닿았다. 그 이후 일이 진행되는 하나하나의 과정이 바로 이 '카라'와 같았다.

한 사건은 교수회 간부들이 모두 이 이사장에게 몰려가 최종 후보로 교수 두 명이 올라갔지만 학교가 변화하려면 최호준 교수가 총장이 되어야 한다고 적극적으로 어필한 것이다. 이 이사장은 임 씨가 감옥에 있었을 때 선임 변호사였기에 교수회 간부들이 찾아가 더욱더 엄격하게 중립을 지켜달라고 요구를 한 것이다. 이 이사장은 불공정한 사람이 아니다. 그래서 이런 말들이 이사장에게 영향을 미쳐 소신에 따라 공정하고 엄격하게 권리를 행사했던 것 같다.

3명의 최종 후보가 올라갔을 때 사람들 사이에서는 최호준 1표, 이 교수 1표, 나머지 5표는 임 전 부총리라는 소리가 들렸다. 그런데 뚜껑을 열어보니 5명이 나를 찍고, 2명이 임 씨를 찍었다. 그는 지역사회에서 인지도가 높은 정치인이라 사실 나는 적수가 안 되는 인사였다. 김영삼, 김대중 정부에서 부총리까지 하고 IMF 때 공헌도 한 사람인 데다 경기도지사까지 했으니 본인 스스로도 자신이 있었을 것이다. 그런데 내가 이 거물을 뒤집은 것이었다.

암시, 증언, 반전, 고백

하나님은 여러 가지 사건을 통해 내게 암시를 주셨다. 광교 교회의 심 목사는 경기대에서 기도회도 열고 열심히 사역하는 사람이었다. 그 목사의 아들이 열 살 정도 되었는데, 내가 지하 3층에서 예배를 마치고 엘리베이터를 타고 올라가려는데, 같이 타더니 나에게 "이번에 총장 나오시죠? 되셨어요." 하는 것이다. 어린아이의 말이라 "뭐라고? 뭐가 어떻게 되니?" 물었더니 "하나님이 저에게 말씀하셨거든요."라고 당돌하게 말했다.

내가 학생처장을 할 때 주임을 했던 이필재라는 사람이 있다. 그 후 교학부 부처장을 하며 서울캠퍼스에 근무하고 있었다. 서울캠퍼스에는 디지털 음악과가 있다. 거기에 피리를 전공하는 김규정 교수가 있는데, 그가 부처장에게 묻더란다. "최호준 교수가 누구예요? 이번에 총장 나오시죠?" 그는 어느 교회의 장로라는데 나와 일면식도 없는 사람이다. 그런 그가 하나님이 꿈에 나타나셔서 "최호준이 총장이 된다."고 말씀하셨다는 것이었다. 이 말을 듣고 이 부처장은 내가 괜히 영향을 받을까 봐 말을 못 하고 총장 선출이 끝난 후에 나에게 얘기를 전해주었다. 믿기 힘든 일이라 삼자대면까지 했었다. 놀라운 일이다. 그리고 관광개발학과 여 모 교수는 자기가 아는 제자가 기자인데 정치계의 동향을 다 파악하고는 최 교수가 되는 걸로 분위기가 돌고 있으니 걱정하지 말라고 했다는 이야기를 전해주기도 했다.

생각해 보면 미국으로 간 겨울, 그때부터 신기한 일이 계속 이어졌던 것 같다. 미국에서 머무는 4개월 동안 성경이 입에 꿀처럼 달게 다가왔다. 그때는 총장 출마를 결정했던 것도 아니고 생각해 보겠다고 한 시점이었다. 그러면서 총장직에 대한 관심이 별로 없던 내게 대학다운 대학을 만들어 봐야겠다는 마음이 싹텄고, 종국에는 총장에 지원하게 된 것이다. 그러나 이 싸움은 다윗과 골리앗의 싸움 같은 것이었다. 현 총장이 6명 안에 들어 올라갔다면 표가 분산되었을 것이고. 1등으로 올라간 이 교수가 중도에 포기하지 않고 끝까지 선전했다면 그것도 변수가 되었을 것이고, 1, 2등과 표가 크게 차이 나는 3등이었는데 그것을 뒤집어 다섯 표를 얻었다는 그 자체도 반전이었다.

어찌 보면 나의 인생 자체가 반전이 많은 인생이었다. 학부 때는 반건달처럼 놀며 공부를 게을리하여 유급까지 했는데, 그 후 대학원에 진학하여 학문에 정진하여 석사 논문이 호평을 받았고 일본어로 번역되어 『지방자치』라는 공신력 있는 잡지에 3개월에 걸쳐 게재되게 되었다. 그 연유로 동경대학 대학원 법학부에 유학을 갈 수 있었다. 아버지가 들인 양자가 하늘로 먼저 가지 않았다면 아들로서 위치를 지키거나 재산도 물려받지 못했을 것이고, 아버지의 핍박에 견디지 못해 곁길로 빠졌다면 가정은 파탄나고 나는 없었을 것이다. 양자가 죽은 후 재산을 되찾기 위해 벌인 10여 년에 걸친 소송은 재정 관리를 어떻게 해야 하는지, 세금 문제나 법적 문제는 어떻게 풀어가야 하는지를 배우게 해 주었다. 교수로 평생을 살았음에도 아트레온이라는 법인을 설립하고 운영할 수 있는 노하우를 지난 힘든 과정을 거치면서 배울 수 있었던 것이다.

총장으로서 또 하나의 길을 열게 된 내 인생의 이러한 반전은 모두 하나님의 은혜다. 총장 선거를 거치며 내 인생의 주인이 주님임을 더 깊이 알게 되었다. ◆

<중부일보>, 2009년 4월 24일자, 18면

외부 인사들과 치열한 경쟁 끝에 총장으로 선임됐는데

"총장 자리란 명망가들이 권력의 힘을 빌려 신성한 대학 선거의 기본적 룰과 질서를 무시하고 차지하여야 할 권력의 자리가 아니다. 또 사회에서 부패와 비리로 더렵혀진 인물이 더 높은 자리로 가기 위해 세척하고 쉬어가는 자리가 아니다. 대학이 상아탑이라고 불리고 있는 것은 대학은 사회의 어느 조직에 비해 신성하고, 수직적인 체계가 아닌 수평적인 체계를 특징으로 하고 있기 때문이다. 따라서 총장직은 누리고 섬김을 받고자 하는 권력이나 권세의 자리가 아니라 내려놓고 섬김을 해야 하는 봉사나 헌신의 자리라고 생각한다. 이번 선거는 경기 가족의 위대한 힘을 보여준 계기가 됐다고 본다."

공약 발표 당시 우수인력 육성을 강조했는데, 구체적인 방안이 있다면

우선 교원과 학생의 질적 수준이 그대로 한 대학교의 위상을 좌우할 수 있을 정도로 우수 교원과 학생 확보는 경쟁력 있는 명문 사학으로 발돋움 할 수 있는 실질적인 지름길이다. 우수 신입생 유치를 위해 신입생 유치 및 관리기금 65억 원을 조성할 계획이다.

또 다양한 인력선발을 위해 입학사정관 제도 도입, 국제화 및 외국어 우수자 전형 강화, 뉴프런티어 선발제도의 강화 등을 추진할 계획이다. 외부 장학재단 및 연구단체의 기금을 확충해 장학금 수혜 대상을 점진적으로 확대해 나가겠다.

이밖에 교내 창업스쿨 운영과 졸업생을 위한 잡 클리닉 운영, 국가자격증 연계 과정 운영 등 다양한 계획을 세우고 있다.

임기 4년 동안 꼭 이루고 싶은 것이 있다면

법인 정상화와 학내 구성원 갈등을 해소해 경기대를 명문 사학으로 도약할 수 있도록 하는 것이다. 경기대가 위치한 광교와 금화동산에 실천적 이성과 따뜻한 감성이 넘치도록 하겠다. 이를 위해 업무처리는 차가운 머리로, 업무를 벗어난 인간관계는 따뜻한 가슴으로 모범적인 총장직을 수행해 나가겠다. 지켜봐 달라.

그리움 28.8x21cm 한지에 먹 2018

<중앙일보>, 2010년 1월 20일 자, A23면

"취업이 가장 잘 되는 대학을 기본방향으로 설정하고 취업 지원을 실질적으로 뒷받침하기 위해 총장 직속 기구로 '인재개발원'을 확대 개편했다. 진로 상담 및 탐색을 통한 진로 설정의 잡 매니저, 우수 인재 양성 프로젝트 KCCP, 저학년 고학년을 구분해 강좌를 운영하는 취업 학점 강좌, 노동부 인증 청년층 직업지도 프로그램 CDP/CAP, 멀티 프레젠테이션 프로그램, 진로 개발 및 취업 역량 강화 캠프, 취업 영어 인터뷰 및 영어 이력서 자기소개서 작성 프로그램을 운영하고 있다. 취업 관련 총장 간담회를 실시해 취업 우수학과에 표창을 확대했고, 취업 장학금으로 18여억 원을 지급했다. 이런 노력의 결실로 올해 중앙일보가 전국 93개 대학을 대상으로 한 대학평가에서 교육 중심대학 30개교 가운데 전국 4위, 수도권 1위를 차지했다. 또한 기업 인사담당자들이 평가한 '업무에 필요한 전공 또는 교양 교육이 제대로 되어 있는 대학'에서 교육 중심대학 2위를 차지하기도 했다."

<파이낸셜 뉴스>, 2010년 11월 19일 자, 30면

30년에 걸쳐 경기대에 몸담으면서 총장이 되면 꼭 개선해 보고 싶은 것으로 교직원과 학생들 간의 소통을 꼽았다고 전했다. 최 총장은 "흔히 대학의 구성원을 3주체 즉 교수, 직원, 학생으로 3등분 해 보곤 한다. 이들 3주체가 자기 역할을 충실히 다할 때 대학이 가진 잠재적인 능력을 결집 발전해 갈 수 있다고 생각한다."고 밝혔다.

"신뢰의 회복은 일방향적인 강요에서가 아니라 쌍방향적인 소통 즉 대화와 협의를 통해서 가능하리라고 생각한다. 자신의 생각을 전(全)진리가 아닌 반(半)진리로 생각하는, 겸손하고 너그러운 생활 감각이 대학 생활 속에 자리 잡을 때 대학은 더욱 자유롭고 창의적인 것들을 내놓을 수 있을 것"이라고 최 총장은 전했다.

<한겨레>, 2012년 5월 16일 자, 29면

장학금은 장학금을 낳고… 감사의 카네이션

최호준 경기대 총장,
3년간 월급 전액 2억 원 제자들에게

"최 총장은 2009년 취임 때 국내 처음으로 월급 전액을 장학금으로 내놓겠다고 약속한 이래 올 1학기까지 3년간 179명에게 1억 8,700만 원의 장학금을 지원했다. 그는 오는 2학기에 3,000만 원을 더 내놓을 예정이고, 퇴직 뒤에도 재직 때 적립한 월급 2억 2,000만 원을 장학금으로 쓸 계획이다. 총장의 월급 전액 출연 결단에 경기대 교수와 교직원, 동문들의 장학금 출연도 잇따랐다. 그동안 18억 원의 장학기금이 약정됐는데, 이 가운데 교수, 교직원 등 28명이 8억 원을 약정해 4억 8,000만원을 이미 납입했다. 최 총장은 "결혼할 때 단칸방에서 맨손으로 시작해 그동안 가정과 사회에서 많은 혜택을 받았다."며 진작 이런 나누는 삶을 살지 못해 아쉽다고 담담하게 말했다."

<중부일보>, 2013년 1월 31일 자, 26면

나누고 섬기니 어느새 구성원 하나로…
최호준 경기대 총장, 아름다운 퇴임식 후

"30년 동안 경기대학교에 빚진 사람으로서 4년 동안의 마지막 봉사를 무사히 끝냈습니다."… "거듭된 분열을 끝내고 통합을 이뤘다."며 "가진 것을 먼저 나누고 구성원들에게 섬김을 행했기 때문에 가능했다."고 소회를 밝혔다. 이어 "대학은 수평적 사회로써 감동을 통해서만 자발적인 충성을 이끌어 낼 수 있다."며 "결국 섬김과 나눔의 리더십만이 나눠진 것을 합하고, 구부러진 것을 펼 수 있다."고 덧붙였다. 총장 취임 직후부터 봉급(총 5억여 원)을 모두 경기대 학생들의 장학금으로 기부해 온 최 총장은 퇴임식도 '특별한' 이벤트로 마무리했다. 용역업체 직원들인 환경미화원과 경비원 160명에게 총 800여만 원에 달하는 격려금을 전달한 것."

컴퓨터학과 04학번 김○선

학생들을 향한 총장님의 한 걸음 한 걸음이 학생들이 학교에, 그리고 총장님께 더 다가갈 수 있는 다리가 되었습니다. 이제 저희 학생들이 그 다리 주위에 나무와 아름다운 조각물을 세울 차례입니다. 저 또한 내적으로는 학업에 충실하고 외적으로는 나눔과 섬김으로 경기대학교의 위상을 높이고, 이웃에 봉사하고 뜻깊은 일들을 행하여 사회에 이바지할 수 있는 사람이 되겠습니다.

김○선 군! 총장의 뜻과 마음을 너무 잘 헤아려주는 것 같아 고맙고, 나 자신도 약속대로 지난 2년간을 섬김과 나눔을 다 해왔는지 되돌아보니 부족함이 많은 것 같아 이런 계기를 준 자네가 더욱 고맙게 여겨지네. 병원 생활에서의 힘들었던 경험들이 오히려 장애인을 돕는 그리고 독거노인을 돌봐드리는 따뜻한 마음씨를 가지게 되었다니 정말 칭찬할 만한 믿음직스러운 학생이네. 섬김과 나눔의 실천으로 학교 구성원 안에서 그리고 외연을 키워 이웃과 사회로 전파되어 보다 밝고 맑은 사회가 되도록 함께 힘써보세.

총장 최호준

경영학과 06학번 송○웅

지금까지는 아르바이트와 교내활동으로 학비와 생활비를 충당했었는데 4학년이 된 지금에는 한 가지에 집중을 하기 위해서 공부에만 매진하다 보니 이것저것 경제적 압박으로 괴로움이 많았습니다. 무거운 짐을 지고 있는 저에게 정말 큰 힘을 주셔서 감사합니다. 재정적 지원뿐 아니라 학교에서 이러한 관심과 격려를 받았다는 생각에 저는 더 큰 힘을 내고 있습니다. 총장님께서 주신 이번 장학금은 단순히 경제적인 후원에 그친 것이 아니라 제가 가고자 하는 길을 선택할 수 있도록 도와주는 하나의 이정표이자 희망이었습니다. 총장님의 이 따뜻한 정을 잊지 않고 저도 미래에 경제적으로 힘든 후배들을 아낌없이 지원하도록 하겠습니다.

큰 액수의 장학금이 아니라 송○웅 군의 어려운 여건에 큰 도움이 못되었을 것이라 생각이 드네만 도움도 되고 특히 세상의 따뜻한 부분도 보게 되고 앞길을 열어주는 희망을 주는 빛이 될 수 있었다니 정말 큰 보람을 느끼네. 송○웅 군은 어려운 이웃을 도우며 바르고 멋진 삶을 펼칠 사회인이 될 것이라고 확신하며 나 또한 그렇게 되도록 기도하며 지켜보겠네.

총장 최호준

이벤트학과 07학번 베트남 유학생 튀○엉

특히 외국인 학생을 담당하는 국제교류팀의 선생님들은 저를 친척처럼 안내하고 도와주셨습니다. 그것은 평생 마음속에 새겨 놓을 아름다운 추억이 되었으며 영원히 잊을 수 없을 것입니다. 총장님을 처음 뵈었을 때 매우 친절하시고 마음도 고우신 분 같았습니다. 시골에서 태어난 저는 촌스럽기만 한데 총장님께서 먼저 말을 걸어주시고 친절하게 대해주셔서 부끄러운 마음이 다 사라졌습니다. 저는 공부를 열심히 해야 총장님의 은덕에 보답할 수 있다고 항상 생각하고 있습니다. 끊임없이 노력하겠습니다.

튀○엉 학생에게

베트남 하면 베트남 전쟁 당시 한국인이 베트남 민족에게 끼쳤던 안 좋았던 기억들을 떠올리며, 무언가 죄의식과 미안함을 동시에 갖게 하는데, 본인에게 튀○엉과의 만남은 이를 해소할 수 있는 좋은 기회였던 것 같습니다. 예의 바르고 항상 감사할 줄 알면서 무언가 나누어 주고 도와주려는 착한 마음씨는 상대방에게 더 도와주고 싶은 충동을 일으키고 있는 것 같네요. 많은 것을 배우고 익혀 유학을 통해 받은 혜택을 베트남의 사회 발전을 위해 유용하게 쓸 수 있게 되기를 바라며 아울러 항상 어려운 이웃을 돕고 사는 섬김과 나눔을 실천하는 사회인이 되기를 바랍니다.

총장 최호준

*튀○엉은 베트남으로 귀국한 후 한국어어학원을 운영하다가 지금은 한국의 식품과 생필품을 수입하여 판매하는 슈퍼마켓을 운영하고 있다. 2023년에도 딸과 아들과 함께 한국에 여행을 와서 만났다. 그는 여전히 나를 평생의 은인이라며 고마워하고 있다. 그가 베트남에서 한국에서의 경험을 토대로 잘살고 있어 참 감사하다.

총장님께서 베트남 음식을 잘 못 드실 줄 알았으나 베트남 음식을 좋아하신다고 하셔서 정말 놀랐습니다. 저는 앞으로 베트남에 돌아가서 전통음식 식당을 만들 거라고 마음먹었습니다. 식당이 오픈되면 총장님께 오셔 달라고 연락 드리겠습니다. 총장님께서 저희 식당의 특별하신 손님이 되어주시면 감사하겠습니다.

경기대 덕분에, 총장님 덕분에 베트남대학교, 베트남학생등이 한국문화와 언어를 교류할 수 있는 기회가 생겨 너무나도 영광입니다.다시 한 번 총장님께 대단히 감사드립니다..

총장님께 항상 건강하시기를 바랍니다. 다시 한번 대단히 감사합니다.

2011년 06월 08일

경기대학교 베트남학생 이벤트학과 200713322 튀프엉

Trần Thị Thuỳ Phương

5. 총장 재임 시절

"우리는 우리가 늘 생각하는 것이 된다.
그것이 가장 묘한 비밀이다."

- 얼 나이팅게일

행정에 새 바람을 일으키다

총장이 되고 나서 제일 먼저 생각했던 것은 현장 중심의 운영을 해야겠다는 것이었다. 1980년부터 삼십 년 넘게 학교에 있었기 때문에 학교의 전반적인 상황을 모른다고 할 수는 없었지만, 보직 생활을 계속한 것이 아니기에 자세한 사항은 알지 못했다. 보직했다고 해도 현장에서 직접 발로 뛰지 않으면 구석구석을 잘 알기가 어렵다. 또한 가장 중요하게 생각한 것은 구성원들이 한마음 한뜻으로 화합함으로 경기대에 새로운 변화의 물결을 이루어 내야겠다는 것이었다. 경기대는 그동안 다방면으로 갈등의 골이 깊었다. 하나로 합하는 길은 소외된 사람, 뒤처진 사람, 비판적인 사람, 자기 권리를 주장하지 못했던 사람, 차별받았던 사람 등 모두가 자기 목소리를 낼 수 있는 풍토가 조성되어야 하며 고시실, 운동부, ROTC 같은 소규모 단체나 조직들을 어떻게 운영해 나가느냐에 달려 있다고 보았다. 총장이 되기 전 성경 말씀을 읽을 때 '합력해서 선을 이룬다(로마서 8:28)'는 구절이 마음에 와닿았다. 함께하는 모든 사람을 끝까지 믿어주고 인정해 주고 어떤 이든지 함께 품고 간다는 생각으로, 섬김을 받으려고 하기보다는 섬기려는 자세로 행할 때 합력이 이루어질 것이라고 생각했다.

총장직을 수행할 때 중요한 부분 중의 하나가 인선이다. 어떤 자리에 누구를 등용하는가는 중요한 문제다. 그 업무를 수행할 능력이 있는가가 우선 중요하지만, 능력만 있을 뿐 화합을 이루지 못하거나 모난 사람이어서 같이 일하는 동료들을 힘들게 하는 경우엔 인선에 대한 지혜가 필요하다. 그래서 교무위원 회의를 하게 되면 가능하면 많은 수의 교무위원이 참여하도록 했다. 대부분 대학은 교무회의 시 가능하면 적은 수의 사람으로 진행한다. 그러나 나는 될 수 있는 대로 교무위원을 많이 임명했고, 교무위원이 아니라도 박물관장, 양성평등원장, 평생교육원장 등 각 부서의 대표들이 참여할 수 있도록 했다. 그래서 교무회의를 통해 각 부서들의 업무 사항이 점검될 수 있도록 했다. 총장의 지시 사항이나 결정 사항을 듣는 자리가 아니라, 자기가 맡고 있는 업무에 대해 지난 2주간 겪은 일을 보고하고 앞으로 부서별로 무슨 일을 할 것인지 설명하게 했다. 이렇게 함으로 다른 부서의 업무도 파악할 수 있게 해 주었다. 서로의 일에 대한 이해가 생기자 각 부서는 서로 협력과 지혜를 구하며 일을 진행했고, 갈등 상황이 확실히 줄어들었다. 그렇게 교무회의를 정례화해 갔다.

내가 전에 교무위원을 했을 때 느낀 것은 부서의 장이 20명이 되면, 각자 20분의 1 정도만 발언하면 되는데 자기가 주도권을 잡으려고 20분의 10을 한다든지 7, 8을 한다. 그러면 불평이 생긴다. 그래서 나는 누구든지 자기 의견을 발표하게 하고 토론 속에서 사안들을 정리해 갈 수 있도록 했다. 그렇게 되지 않는 부분은 내가 조정하며 결정을 내려 일이 진행되도록 이끌었다. 이런 과정을 지켜본 어떤 분은 내가 다른 사람들의 이야기를 인내심을 가지고 다 청취한 다음 들을 것은 들어주고 결단할 것은 과감하게 결단해 가는 모습 속에서 나를 다시 봤다고 했다. 확대 간부회의나 부총장 때부터 해왔던 팀장들과의 회의 등 어떠한 회의든 요식행위로 하는 것이 아니라 교수들과 직원, 팀장들의 이야기를 듣고 꼼꼼하게 체크했다.

경기대는 수원에 본부가 있고 서울에도 캠퍼스가 있는데 이사장도 총장도 서울 캠퍼스에 자주 가지 않아 서울과는 거리감과 벽이 느껴졌다. 서울 캠퍼스에 발길을 안 하게 된 이유는 손 총장 재임 시 학생들이 손 총장 물러나라고 물리력까지 행사하며 거세게 저항하다 보니 안 가게 되었고 그것이 관습처럼 되어 후임 총장도 안 간 것이다. 그런데 나는 일주일에 한 번, 많게는 두세 번씩 서울 캠퍼스에 갔다. 거기서도 교수들, 팀장들과 얼굴을 맞대고 회의하고 캠퍼스를 구석구석 한 바퀴 둘러보았다. 그뿐만 아니라 가끔 함께 회식하거나 산행하며 가깝게 다가갔다. 그렇게 관심을 가지고 다가가니 변화를 위한 나의 여러 시도에 대해 기꺼이 따라와 주고 협력해 주었다.

나는 총장을 명예나 권력, 물질을 챙기기 위한 자리로 여기거나, 한 번 더 하겠다는 생각은 애초부터 하지 않았다. 총장 임기 4년이면 내가 할 수 있는 일은 충분히 할 수 있다고 생각했다. 그 후엔 장아람재단, 봉사활동, 양평 꿈땅 가꾸기와 관리, 그림그리기 등 문화 예술 활동에 전념하겠다는 생각이 확고했기 때문에 그 부분을 분명히 하고 시작했다. 총장 판공비를 대폭 줄였고, 줄어든 판공비의 대부분을 많은 수의 교수와 직원, 파견 종사자들과의 식사비용에 충당하도록 했다. 총장실을 새롭게 인테리어하거나 자동차를 더 좋은 것으로 바꾸겠다는 생각도 없었다. 노조위원장조차 출고한 지 5년이 넘었으니 전용차를 바꾸라고 했는데 전직 총장이 타던 차를 이어서 탔다. 대부분 총장은 새로 취임하면 차부터 바꾼다. 하지만 나는 큰 차도 필요 없을뿐더러 전임 총장 차를 판다고 해도 헐값에 넘겨야 하는 것을 알았기 때문에 원치 않았다. 총장 임기 마칠 때까지 전직 총장이 타던 차를 잘 타고 다녔다.

또한 비서실 인선 시 나와 인연이 깊은 직원을 절대 끌어들이지 않겠다고 다짐했다. 외부나 다른 부서에서 친밀한 사람들을 끌어다가 비서실에 앉히는 인사를 행하지 않고, 현재 자리에 있는 사람들을 대부분 그대로 등용했다. 자기 사람을 끌어다 쓰는 공평치 못한 처신은 결국 그것이 빌미가 되어 인사권자로서의 신뢰를 잃게 될 뿐만 아니라 불신과 견제 속에서 업무 추진에 지장을 초래하게 되는 것을 종종 보아왔기 때문이다.

또한 출마 시 공약했던 대로 총장 월급을 받지 않았고, 일을 진행하다 보면 따라오는 수많은 업체와의 관계 속에서 일체의 향응과 대접을 받지 않고, 심지어 출장비에 보태 쓰라는 교수조차 심히 꾸짖어 멀리했다. 그 돈이 없어도 먹고 살 수 있는데 돈 몇 푼으로 그간 이어온 이미지를 실추시키고 싶지 않았다. 또 교수 채용을 비롯한 수많은 인사 관계에서도 원칙을 고수했다. 교수 채용은 과에서부터 올라와서 최종으로 결정하는데, 대부분 순위가 정해져 있어 웬만해서는 순위가 바뀌지 않는다. 그러나 학연·지연이 같은 출신끼리 뭉쳐서 과에서 단합하는 경우가 있고, 학연을 내세워 내게 은근한 기대를 내비칠 때가 있다. 예전에는 7명의 인사 채용위원회에서 총장의 인사권이 어느 정도였느냐 하면 의원 각자의 투표권이 7분의 1이라면 총장에게는 7분의 2, 3이 주어졌다. 그러니 총장에게 인사 청탁이 들어오는 것이다. 나는 그것을 없앴다. 총장도 똑같이 1을 행사하는 방식으로 바꿨다. 그렇게 인사에 대한 공정성을 유지하려 노력했다.

나이가 들수록 사람들은 노욕이 발동해서 그런지 대부분 돈과 명예와 권력을 중요하게 생각한다. 그러나 나는 그 모든 것을 배제하는 것을 원칙으로 했다. 섬기는 자세로 꾸준히 임했을 때 권력이 아닌 권위가 세워지는 것을 느꼈다. 내가 꾸준히 섬김과 공정함으로 행하자 사람들은 내가 요구하지 않아도 나의 권위를 인정해 주었고, 마음에서 우러나는 태도로 내가 하는 일마다 순순히 동참해 주었다.

박정희의 독재에 대해서 지식인으로서 논문이나 사설, 글을 쓸 때 반대의견을 명확히 해 왔지만, 나름 그를 인정하는 부분이 있다. 그건 그가 현장 중심의 정치 행정을 했다는 것이다. 이런 확인 행정이 산업화 과정에 크게 기여했을 것으로 생각한다. 초지일관 그런 자세로 갔다면 얼마나 좋았을까마는 후에는 권력에 취해 유신을 선택하며 몰락했다. 박정희 시절에 서울에 지하철을 놓았다. 그때 지하철 개통에 대한 노래를 만들고 서울광장에선 연예인들의 공연도 있었다. 우리 집이 남산 아래에 있던 때, 남산에 계단을 놓았는데, 그것까지 준공 테이프를 끊었다. 박정희 전 대통령이 그런 준공식을 돌아다니며 참여한 것은 김대중과의 선거를 앞두고 자신의 치적을 높이고 싶음도 한몫했을 것이다. 그렇게 과장된 측면이 있기도 하지만 실제로 그는 현장을 살피고 현장에 나타났다. 그런 현장 중심의 리더십을 나는 중요하게 생각한다.

아울러 또 하나의 경험이 있다. 학생처장 시절, 일본에 잠깐 나가 있을 때였다. 상지 대학(上智大学, Jōchi Daigaku)이라고 신부가 총장을 맡고 있는, 즉 가톨릭 계통의 학교로 우리나라로 치면 서강대 같은 곳이 있다. 그 대학에 계셨던 유상희 교수 말씀이, 총장이 아침에 나와서 교정에 있는 휴지를 줍는 일부터 시작을 하더라는 것이다. 그는 퇴임사에서 이 대학의 수위로 채용해 달라고 했으나 교황청에서 그 신부 총장님을 모셔갔다고 들었다. 이 이야기가 인상 깊었다. 그래서 그 후로 학생처장 때는 축제 끝나고는 직원들과 함께 아침 일찍 나와서 학생들이 술 먹고 어지른 것과 버려진 휴지를 다 주웠다.

총장이 되었을 때도 매일 캠퍼스를 돌며 실내나 교정을 체크했다. 환경미화원분들이 아주 깨끗이 청소해주고 계셨기에 휴지를 주울 것이 없었다. 간혹 학교 행사

뒤에 ROTC 대원들과 또는 교직원들과 함께 나가 어지럽혀진 교정을 말끔히 치웠다.

총장이 되어서 워낙 새벽잠이 없으니 아침 일찍 캠퍼스에 나갔다. 현장을 살피다 보면 보이는 만큼 알게 되고, 아는 만큼 구석구석을 살필 수 있게 된다. 내가 아침에 별말 없이 캠퍼스를 가도 수위실에서 총장이 온 것을 알고 총무처나 비서실에 연락했다. 그러면 비서실장이 나왔다. 운동화로 바꿔 신고 후문부터 돌기 시작했다. 강의동을 다 돌고, 캠퍼스 구석구석까지 다 돌면 한 시간이 좀 넘게 걸렸다. 총장직을 맡으며 운동할 시간이 없었는데, 운동도 되고 일석이조였다. 비서실장이 나오니 총무처장도 안 나올 수가 없었는지 나와 아침 일정에 동참했다. 여기저기 손볼 데가 보이면 총무처장에게 바로 이야기했다. 강의동을 돌다 보면 청소하시는 분들을 만나게 된다. 층마다 돌며 수고하신다며 인사를 하니 더 열심히 청소하셨다. 공과대학 쪽으로 돌면 밤을 새워 실습하는 학생들과 교수들이 있다. 문을 두드려 인사를 하면 깜짝 놀라며 반가워했다. 옆으로 더 가면 고시실이 있다. 고시실에 가서 공부하는 학생들과 대화를 나눴다. 불만 사항이나 요구 사항을 말해 보라 하면 처음에는 어려워하다가도 곧잘 이야기했다. 식사 메뉴나 주거환경의 문제점 등을 이야기하면 다 메모하게 하고 가능한 대책을 마련하도록 힘썼다.

그렇게 여기저기 순방하다 보면 바꾸어야 할 곳, 개선이 필요한 곳이 눈에 보이고, 어떻게 해 나가야 할지 방향이 머릿속에 떠올랐다. 탐방을 통해 뜻밖의 아이디어도 생기니 상당히 재밌고 나름대로 보람도 느낄 수 있었다. 그렇게 탐방하며 눈에 들어온 것 중 하나가 제대로 갖춰지지 못한 열악한 환경에 교수연구실이 있는 것이었다. 특히 체육대학이 그러했다. 체육대학에서 체육관에 가려면 지하에서 올라가야 하는데 엘리베이터가 없다. 건물이 8층인데 걸어서 올라가야 했다. 건물이 비탈진 곳에 있어서 한쪽은 지하로 연결되어 있고 반대쪽으로 걸어서 1층으로 가려면 몇 분을 가야 한다. 거기다 건물 지하에 교수연구실이 있었는데 합판으로 복도를 만들어 놓고 또다시 합판으로 칸막이해서 교수실로 쓰고 있었다. 한 평 반 정도의 공간에 책상 하나 가져다 놓고 교수연구실이라 하는데, 위가 뚫려있으니 방음도 전혀 되지 않았고 지하이니 습한 환경에 눅눅하기 짝이 없었다. 여간 열악한 환경이 아니었다. 게다가 체육대학은 제일 문제가 많은 편이었다. 친손파(친 전 손 총장파), 반손파(반 전 손 총장파)로 나뉘어서 서로 세력다툼을 하고 있었다. 교수를 더 채용해야 한다는 것은 반손파이고, 뽑지 말자고 하는 쪽은 친손파였다. 그렇게 서로 주장을 펼치며 한 명도 채용하지 못하고 있었다. 그래서 이 체육대학의 체질과 풍토를 바꿔야겠다고 생각을 했고, 어떻게 변화를 가져올까 고민했다. 질적 변화를 가져오려면 고정관념이나 고루한 생각에서 벗어나야 하고, 물적 변화를 꾀하려면 교육환경을 개선해야 하므로 먼저 재정이 확보되어야 했다. 그 계기로 시작된 것이 발전 기금을 모으는 일이었다.

발전 기금 모금에 불이 붙다

발전 기금을 위해 제일 먼저 한 일은 등록금 인상이었다. 학교 운영 예산 자체가 빠듯한 형편이라 몇 년 동안 교수와 직원의 월급을 올려주지 못하고 있었다. 예전에는 학교가 자체적으로 등록금을 올릴 수 있었는데 교육부에서 통제하면서부터는 그렇게 못했다. 학생들과 협상이 되어야 하는데 이것이 쉬운 일이 아니었다. 그래서 총학생회장을 불렀다. 내가 내 월급 4년 치, 5억 원을 너희들을 위한 장학금으로 다 내놓았으니 너희도 내게 선물을 하나 다오 하며, 등록금을 5%만 올리자고 했다. 대신 올린 금액만큼 장학금으로 지급하겠다고 했다. 그 당시 경기대학의 장학금 비율이 타 학교에 비해 낮았다. 내가 내놓은 월급의 장학금은 교내 장학금이 아니라 외부 장학금으로 잡히기 때문에 학교의 장학금 비율에는 반영이 되지 않았다. 등록금을 인상하는 대신 장학금 비율을 늘려 학교 위상도 세우고 어려운 친구들에게는 혜택도 돌아가게 되니 일석이조가 아니냐 했다. 너희가 그렇게 해 주면 앞으로 발전 기금을 더 모아 장학금 비율을 더 높여가겠다고 했다. 그 말에 설득되어 총학생회장이 동의했다. 단과대 학생회 회장들에게 동의를 구하고 결정해야 했는데, 총학생회장이 이 일을 추진해 주었다. 학교로서는 잘된 일이지만 이러한 중요한 결정을 혼자서 했다고 총학생회장은 단과대 학생회장들로부터 불신임을 받았다. 등록금 5% 인상이면 학교 예산 총액이 늘어나게 되어 전체적으로 숨통이 트이게 된다. 이렇게 총장이 월급을 모두 기부하고, 학생들도 등록금을 인상해 주었으니 교직원들이나 동문들에게 학교를 위한 발전 기금을 내라고 말할 수 있는 명분이 생겼다.

발전기금 고액 기부자들

나는 부총장 시절, 발전 기금 조성 위원장을 했다. 그때도 수천만 원을 기부하며 다른 이들을 독려했지만 크게 호응을 얻지 못했다. 당시 총장이 나서서 적극적으로 유치를 힘써야 했지만 외부에서 온 인사라 그랬는지 거의 추진을 못 했고 십 몇 억을 모은 것이 다였다. 교직원 중에 크게 기부를 할 만한 사람이 있을지 헤아려보니 한사람 떠오르는 이가 있었다. 후에 체육대학 학장을 지낸 K 교수였다. 그의 아버지는 우리나라 최초로 사백 억이라는 거액을 기부한 사람(꽃동네 대학교, KBS 등에 기부, 강태원 복지재단 설립)이다. 그가 자기 아버지의 책을 보내주어 읽어보았는데, 매우 감동적이었다. 그는 근검절약하며 돈을 벌어 자신을 위해서는 한 푼도 안 쓰고 어려운 이웃을 위해 전 재산을 내어놓아 기부 문화가 형성되지 않은 우리 사회에 큰 감동과 울림을 주었다.

발전 기금을 걷을 때 누군가 통 큰 기부를 해주면, 교직원들을 기부케 하는 데 자극과 도움이 될 것 같아 K 교수를 만나 취지를 이해시키고 도움을 요청했다. 또한 그가 발전 기금으로 큰돈을 쾌척하면 교수 간에 불신의 늪이 깊은 체육대학에 신선한 충격을 주는 것이며, 선친의 유지를 계승하는 차원에서도 기부금은 경기대학의 도약을 위해 의미 있게 쓰일 것이라고 했다. 이 말을 듣고 그는 기꺼이 통 큰 기부를 해 주었다. 그를 시작으로 발전 기금을 내는 쪽으로 분위기가 옮겨가게 되어 거금을 쾌척하는 교수들이 늘어나고 부총장, 기획처장 등 각 부처장을 위시한 전 교무위원, 교직원, 그리고 동문까지 이 분위기에 합류해 기부해 주었다. 감사하게도 140여억 원의 발전 기금이 큰 어려움 없이 걷혔다.

변화를 위한 걸음

체육대학 교수연구실을 지하에서 햇볕 잘 드는 지상 2층으로 옮겨주기로 했다. 직원들이 반대했다. 2층은 강의실인데, 연구실로 바꾸면 셋으로 나누기에는 작고 둘로 나누면 면적이 다른 곳에 비해 너무 크다는 것이었다. 대부분의 교수연구실이 6평인데 둘로 나누게 되면 8평이 된다는 것이다. 지금까지 습기 차고 방음도 안 되는 지하에서 수십 년을 지낸 교수들이니 강의실은 다른 곳으로 옮기고 조금 넓게 쓴다고 하더라도 이제 연구실 다운 연구실을 주자고 직원들을 설득했다. 교수연구실로 쓰이던 지하는 수리하여 학군단이 독채로 쓰도록 하였다. 학교는 기본적인 인테리어만 해주는 것으로 하고 나무를 바닥에 깔거나 하는 등의 추가적으로 필요한 인테리어는 교수 개인이 선택하여 하도록 했다. 수도는 학교에서 놔주었다. 이왕 해 줄 것 수도를 놓고 예술대학 도자기 전공 이용욱 교수에게 부탁하여 손 닦는 세면기를 디자인해서 자기로 구워 설치해 주도록 했다. 그도 즐거워하며 일을 맡아주었다. 이렇게 교수연구실을 새롭게 바꾸어 주니 교수들이 너무나 좋아했다.

교수연구실을 2층으로 옮기며 체육대학에 대변혁이 일어났다. 체육대학 자체에는 지하부터 8층까지 운행하는 엘리베이터를 설치해 주었다. 그렇게 하니 학생들의 만족도도 올라갔다. 체육관 앞에 늙은 향나무가 두 그루 서 있었는데 너무 웃자라서 보기에 좋지 못했다. 그래서 이수해서 이공대학 정원을 만드는 곳으로 보내고, 그 자리에 분수를 만들어 물이 흐르게 했다. 옆에는 차량 10대 정도를 주차할 수 있는 공간이 있었는데 이 주차장을 없애고, 아래에 있는 운동장을 주차장으로 이용하도록 하고 학생들이 다니는 공간은 조경을 통해 정비하도록 했다. 체육관 앞에 편히 주차하고 싶다며 반대하는 교수 한 사람이 있었지만 다수의 의견을 따라 주차장을 없애고 물이 흐르는 정원으로 만들어 놓으니 학생들이 매우 좋아했다.

그렇게 정비를 하고 있는데 체육대학 교수 한 명이 찾아왔다. 자기 친구가 돌을 많이 가지고 있는데 기부를 하고 싶어 한다는 것이었다. 친구에게 받아 자기 이름으로 기부하겠으니 받아주겠냐고 했다. 그래서 그 돌을 받아 조경에 활용했다. 또 다른 교수도 1,000여만 원짜리 조경석을 가지고 있는데 본관 앞에 놓도록 기증하겠다고 나섰다. 그런 기부의 붐과 함께 체육대학의 환경은 아름답게 변화되어 갔다. 아이디어가 끊임없이 솟아났는데 엘리베이터도 원래 있는 나선형 계단 안쪽으로 놓게 해서 안 쓰는 공간을 활용하게 했고, 필요 없는 수위실을 없애고 카페로 꾸몄다. 그렇게 체육대학이 변화하기 시작하자 다른 곳에서도 변화의 물결이 일기 시작했다.

서울 감성 캠퍼스의 조성

수원 캠퍼스를 정비하고 서울 캠퍼스를 가니 거기도 손볼 데가 한두 군데가 아니었다. 경기대는 애초에 서울 캠퍼스에서 시작하였다. 그때 8층 건물을 지었는데, 튼튼하게 짓기는 했지만 운동장도 없이 건물만 있을 뿐이고 바닥도 모두 시멘트 바닥에 8층에 있는 체육관도 너무 오래된 상태였다. 변화를 위해서는 먼저 소통이 중요하다는 걸 알았기에 일주일에 하루는 가서 직원들을 만나 대화하고 또 하루는 캠퍼스를 돌아봤다.

서울 캠퍼스를 둘러보며 제일 처음 생각한 것은 캠퍼스 뒤쪽에 방치되어 쓰레기가 쌓이고 지저분한 상태로 있는 언덕을 손보는 일이었다. 언젠가 충북 증평에 있는 중원대학을 간 적이 있었다. 중원대학은 대순진리회가 만든 대학이다. 종교가 중심이 된 학교라 그런지 수천억 원을 들여 캠퍼스를 조성했다고 했다. 전부 대리석으로 건물을 짓고, 그 안에 수영장도 있고 박물관까지 갖추어 놓았다. 게다가 건물 뒤편은 마치 무릉도원처럼 꾸며 놓았다. 암벽이 있는 곳은 돌을 깎고 다듬어 조경을 기가 막힐 정도로 잘해 놨다. 그곳이 인상 깊어 기억하고 있었는데, 방치된 뒤 언덕을 그처럼 정원으로 꾸며야겠다는 생각이 들었다.

서울 캠퍼스는 앞쪽 마당도 시멘트 바닥인 데다 조경이랄만한 것이 없다. 그래서 뒤쪽에 정원을 만들어 건물을 통과하여 뒤로 나가면 쉴 수 있는 공간을 주자는 생각이 들었다. 처장을 불렀다. 그때 모교 출신의 심상진 교수가 서울캠퍼스 교학처장이었는데 그를 따르는 사람이 많았다. 그는 내 생각에 전적으로 찬성을 하고는 모두를 하나로 모으는 리더십을 발휘했다. 기존에 쌓여있던 쓰레기를 치우고, 원래 있던 바위를 살리고, 주변을 파내고, 풍차를 설치하여 물이 내려가게 하자고 아이디어를 냈다. 개인적으로 정자를 구입하기도 했던 하남에 있는 조경업자가 있는데 재주가 좋았다. 그래서 그를 불러 작업을 진행했다. 운영상 사용할 수 있는 예산 범위 내에서 환경을 바꾸었는데 직원과 학생들이 너무 좋아했다. 졸업생들도 와서 보고는 확 달라진 모습에 눈물까지 보이며 좋아했다. 본관은 8층 건물임에도 50여 년 동안 엘리베이터가 없었는데 2019년에 설치가 됐다.

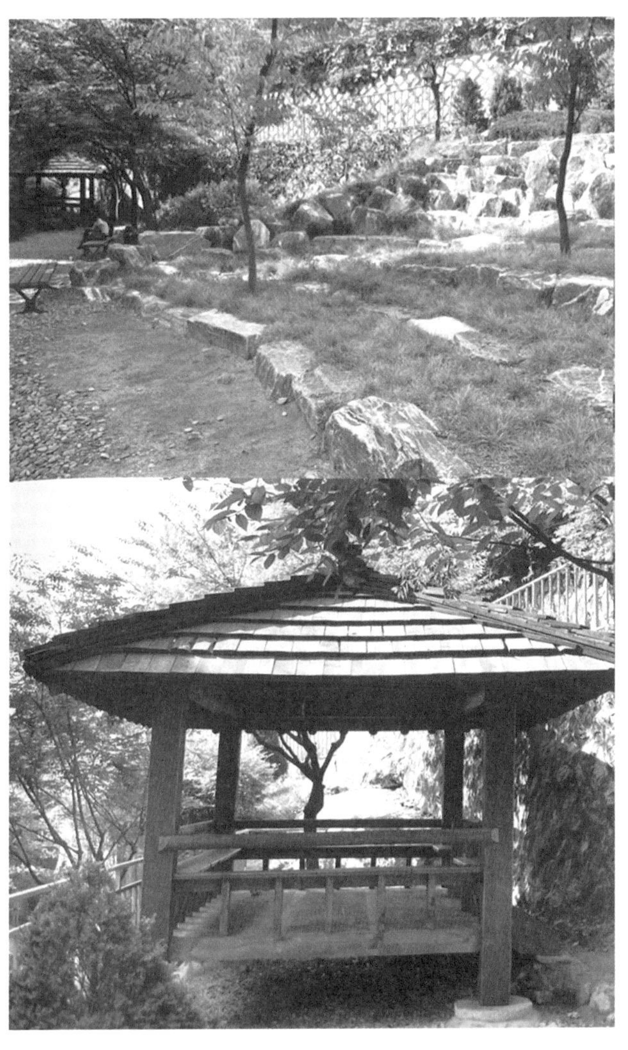

서울캠퍼스 - 공간조성 후

경기대는 배구가 유명한데 건물 맨 위층인 8층에 배구 연습장이 있었다. 배구장이지만 강당의 역할도 해 신입생 설명회와 같은 모든 행사를 거기서 치렀다. 그런데 워낙 오래되고 낡아 물이 새는 곳도 많고 시설이 낙후되어 있어 대대적인 보수작업이 필요했다. 이렇게 건물이 낙후된 이유는 어디서부터 손을 대야 할지 막막한 데다 새롭게 건물을 지을 생각으로 보수를 안 했기 때문이었다. 원래는 정문에서부터 새롭게 건물을 지으려고 했었다. 승인까지 다 난 상태였는데 구 법인의 무리한 요구 때문에 무산이 되고 말았다. 경기대와 옆에 위치한 인창고등학교는 같은 재단이다. 그러다 보니 인창 소유의 땅이 경기대 쪽에 있고, 인창에 있는 건물은 경기대의 소유로 섞여 있는 부분이 있었다. 전직 총장인 손 씨는 이 문제로 상의하자고 하니 인창에서 만나자고 직원을 통해 연락해 왔다. 그래서 인창고등학교 교장실로 갔다. 교장과 이사장이 나와 있었다. 교장인 손 전직 총장의 누님은 어디서 내 이야기를 들었는지 주변에서 최 총장님에 대한 칭찬이 자자하다며 경기대를 헌신적으로 잘 이끌어주어 너무 감사하다고 했다. 그리고 전직 장관을 지낸바 있는 최 이사장은 내게 어디 최 씨냐고 물으며 서로 동본이라며 친근하게 대했다. 분위기가 아주 좋았고, 실무자 간에 잘 협의해서 진행해 가자고 결론을 내리고 돌아왔다.

그 회동 후에 연락이 왔는데, 건물은 수리해야 하고 낙후되어 그 값이 내려가고 땅값은 올라가고 있으니, 경기대에 있는 인창 소유의 땅에 대한 값으로 수십 억을 달라고 했다. 그 요구는 인창 교장이나 이사장의 요구가 아니라 손 전직 총장 개인의 요구였다. 그동안 자신을 위해 수고해 준 교직원을 위해 개인적으로 그 돈을 쓰겠다는 말도 안 되는 요구였고, 이런 사항은 이사회에서 승인받아야 하는데 관선 이사가 그것을 승인 할 수도 없다. 그래서 내 권한도 아니기에 그건 해 줄 수 없다고 잘라 말했다. 그랬더니 돈은 나중에 받더라도 매달 땅 사용료를 수천만 원씩 내라고 했다. 무리한 요구에 건물을 새로 짓는 계획은 무산이 되고 말았다. 건물을 부수고 새로 지으려면 대략 따져도 70~80억이 들어간다. 그래서 새로 짓는 대신 리모델링을 잘해보자고 제안했다. 애초에 건물 자체는 튼튼하게 지어놨으니 고쳐야 할 곳을 수리하고 인테리어를 새로 하면 절반도 안 되는 돈으로 새로운 환경으로 바꿀 수 있겠다는 생각이 들었다.

제일 먼저 체육관 리모델링을 시작했다. 예전에는 체육관을 강당으로 사용하려면 의자를 놓고 치우는 것을 사람이 해야 했지만 요즘에는 자동으로 의자가 나오고 들어가는 시스템이 있다. 수납식 전동 관람석을 설치하여 원활하게 사용할 수 있도록 했다. 옆에는 전문 헬스장을 만들고, 세미나실도 확보하여 깨끗하게 공사했다. 그다음에는 지하 공간을 손보기 시작했다. 지하 강당은 이전에 리모델링해서 천장을 만들고 무대도 설치해 놓았는데 습기가 차서 사용하지 못하고 있었다. 공간을 살리기 위해 건축하는 이를 불렀는데 어떻게 손을 봐야 할지 난감해했다. 그래서 내가 새로 해 놓은 천장 때문에 더 습기가 차는 것 같은데 천장을 제거하면 사선으로 가려졌던 무대도 더 잘 보이게 되고 습기도 잡을 수 있지 않겠느냐고 제안했다. 건축가도 좋은 생각이라고 동의해 천장 제거 작업을 시작했다. 전반적으로 보기가 좋지 않았던 계단 등 불필요한 구조물들을 치우고 쓰임에 맞게 재정비했다. 습기가 차 쓰지 못하고 있던 방들은 모두 방수 처리를 하도록 했다. 경기대는 식품조리학과가 유명한데 서울 캠퍼스에 조리실습실이 필요하다고 해서 만들어 주었다. 대학원 융합보안학과가 지하에 컴퓨터실을 만들어 놓았었는데, 습기가 차서 곰팡이가 잔뜩 생겨 방을 폐쇄하고 사용을 못하고 있었다. 인테리어를 한다고 방수 처리도 없이 합판을 붙여 놓아 곰팡이가 핀 것이었다. 그래서 다 뜯어내고 본래 구조물인 시멘트 상태에서 다시 조성하도록 했다. 정화조도 문제라고 해서 고치도록 했고, 여기저기 손봐야 할 곳은 모두 다 점검하고 수리했다.

이렇게 하니 식품조리학과에서는 교수들과 동문이 감동하여 발전 기금을 내놓고 공사비의 절반을 본인들이 감당하겠다고 연락을 해왔다. 손댈 엄두를 내지 못하고 그동안 방치되어 왔던 곳을 하나하나 손보기 시작하니 변화가 눈에 보이고, 학교의 위상 자체가 올라가기 시작하니 교직원과 동문이 기꺼운 맘으로 기부를 해왔다. 그렇게 재정도 무리 없이 마련이 되었다. 또한 현관에 열린 학습공간을 만들고, 컴퓨터를 설치해서 무료로 사용할 수 있게 했다. 평생교육원을 리모델링해서 카지노 실습장을 만들었고, 외래 교수 연구실도 인테리어 공사를 통해 쾌적한 환경으로 만들었다.

정문 근처
소나무 및 단풍나무
뜰 조성
(서울 캠퍼스)

공연시설을 관람하기에
적합하도록 새롭게
리노베이션 한 지하강당
(서울 캠퍼스)

본관 8층
헬스장
(서울 캠퍼스)

인테리어 공사 및
최신기기가 설치된
본관 8층 체육관
(서울 캠퍼스)

학교의 얼굴이
되는 정문의
상징성을 극대화
(서울 캠퍼스)

로비를 개방형
전산실로
(서울 캠퍼스)

경기대 근처에 미군이 쓰던 '서울구락부'라고 하는 건물이 있었다. 그곳은 공군향우회에서 관리하고 있었는데, 손 총장 시절에 경기대가 새로 건물을 지으면 건물 1층을 자기들에게 주는 조건으로 임대계약을 해서 사용하고 있었다는 것이다. 그건 있을 수가 없는 조건이었다. 그래서 그렇게 못 하겠다 하니 경매에 내놓겠다고 했다. 그러나 경매에 나온다고 해도 그것을 살 곳은 경기대밖에 없었다. 결국 건물과 200평 땅을 90억 정도에 구매했다.

총장 재직 시 손 총장 때부터 내려오던 빚을 다 갚고도 건물과 땅을 사고, 수원 캠퍼스 뒷문 앞에 있는 5천 평 땅도 구매했다. '서울구락부'의 정원에 있던 소나무가 괜찮아 조경업자를 불러서 서울 캠퍼스에 갖다 놓게 했고 정문에 있는, 쓸데없이 크기만 한 수위실을 뜯어버리고 조리실로 바로 들어가게 할 수 있는 통로를 만들었다. 대학원 건물과 도서관 건물 사이에 차 열 대 정도를 주차할 수 있는 주차장이 있었다. 사람이 쉴 공간을 차지하고 있는 주차장을 없애고 분수를 만들고 구락부에 있던 기와들을 가지고 와서 재활용하여 정원을 조성했다. 그렇게 사용하고도 남은 기와는 수원으로 내려 보내 2 강의동 뒤편의 담 위에 활용하도록 했다.

수원 감성 캠퍼스의 조성

매일 캠퍼스를 돌면서 체육대학의 환경을 바꾸고 나서 그다음에 손을 댄 곳은 학생 식당 건물이었다. 유도부 연습장과 숙소가 있고, 고시실 학생들도 이용하는 식당으로, 새롭게 단장할 필요가 있었다. 식당과 함께 숙소도 리모델링했다. 식당을 새롭게 단장하고 나서는 조리실 근무자들의 처우 개선 차원에서 명절 상여금을 지급해 주었다. 그래서인지 식당 메뉴의 수준이 훨씬 좋아졌다. 또한 고시실 확장의 일환으로 공직자 진출반을 서울과 수원에 크게 만들어 놓았는데 동문이 기여를 많이 했다.

경기대 ROTC는 명성이 자자하기에 경쟁률이 높다. ROTC를 더욱 활성화하기 위해 장학금 지원 금액을 늘리고 영어 원어민 교사를 세워 언어를 배울 수 있게 해 주었다. 처음에는 부담스러워하다가 언어를 배우는 것에 대한 성취감이 올라가니 매우 좋아했다. 일이 년 후엔 미국 텍사스 대학의 ROTC와 자매 학교를 맺어 서로 오고 가면서 활발한 교류가 일어났다. 이러한 변화와 더불어 경기대 ROTC는 3년 연속 전국 일등을 했다.

ROTC와 함께

예술대학의 경우 로비가 매우 넓은데 휑하게 비어있어 카페를 유치하여 학생들이 이용하게 했다. 학교 곳곳에 학생들이 이용할 수 있는 카페를 열 군데 이상 만들어 주었다. 그리고 기숙사 문제를 해결했다. 내가 부총장일 때 기숙사 이야기가 진행되었으나 계약이 성사된 것은 부총장직에서 물러났을 때였다. 서희건설이 낙찰받아 짓기 시작했는데, 6개월 후에 중지가 되어 버렸다. 중지된 이유는 계약 체결 시 서희건설이 높게 올라간 금리 인상을 감안 못 하고 원가 계산을 해, 일 인당 기숙사 비를 타 학교보다 5만 원을 적게 책정하였는데, 완공하고 운영하면 적자가 되기 때문이었다. 이것을 조정해 달라고 요구하며 건설을 중지했다. 이 사안을 두고 당시 총장이나 기획처장은 절대 조정해 줄 수 없다고 하니 서희건설도 그럼 우리도 못 하겠다고 해서 1년 가까이 방치되어 있었다.

건물 철근도 녹슬어 가고 흉물스럽게 방치되어 있으니 학부모들에게 항의가 들어오기 시작했다. 기숙사를 해준다고 해서 경기대에 보냈는데 왜 짓지 않고 있느냐는 것이었다. 이 문제를 해결하기 위해 총장이 된 후 서희건설 회장을 직접 만났다. 그는 타 학교와 5만 원 차이가 나지만 그걸 다 요구하지는 않겠으니 3만 8천 원을 올려 받을 수 있게 해달라고 했다. 그들도 어떤 면에서는 고금리의 대출을 받아 건물을 짓고 있다는 것을 알기에 이해가 되지 않는 바는 아니었다. 그래서 "내 마음대로 올릴 수 있는 것이 아니라 학생들과 함께 결정해야 한다. 나도 운신의 폭이 좁으니 서희 쪽에서 3만 8천 원을 요구한다면 나는 그것의 반 정도밖에 할 수가 없다. 그리고 다른 것으로 편의를 봐 달라 하면 고려해 볼 수 있다."고 했다. 그렇게 해서 만 팔천 원 인상으로 합의를 보았다. 서희 측은 대신 짓고 있는 기숙사를 담보로 '사학기금 연금공단'에서 대출을 받게 해 달라고 요구해 왔다. 다른 대학도 그렇게 한 사례가 있느냐고 물었더니 대부분 그렇게 한다고 했다. 증거를 가져오면 우리도 해 주겠다고 했다. 다른 대학의 사례를 검토한 후에 이사회와 학생들을 설득해서 위 조건으로 재계약을 하고 다시 기숙사를 짓기 시작했다. 지금은 그런 조건에 기숙사를 지을 수가 없다. 아직도 경기대 기숙사비는 다른 대학보다 저렴하다. 그랬는데 그 후에 법인에서 서희건설 회장을 찾아왔었다고 한다. 기숙사 건설을 재개하면서 최 총장에게 얼마를 주었냐고 물었다고 했다. 하도 어이가 없어 "나는 줄 돈도 없고 지금도 기숙사로 인해 적자를 보고 있는데 무슨 돈을 주냐, 더구나 최 총장은 학교를 인수할 수 있을 만큼 재력이 있는데다 본인 월급도 장학금으로 내놓은 사람인데 무슨 소리냐,"며 돌려보냈다고 했다. 나중에 들으니 서희건설은 지금도 타산이 안 맞으니 경기대가 기숙사를 인수해 달라고 요청하고 있다고 한다.

코로나를 겪으며 모든 대학의 기숙사는 어려움을 겪고 있다. 그러나 경기대학은 기사에도 나왔듯이 코로나 생활 보호 센터로 활용되며 15억씩을 받았다고 한다. 그리고 계약 시에 이미 80% 이하로 수용이 되면 경기대가 페널티를 물게 되어 있었다. 내가 총장 때는 방학 때 기숙사 활용을 위해 외부 사업을 유치했다. 예를 들어 수원시가 국제회의를 할 때 숙소로 쓰게 한다든지, CJ 같은 대기업의 연수 시 사용하게 했고, 입학이 확정된 신입생을 위한 영어 캠프를 열어 개학 때까지 기숙사에서 지내며 영어를 배울 수 있도록 해 주었다. 그렇게 해서 나온 임대 수입이 꽤 되었다. 기숙사에는 세탁

소와 문구점, 헬스클럽 등 업체들이 다 들어와 있었고, 규모에 맞게 식당도 조성되어 있어 모든 행사를 커버할 수 있었다.

그러고 나서는 학생들 식당을 확보해 주기 위해 노력했다. 기존 학생 식당은 가건물 형태로 제대로 된 식당이 아니었다. 대학에는 학생 식당 외에도 손쉽게 가서 식사할 수 있는 식당과 카페가 많아야 한다. 그래서 감성코어라는 이름을 붙인 식당을 만들었고, 회의실 겸용 식당으로 사용할 수 있도록 디자인했다. 2층으로 조성해서 1층에는 여행사와 문구점이 입주하도록 했고 2층은 식당에서 식판을 들고 조성된 회의실에 들어가 동아리 회의도 하고, 각종 모임도 하며 식사를 할 수 있도록 경관이 좋은 곳에 회의실 식당을 갖추어 놓았다. 학생들이 매우 좋아했다. 이렇게 해서 규모가 있는 학생 식당이 기숙사까지 세 개가 생긴 것이다.

감성코어 건물 옆쪽으로 강의동이 있었다. 건물 뒤편이 산과 연결되어 있는데 밀폐된 공간에 쓰레기가 쌓여 지저분하기가 이루 말할 수 없었다. 그래서 그 공간을 깨끗이 치우고 기와로 담을 만들고 작은 연못을 만들어 물레방아를 놓고 항아리를 놓아 장독대를 만들고 오솔길을 내었다. 쓰레기 산이었던 공간이 볼거리가 있는 운치 있는 쉼의 공간이 되었다. 강의동 쪽으로는 카페식 정원으로 단장을 해 놓고 감성코어에는 여행사와 매점을 유치하고 식당과 회의실을 만들고 3층에는 공연장을 만들어 놓으니 아주 쓸모 있는 공간으로 탈바꿈하게 되었다.

캠퍼스를 매일 돌며 또 눈에 들어온 것은 본관이었다. 본관이 마치 사단장실 올라가듯 계단으로 되어있는데 경사가 가파르고 높았다. 돌로 지어진 건물도 아니었고, 앞에는 정원석이 아닌 폭파석이 설치되어 있어 보기에 좋지 않았다. 거기다 원래 있던 건물 위에 세계적으로 유명한 김준성 건축가가 설계하여 추가로 증축했는데, 차라리 부수고 다시 지었으면 좋을 뻔했다. 현대적인 느낌으로 유리로 건물을 지어 올렸는데, 밑에는 흙이 높이 쌓여 있고, 건물은 잘록한데 그 위에 새로 지은 건물이 마치 갓을 쓴 것처럼 되어 있어 이상한 건물이 되어버렸다. 거기다 반송(키가 작고 가지가 옆으로 퍼진

소나무)을 무질서하게 심어 놓았는데 그것도 어울리지 않았다. 시설이 어정쩡하다 보니 이 총장 부인은 와서 보고 이 건물은 아직도 건축 중이냐고 했다고 한다. 아무리 훌륭한 건축가라도 어떤 조건에서 일을 맡기느냐에 따라 판이한 결과가 나오는 것 같다.

그래서 쌓아놓은 흙을 다 걷어내자고 제안했다. 지금 대학과 광교 신도시가 들어선 자리와의 경계선이 불분명하고 허술하니 걷어낸 흙으로 경계선에 축대를 쌓고 바닥 공간을 넓히자고 했다. 처음에는 직원들이 왜 돈을 들여 그런 일을 하냐고 못마땅하게 생각했다. 그러나 나중에 다 치워 놓고 수형이 좋은 소나무를 심고 연못을 작게 만들고 평평하게 다진 바닥에 기증받은 돌을 갖다 놓으니 변화된 모습에 감탄하며 좋아했다. 그렇게 본관을 단장하고 이공대학 앞도 주차장을 없애고 건물과 건물 사이를 정원으로 꾸몄다. 캠퍼스 곳곳을 자연 친화적인 환경, 정서적으로 편안함을 느낄 수 있는 환경으로 바꾸어 나갔다. 주차장도 그늘 하나 없는 시멘트 바닥이었는데 사이사이에 느티나무를 심게 해서 그늘이 지게 했다. 변화가 눈에 보이니 정말 신바람 나서 일을 했다. 이렇게 바뀐 경기대 캠퍼스는 아름다운 3대 캠퍼스 중 하나로 뽑혔다. 요즘에는 드라마 촬영지로도 많이 사용된다고 한다.

체육대학 앞
주차장을
정원 쉼터로 재구성
(수원 캠퍼스)

'제3복지관'에서
새로운 이름을 갖게
된 '감성코어'
(수원 캠퍼스)

운영의 지혜

경기대는 학생이 2만여 명, 교수가 450여 명, 강사까지 700~800명이다. 직원도 수백 명에 용역 분들까지 하면 큰 규모의 기업과 맞먹는다. 그러다 보니 하루하루가 얼음판을 걷는 것처럼 조심스러웠다. 부서마다 일이 없을 때가 없었다. 어느 날은 축구부가 말썽을 피워 사건이 일어나고, 또 어느 날은 학부모가 몰려오고, 크고 작은 사건들이 하루가 멀다 하고 일어났다. 교수들도 각자 개성이 뚜렷하고 의사 표명이 분명하다 보니 일치점을 찾기가 쉽지 않았다. 그러니 그 모든 상황과 사람들을 통합해서 함께 나간다는 것은 쉬운 일이 아니었다. 힘으로 누르고 윽박질러 끌고 가면 한동안은 편할 수 있다. 하지만 시간이 지나면 더 큰 문제로 터지게 되어 있다.

경기대학은 관선이사 체제였다. 가장 중요했던 것은 타성에 젖어 있는 구조와 분위기를 어떻게 변화시킬 수 있느냐는 것이었다. 문재인 정부 시절 계속 개혁에 발목을 잡힌 것은 이미 구조적으로 자리잡혀있는 체제를 변화시키는 것이 쉽지 않기 때문이다. 그래도 대통령은 인사의 폭이 커서 자기와 마음과 뜻이 맞는 사람을 임명해서 끌고 나갈 수 있지만 대학은 그럴 수도 없는 구조이다. 이사회의 권한이 커서 총장이 자기와 의기투합해 줄 사람을 뽑을 수도 없으니 사람이 세워졌다고 해도 손발을 맞춰서 일을 진행해 가는 것도 힘들다. 또 업무를 잘 수행할 것 같아 뽑아놓았는데 전혀 그렇지 않은 경우도 있다. 서울캠퍼스에서 서울구락부를 경매로 인수할 때 기획처장이 부드럽고 점잖을뿐더러 도시계획을 공부한 사람이기에 일을 맡겼다. 서울구락부 구매는 서울 캠퍼스에 매우 중요한 일이었다. 그러니 경매 일정을 꼭 챙겨 놓으라고 처장에게 신신당부했다. 며칠 후 방문했을 때 경매 일정에 관해 물어보았더니 그가 대답하지 못했다. 간부회의를 하며 그 부분을 지적하고 나무랐다. 회의가 끝나고 내게 오더니 "그만두겠다."고 했다. 그래서 그걸 말리고 달래서 일을 진행하느라 고생했다. 다양한 사람들을 파악하고 그에 맞게 일을 맡기고, 그 일을 제대로 진행하도록 독려하는 일들이 참 쉽지 않았다. 밖으로는 정비하고 안으로는 사람들을 다독이며 일을 했다.

나의 인사 원칙은 능력이 좀 없다 하더라도 부족한 가운데 최선을 다하는 사람에게 기회를 줘야 한다는 것이다. 수원 캠퍼스에서 총무처장으로 임명한 박 처장은 배구 감독 출신이었다. 경기대는 배구가 유명하다. 내가 학생처장을 하던 시절에 경기대 배구팀은 전국 실업팀과 겨루어서 결승에 올라가 2위를 했다. 그때 그 배구부를 이끌며 활약했던 감독이다. 그는 내가 총장으로 재임하고 있을 때 체육실장을 하고 있었는데 나이로 봐서는 제일 고참이었다. 그는 내게 직간접적으로 처장을 하게 해 달라고 부탁한 적이 한 번도 없다. 나이로 봐서는 제일 높은 연배이고 더구나 체육과를 나오고 배구부를 이끌며 체육 실무를 했기에 성실함은 증명이 된 사람이었다. 그는 6개월 후 정년을 앞두고 있었다. 그래서 그를 총무처장으로 올렸다. 그러나 이사장이 그를 구 재단의 편견에 의한 입김으로 좋게 여기지 않고 있었다. 이사장과 전 총장이 친한 사이인데 총장에게 순종적이거나 사교적이지 못해서 눈 밖에 났던 것 같았다. 이사장이 아침에 총장실을 들렀다가 내게 그를 왜 처장으로 올렸냐며 그는 안 된다고 말했다. 그래서 내가 웃으며 "이사장님 좋은 일 하나 하세요." 했다. 그때는 서로 농담하기도 할 때라 웃으며 이야기했다. 이 사람은 정말 성실하게 살아온 사람이다. 배구팀 감독으로 업적도 있고 직원들과 함께 꾸준히 일한 사람이니 처장 직함을 달고 퇴임할 수 있게 해주는 것이 좋을 것 같다고 했다. 그리고 설사 일을 못 한다 해도 고작 6개월 근무하는데 학교 행정 업무에 얼마나 피해를 주겠냐고 했다. 그랬더니 생각해 보겠다고 했다. 지방 출장 중에 이사장이 전화를 걸어 최 총장이 올린 인사대로 박 처장을 임명했다고 했다. 이사장은 어떨 때의 행동은 권위적이었지만 내심은 인간적으로 통하는 것이 있었다.

그렇게 처장을 하다가 퇴임을 한 그와 지금도 연락을 주고 받는다. 얼마 전 그의 아들 결혼식이 있어 다녀오게 되었는데 아들이 장애인이라는 걸 결혼식에 가서야 알았다. 결혼식을 알려야 할지 말아야 할지 고민을 많이 했다며 연락을 해 왔다. 장애를 가진 아들을 동남아에서 온 여자와 결혼을 시키며 결혼식 끝나고 사돈댁과 같이 우리나라 이곳저곳의 명소로 여행을 다녀왔다고 했다. 한 사람을 평가한다는 것은 조심스러운 일이지만 인간을 소중히 대하고 예의를 지킬 줄 아는 성품이 착한 그는 참 괜찮은 사람이라는 생각이 들었다.

타 부서 직원 중에도 그런 이가 한 명 있었다. 직원들 사이의 평가에서도 점수가 낮아 승진에서 번번이 밀렸다. 내가 보기에 부정을 저지를 사람은 아닌데 사람들과의 친화력이 부족했다. 그래서 그를 불렀다. 당신이 승진에서 자꾸 밀리는 것은 남들의 평가 때문이기도 하지만 본인이 하기 나름이기도 하다며 좀 더 잘해보라고 격려해 주었다. 그랬더니 그의 태도가 바뀌었다. 그 후로 어떤 일을 하든 열심히 하는데, 감동적이기까지 했다. 사람을 세우고 쓰는 데 있어서도 신뢰와 지혜가 필요함을 더욱 경험한 시간이었다.

나는 총장 재임 중에 저녁 회식을 피하거나 술을 전혀 안 먹었기 때문에 바쁜 와중에도 건강을 지키며 일할 수 있었다고 생각한다. 지금 생각해도 내가 술이나 사람들을 만나고 즐기는 데 빠졌으면 이만큼 일을 해내지 못했을 것이다. 밑에서 일하는 사람들은 나 때문에 힘들기는 했을 것이다. 총장이 쉼 없이 돌아보고 일을 하니 직원들도 같이 고생했다. 하지만 일을 하고 나면 인정받고 보람을 느껴 그들도 즐거워했다. 직원들은 처음에는 나를 차갑게 보고 곁을 안 준다고 평했는데 학생처장 때부터 알고 지내던 이들은 내가 어떤 사람인지 알기 때문에 나에 대한 이야기가 회자되어 직원들이 모두 믿고 따라와 주었다.

총장이라는 자리는 누구를 챙겨주기가 어려운 자리이다. 또한 대학 같은 조직에서 자기를 특별히 챙겨달라고 하는 것은 옳지 못한 힘을 써 달라고 하는 것이나 마찬가지다. 그런 것은 알아서 스스로 조심하고 자제하고 처신을 바르게 해야 하는데 그렇지 않은 이들도 많았다. 아끼던 제자로 교수나 직원이 된 이들이 있는데, 그렇게 마음을 줘서 이끌어줬건만 내 처지를 헤아리기는커녕 총장이 되어서 자신을 위해 힘을 써주지 않는 것을 섭섭해했다. 제자라고 해서 원칙이나 주변의 평판을 무시하고 특혜를 준다면, 결국엔 제자나 나를 망치는 일이 될 텐데 그런 원망을 들을 때마다 마음이 참 씁쓸하고 아팠다.

나의 나 된 것은 오직 주의 은혜

총장이 되기 전부터, 그리고 총장 임기를 하면서도 아침마다 일찍 일어나 큐티를 하고 기도했다. 참 묘하게도 기도하면 문제에 대한 해결책이 떠오르고 어려운 상황을 극복할 힘이 생기고 실제로 자연스럽게 넘어가기도 했다. 내가 이룬 것들은 내가 한 것이 아니라 주님의 은혜라고 생각한다. 총장이 되는 것부터 기적이었다. 총장 후보자였던 임 모 씨는 두꺼운 공약집까지 멋지게 만들어서 수십 명의 사람들을 대동하고 와서 유세했다. 공약을 보면 그가 가장 적합한 사람 같아 보였다. 그는 경기도지사와 가까운 사이였고, 교직원이나 학생들도 그의 공약에 솔깃해했다. 그러나 하나님은 그를 물리시고 나를 그 자리에 앉히셨다. 다윗과 골리앗의 싸움과 같은 그 모든 과정에 하나님이 계셨다고 생각한다.

✦

대나무 35x15cm 한지에 먹과 채색 2023

정년 퇴임사

오늘을 끝으로 경기대학교를 떠나는 저와 석별의 정을 나누고자 자리를 함께해 주신 내외 귀빈과 경기 가족 여러분께 진심으로 머리 숙여 감사드립니다. 1980년 33세에 아주 팔팔했던 시절에 경기대학교에 와서 33년간을 봉직하고, 66세의 노년에 접어들어 젊은 꿈을 펼쳤고, 애환과 추억을 간직했고, 시대적 아픔과 진통을 거쳤던 금화, 광교 교정을 뒤로하고 깊은 정을 나누었던 여러분 곁을 떠나게 되었습니다.

저는 경기대학교에 봉직하는 동안 교수로서 무사히 정년을 맞이하는 영예를 누렸을 뿐 아니라, 여러 보직을 두루 거치는 기회도 얻었고 대학을 내 · 외부의 거센 압력으로부터 지켜내려는 대의명분 하에 총장이라는 자리까지 여러분의 손으로 뽑히는 영광도 얻게 되었습니다. 준비 안 된 제가 총장으로 선택되었던 그때를 회상하면 그저 과분하고 감사할 따름입니다. 저는 4년 전 취임과 더불어 '행정이란 구성원들의 지혜와 뜻을 모아 협력해서 선을 이루어 나가는 것'이라는 전제를 마음에 담고 그동안 이론으로만 익혔던 행정을 대학 행정에 적용할 기회를 가졌었습니다. 그러나 그동안 불신과 갈등으로 인해 골이 깊고 모래알처럼 흩어져 있던 대학 사회에서 참된 협력, 즉 명령이나 강제력으로 몰아붙이는 물리적인 힘이 아니라 스스로 마음을 열고 움직이게 만드는 자발적인 힘을 이끌어 낸다는 것이 쉬운 일이 아니라 여겼습니다. 그래서 고민한 결과 서로 화평을 이루며 하나 되는 길은 섬김과 나눔의 리더십뿐이라고 생각했습니다.

저 자신부터 위로 더 올라가려 하기보다 더 낮은 자리에 임하고, 더 채우려 하기보다 더 나누어야겠다고 다짐하였습니다. 재임 4년간 설령 저의 미숙함과 부족함으로 이런 생각과 자세가 충분히 반영되지는 못했다고 하더라도, 막힌 소통의 통로를 뚫고, 구부러진 것을 바로 펴고, 소외되고 의욕이 상실된 곳에 활기를 불어넣는 기적의 통로는 바로 섬김과 나눔의 리더십이란 것을 다시 한번 확인하게 되었습니다.

그리고 참된 리더십이란 얼마나 얻고 무엇을 이루었

나가 아니라, 얼마나 나누고 무엇을 버렸느냐에 달려있다는 깨달음을 얻었으며, '갖고도 나누지 못하면 가난한 것이고, 알고도 행하지 않으면 모르는 것이고, 분주한데 열매가 없다면 게으른 것'이라는 사실도 깨닫게 되었습니다. 그동안 저는 경기 가족과 함께 변화의 씨앗을 심었습니다. 그 씨앗은 섬김과 나눔, 배려와 공감, 역량과 에너지의 결집, 고통 분담으로 비유될 수 있습니다. 씨앗이 뿌려진 곳에서 생명이 자라듯 변화가 우리 대학교 곳곳에서 시작되었습니다. 이런 씨앗들은 그동안 변화에 메마른 토양처럼 여겨졌던 우리 대학교에서 싹을 틔우고 신선한 충격과 바람을 일으켜 대내외적으로 양적, 질적 변화를 가져왔으며, 그로 인해서 우리 대학교의 평판이나 위상을 많이 높여 놓았던 것 같습니다.

이러한 크고 작은 변화에 기뻐하고 감동하는 재학생, 복학생, 동문, 교직원, 학부모 등의 모습을 접하며 저 또한 무한한 행복감에 젖었습니다. 그러면서 우리 경기대학교가 앞으로도 몇 단계 업그레이드될 수 있다는 무한한 잠재력과 가능성을 확인할 수가 있었습니다. 이 변화의 중심에는 구성원들이 항상 함께 해왔으며 앞으로도 함께 할 것이라는 기대를 하게 되었습니다. 가능성이 확인된바, 이제 우리 모두는 변화의 대열에 서서 모교를, 평생직장을 반듯한 명품 사학으로 만들어야 합니다. 이러한 변화의 과정은 임시 이사 체제에서 정 이사 체제로 바뀌었거나 리더의 교체기가 도래했거나 상관없이 실행해야 한다고 생각합니다.

저는 여러분의 신선한 창의력과 역동적인 에너지를 결집하여 금화와 광교 동산에 화려한 꽃을 피울 수가 있었습니다. 재임 중에 행한 일 중에 밑줄 그을 수 있는 여러 가지 중요한 일 모두가 여러분과 함께한 일들이었습니다. 여러분으로 인해 저의 삶이 더욱 사랑으로 충만하였고 은혜로웠습니다. 그러나 지난 시간 가운데 선하게 대하지 못하고, 자비의 마음을 품지 못하고, 마음에 품고도 행동으로 보이지 못한 것이 있다면, 너그러운 마음으로 이해해 주시기를 바랍니다. 하나님의 선하심이 내 안에서 회복되고 자비와 양선이 내 안에서 균형 있게 자라가도록 회개하고 절제 있는 삶을 살아가도록 노력하겠습니다.

경기대학교 명예교수, 前 경기대학교 대학원장

심상진

최 총장님은 30년간 경기대학교 행정학과 교수로 봉직하신 후 2009년 초대 민선 총장으로 취임하고 이성과 감성이 공존하는 학문의 요람을 만들기 위해 헌신한 교육자이자 행정가이다. 게다가 겸손과 배려의 철학으로 공정하고 투명한 학사 행정을 하며 수많은 업적을 이루었다. 임기 4년 동안의 총장 봉급 전액을 장학금으로 기부하면서 역대 최다 외부 장학금을 유치하였고, 수많은 해외 유수 대학과 자매결연을 체결하고 학생들의 교류를 확대하였다.

교육시설 확충을 위해 대규모 종합강의동과 2,000여 명을 수용할 수 있는 기숙사를 신축하고 서울 캠퍼스 교육동 부지도 매입하였다. 감성 캠퍼스 조성을 위해 황량했던 수원캠퍼스와 소외되었던 서울캠퍼스를 완전히 리모델링하여 고교생들이 뽑은 최고의 아름다운 캠퍼스, 다니고 싶은 대학으로 만들었다. 공정하고 투명한 교원,

직원 채용과 학사 행정의 과감한 혁신으로 대외 인지도를 높이면서 구성원들의 자긍심과 업무 의욕을 고취시키는 탁월한 행정력을 보였다. 그래서 경기대학교의 구성원들은 아직도 최호준 총장님을 흠모하고 있다.

그동안 보여 주셨던 경영 행정 능력을 영원한 자료로 보관하고 기리고자 하는 자서전의 출판은 매우 뜻깊은 일이라고 생각한다.

경기대학교 명예교수, 前 경기대학교 예술대학장

이해묵

이 책의 원고를 받고는 흥미진진하여 도저히 중간에서 쉬기 어려웠다. 가정적으로 보통 사람으로는 이해하기 힘든 어려운 삶을 연이어 살아오시며, 대학에서 최고위직인 총장까지 이루시는 반전의 과정은 나의 경기대 재직 당시와 맞물려 있어 그때의 상황이 눈에 선하게 어리는 순간이 많았다. 이제야 최 총장님을 조금이라도 이해할 수 있게 된 것 같다. 경기대학교는 광교산 자락의 군부대와 공동묘지가 있었던 열악한 환경이었고, 항상 시끄러웠다. 하지만 어려운 여건을 극복해 오늘의 아름다운 캠퍼스로 만들어 내셨다.

부총장 시절엔 학교 사랑 기부 운동을 일으켜 과거엔 상상하지 못했던 금액의 발전 기금을 모으셨고, 총장 시절엔 항상 솔선수범하셨다. 약자의 편에서 생각하며 불의를 못 보셨고, 어려운 처지의 학생이나 직원들을 돌보고 본인은 절약과 검소를 생활화하셨다. 행정학을 전공

하셨지만 예술과 디자인에도 조예가 깊으셔서 디자인 전문 잡지를 창간해 10년간 운영하셨다. 사학법인인 천안 동성중학교에도 개혁과 변화를 일으키셨다. 퇴직하신 지 오래지만 아직도 열심히 솔선수범하며 사신다. 존경의 마음이 우러나는 이유다.

경기대학교 경제학 전공 명예교수, 前 교육대학원장

이헌대

본인은 최호준 자서전을 한자리에 앉아 단숨에 읽었다. 물론 저자와의 친분으로 관심이 컸기도 했지만, 이 자서전이 한 인물의 인생 역정을 한편의 대하소설처럼 흥미진진하게 잘 조명하고 있기 때문이다. 저자는 해방 직후 개성에서 태어나 겪게 된 굴곡진 가정사를 솔직담백하게 밝히고 있다. 특히 엄격한 부친과의 크고 작은 갈등을 가감 없이 소개하고 있는데, 이는 다른 자서전에서는 좀처럼 찾아보기 힘든 측면일 것이다. 유년 및 학창 시절의 에피소드는 저자의 부드러우면서도 거침없고 올곧은 성품과 기개를 잘 엿볼 수 있게 하고 있다.

상지대와 경기대라는 두 대학의 교수를 지내면서 겪었던 얘기들을 통해 한국 사회 및 사학 문제의 일면도 드러내 보여주고 있다. 경기대 교수와 총장시절에 경험한 다양한 에피소드도 소개하고 있는데, 저자가 총장직을 수행할 당시 대외협력처장으로서 그를 가까이에서 보좌했던 본인은 그 당시에도 들어보지 못한 귀중한 야사를 알게 된 셈이다. 총장 재임 시 나눔과 섬김을 모토로 감성 캠퍼스를 조성하였고, 봉급을 마다하고 140억 이상의 발전 기금을 조성하는 등 대학을 위해 큰 기여를 하였다.

이 밖에도 그는 동성중학교의 이사장으로서 학교를 명문사학으로 키워냈으며, 아트레온이라는 복합문화공간과 장애아동을 위한 장아람재단을 성공적으로 운영하였다. 한 사람으로 태어나 사회에 이토록 다양한 기여를 한다는 것은 결코 쉽지 않은 일이다. 최호준이라는 존경스러운 인물의 반전에 반전을 거듭한 삶을 충실히 정리한 이 자서전을 통해 삶의 교훈과 지혜를 얻도록 일독을 권하는 바이다.

경기대학교 교육대학원장

안필연

저자는 평생을 교육자로서, 사회사업가로서, 독실한 기독교인으로 실천적 삶에 충실하였던 분으로 이 책을 통해 인생의 어려움을 자신의 힘으로 딛고 일어선 과정을 담담하게 이야기하듯 들려주고 있다. 이 책을 읽는 청년 독자들도 저자와 같은 인내와 열정을 가지고 삶의 성장을 경험할 수 있기를 바라는 저자의 마음이 읽혀진다. 저자는 평생에 걸쳐 장애인들을 후원하고 있는데 독실한 기독교 신자로서 그의 실천적 삶의 가치관을 엿볼 수 있다. 장아람 재단을 설립하여 모든 이익을 마다하고 가장 좋은 환경을 제공하고 있는 그는 자신에게는 근검절약을 생활화하지만 장애인들의 삶의 질을 향상시키는 데에는 아낌없이 베푼다. 더욱 포용적인 사회를 만들어야 한다는 저자의 소명 의식을 보여준다. 이 책을 통해 저자의 실천적 삶의 방식이 더욱 많은 사람에게 인생의 가치와 정신을 일깨우는 영감을 줄 수 있기를 바란다.

前 경기대학교 인문대학장, 現 한세문화재단 이사장

조영수

저자는 결혼이라는 인생의 새로운 출발점에서 아버지로부터 이유 없는 결혼 불가 요구에 맞서 자신이 선택한 배우자와 당당히 결혼, 자신의 의지를 관철함으로서 오랜 시간 필요로 하였던 아버지의 사랑과 후원을 받지 못했다. 그런 속에서도 원망하는 마음 대신 선한 영향력으로 사람의 마음을 움직여 난관을 극복하는 데 성공했다. 또한 아버님께서 작고하신 후 어머니를 진심 어린 효심으로 극진히 모셨다. 이 책을 통해 저자의 인생을 대하는 태도가 절대적 사랑을 나누려는 삶의 방식임을 알 수 있었다. 현실적으로 닥쳐오는 난관에 맞서 극복하는 속에서도 장애인을 도우려 장아람재단을 설립, 소외된 분들을 따뜻하게 끌어주는 그의 사회적 가치관 실천 노력을 볼 수 있었다. 장애인과 함께하는 삶은 타인에 대한 관심을 파악하고 상대방이 가치를 느낄 수 있게 도와주는 그 밑바탕에 종교적 믿음이라는 힘이 깔려있는 것을 책을 통해 느끼며 많은 청년에게 길잡이가 되리라 생각한다.

경기대학교 식품생물공학과 명예교수, 前 교무처장

권윤중

정의에 대한 사회적 관심이 높아지는 이 시대에 가난하고 소외된 이들에게 공의를 실현하는 저자의 삶이 이 책에 나타나 있다. 장아람 재단을 운영하며 많은 후원금을 내는 선에서 그치지 않고 장애아동 가족의 삶에 깊이 개입하여 함께 나누는 모습은 우리에게 정의를 실천하는 데 필요한 동기를 부여하고 있다. 동성중학교 재단 이사로서 참여하며 보니 교내에 이사장의 친인척을 볼 수 없었으며, 학교 운영에 최대한 관여하지 않고 자율성을 보장하였다. 인사의 공정성과 자율성이 보장되니 학교의 모든 구성원이 서로 믿고 스스로 열성적으로 가르치는 모습을 볼 수 있었다.

이 책은 정의에 무감각한 우리의 나태한 마음을 일깨워 준다. 사회정의에 관심을 가지는 모든 이들에게 적극 추천하는 바이다.

그리움2 28x40cm 한지에 먹과 채색 2019

6. 진리학원 천안동성중학교

명문 사학으로 도약

인수 동기

아버지가 동성중학교를 인수하신 것은 1975년이었다. 이 학교는 1961년 제민공민고등학교로 설립되었는데, 한 은행원이 퇴직금을 받아 그 퇴직금으로 열악한 환경 가운데 세웠다고 한다. 1968년에 동성중학교로 명칭이 변경되고 갈수록 어려워져 재정 압박이 심하던 중 1975년에 선친이 인수하게 된 것이다. 선친은 6.25전쟁 중에 삽다리로 피난을 갔었고, 한때 온양에 거주하며 인수한 여관을 직간접적으로 운영하기도 하셨다. 온양 집의 정원을 아름답게 꾸미는 등 충청남도에 정이 들어 제2의 고향처럼 생각하셨다. 이는 선친이 충남 천안 소재의 학교를 인수하게 된 배경이기도 하다. 또한 평소 배움에 대한 갈급함이 있었고 육영에 대한 의지도 강했기 때문에 천안의 한 학교가 인수자를 구하고 있다는 소식을 듣고, 나서서 인수하게 된 것이었다.

아버지는 늘 그랬듯 본인이 결정하고 인수까지 다 마치신 후에야 가족에게 이야기하셨다. 동성중학교에 가보니 학교라는 이름은 달고 있었지만, 교육환경이나 시설은 열악하기 짝이 없었다. 인적 물적 시스템이나 네트워크가 제대로 안 되어 있는 데다 옛날 시골 학교 대부분이 그랬듯 교사나 직원도 연줄 관계로 들어온 사람들이 대부분이었다. 메리트 시스템(merit system: 인사 행정(人事行政)상의 용어. 자격임용제·능률급제·성적제·실적제)에 의해 사람을 뽑은 것이 아니라 연줄로 들어온 사람들이니 믿을 만한 사람이 없어 초창기 인적 구성이나 학교 운영은 주먹구구식이었다. 선친은 나름 육영에 대한 의지로 인수는 했지만 육영에 대한 노하우는 전혀 없었다. 학교를 육영하려면 건물도 짓고 시설도 개보수 하고 법인에서 재정도 지원해 주어야 한다. 그러나 우리나라에 수천 개의 사학이 있지만 시설이나 운영에 계속해서 돈을 대는 법인은 많지 않다. 그 당시 동성중학교는 학교 정문도 없고 울타리도 없는 매우 열악한 학교였다. 그러니 강당은 당연히 없었고, 교사들 책상이나 교구들도 형편없었다. 그때는 교육환경이나 인적 구성 면에서 공립과 사립의 차가 많이 날 때였다.

긴급조치 9호 위반으로 아버지가 체포되다

아버지는 학교에 가끔 내려가셔서 숙직실에서 기거하면서 말씀하시는 걸 좋아했다. 교사들을 모아놓고 정치, 경제, 사회 전반의 부조리한 현상에 대해 자신의 주관적인 생각을 이야기하시곤 했다. 그 당시는 박정희 유신시대인 데다 긴급조치 1호에서 9호까지 나올 때였다. 선친은 진보적 색채가 강한 사상을 가지고 있었다. 그러니 유신독재 체제나 그 우두머리에 대한 비판적인 얘기를 하셨을 테고 그것을 들은 누군가가 신고를 한 것이었다. 나중에 알고 보니 교감으로 있던 이가 교장과 갈등을 빚다가 싸우고 나간 후 투고를 했고, 정보과 형사들이 한동안 지켜보다가 몇몇 교사들이 또 투고해서 아버지를 잡아가게 된 것이었다. 그때 나는 일본 유학에서 돌아와 상지대에서 근무하고 있을 때였다. 1979년 여름, 학생들을 데리고 원주에 있는 담배 재배를 하는 농가에 농활을 가 있었는데 아내에게 전화가 왔다. 아버님이 잡혀가시고 가택이 압수수색을 당했고 학교가 쑥대밭이 되었다는 것이다. 당시 나는 아버지가 중학교를 인수하셨어도 전혀 관여한 바가 없기 때문에 어떤 상황인지 알지 못했다. 아버지는 모든 사업체나 학교에 내가 관여하는 것을 원하지 않으셨고 나 역시 관심이 없었다. 그렇지만 아버지가 끌려가셨다는데 가만히 있을 수가 없어 농활 현장을 떠나 천안으로 내려갔다. 아버지는 천안 경찰서에 구금이 되어 계셨고 담당 형사가 조서를 꾸미고 있었다.

가서 보니 아버지는 완전히 풀이 죽어 계셨다. 이 문제를 어디에서부터 풀어야 할지 몰라서 온양에서 아버지의 여관을 관리하고 있던 외삼촌에게 도움을 요청했다. 그런데 외삼촌과 아버지와 사이가 옛날 같지 않았다. 돈 관계로 두 분 사이에 오해가 쌓여 예전처럼 좋지 않았던 것이다. 그렇다 하더라도 자기가 사는 지역에서 일어난 일이고, 매부의 도움으로 지방에서 올라와 살고 있으니 앞장서서 풀어야 할 것 같은데 이상하게 나서려 하지 않고 피하는 것이었다. 어느 면에서는 기가 세고 배짱이 두둑하다고 소문도 났던 분인데, 시대가 시대인 만큼 자기 신상에 위협이 올까 우려했던 탓인지 나서지 않았다. 외삼촌 친구 중에 판사가 한 명 있었다. 그 판사가 육촌 형님이 사금융으로 친지와 다툼이 생겨 잡혀 들어갔을 때 일을 봐준 적이 있어 그 사람과 연결을 시켜달라고 부탁했으나 전혀 움직이지 않았다. 그때 내 나이가 서른셋이었다. 외삼촌이 그렇게 나오니 누나와 매부하고 상의할 수밖에 없었다. 매부는 정신과 의사였는데, 의사로서 한계가 있었지만 여러 방면으로 도우려 노력했다. 아버지는 아시는 판사 누구 이름을 써주면서 내게 만나보라고 했다. 그래서 찾아갔더니 그는 난 그분 잘 모른다며 딱 잡아떼었다. 대학동문 중 같은 과 6년 선배가 안기부 과장으로 있었다. 과장이면 그 당시 꽤 직급이 높은 편이었다. 나를 가르친 은사 중에 형님처럼 지내는 안용식 교수님이 있는데, 그분이 주선해서 일식집에서 그를 만났다. 그러나 그 역시 오히려 아는 척도 하지 말라고 했다. 한편으로 야속한 생각도 들었지만 워낙 엄혹한 시절이라 이해가 갔다. 친한 친구 한 명이 안기부 말단직에 있었는데 그 친구도 전혀 도움이 안 되었다. 다들 전염병 피하듯 피했다. 그래서 천안에 있는 변호사를 소개받아서 그 사람에게 갔다. 나이가 지긋한 분이셨는데, 변호사 한 사람으로는 안 된다고 해서 대전에 있는 변호사 한 명을 더 섭외했다.

이러한 와중에 교육청이 또 발칵 뒤집혀 있었다. 학교 이사장이 긴급조치 9호 위반으로 잡혀갔으니 상급기관인 자신들에게도 책임 문제가 뒤따를 것 같아 전전긍긍하고 있었다. 그래서 교육청 문제도 해결해야 했다. 그 당시 공무원들이 얼마나 썩었냐 하면 내게 조언해 주는 이들이 하나같이 공무원을 만나러 들어갈 때 봉투를 가지고 가 만나는 관계자마다 전해주라고 했다. 그래야 좋게 얘기를 해준다는 것이었다. 그러나 그들은 다 안기부의 통제를 받고 있었기 때문에 좋게 해 줄 것도 없었다. 관할 학교가 어찌 될까 하는 걱정이나 우려에서 위로해 주기보다는 이 와중에 오히려 돈으로 인사치레나 받고자 하는 모습들이었다. 그런데 오히려 경찰이 우호적으로 나를 대해 주면서, 원만한 해결을 원하면 검사에게 찾아가서 인사라도 하라고 얘기해 줬다. 하지만 나로서는 검사에게 접근하는 일이 쉽지 않았고 비굴해지기도 싫었다.

이사장직을 물려받다

그런 상황에서 동성중학교에 가보니 학교도 발칵 뒤집혀 육성회 학부모 20여 명이 교장실에 모여 있었다. 그때 교장은 양자로 삼았던 최○섭의 이모부였다. 그가 나서서 일을 수습해야 하는데, 그는 수습은커녕 이 사건에서 발을 빼려 하고 있었다. 교장으로서 리더십을 발휘해야 할 때 그렇게 하지 못하니 교사들도 교장 알기를 우습게 여겼다. 거기다 서무실에는 최○섭의 처제가 있었는데 서무 행정이든 학교 운영이든 친인척 중심으로 돌아가고 있었으니 학교가 제대로 운영될 리 만무했고, 이런 위기 상황에서는 더욱 그러했다. 이사장으로부터 큰 신임을 받아 학교의 실세로 지냈던 서무과장 역시 모든 것을 이사장 책임으로 미루고 약삭빠르게 책임을 피했다. 내가 학교에 갔을 때는 다들 피하고 아무도 없었다. 일단 나는 서무과에 가 있었는데, 좀 있자니 학교와 이사장인 아버지를 성토하는 소리가 벽을 타고 들려왔다. 한참을 기다리니 학부모들이 내게 교장실로 들어오라고 했다. 들어갔더니 이사장님의 아들이 대학교수라는 이야기를 들었다면서 이번 사태에 대해 어떻게 생각하는지 물었다.

"여러분들도 다 아시는 아버지의 사상이나 이념에 대해 내가 왈가왈부할 말은 없습니다. 사람들은 다 각자 사상이나 이념체계를 가지고 있기 때문입니다. 다만 내 아버지가 공적인데 있어서 파렴치한 짓이나 손가락질받을 만한 일을 한 것이 있다면 그것에 대해서는 얼마든지 비판하십시오. 그러한 일이 있다면 내 아버지를 옹호하고 싶은 마음이 없습니다. 그러나 여러분들이 아버지의 사적인 것 즉 그분의 생각이나 생활에 대해서는 나와는 별개로 아버지의 일이니 그것에 대해서는 감정적으로 내게 말하지 말아 주시기를 부탁드립니다." 했다.

분위기는 상당히 격했고, 이사장과 가족들 다 몰아내고 관선이사가 와야 한다는 이야기들이 나왔다. 그러자 분위기를 주도하는 사람이 나서서 '관선이사가 들어와봐야 학교가 나아질 것이라는 보장도 없다. 오히려 이사장 아들이면서 오늘 이야기하는 것을 들으니 훌륭한 인품을 갖추신 것 같은데 이런 분이 학교를 맡으면 희망이 보일 것 같다.'고 말을 했다. 그 당시에는 이런 일들로 학교 자체가 넘어갈 수도, 빼앗길 수도 있는 때였다. 그랬는데 학부모들이 의견일치를 보고 나에게 이사장을 맡으라고 했다.

나는 대학 교수로 내 갈 길이 있고, 여기에 와서 이사장을 할 시간도 없다. 그리고 솔직히 학교를 운영하려면 돈이 있어야 하는데 나는 돈이 없다. 내 아버지는 돈이 있고 부자일지 몰라도 나는 가난하다. 이상이 아무리 좋다고 해도 돈이 없으면 일을 할 수가 없다. 나는 박봉의 월급을 받아 살고 있고 학교 재정에 대해 아버지의 도움을 기대할 수도 없기 때문에 금방 실망하게 될 것이라고 이야기했다. 그랬는데도 다들 내가 맡아주기를 원했다. 게다가 아버지가 이사장직을 유지하면 재판받는 데 더 불리할 것이라며 내가 이사장직을 맡는 것이 재판에도 도움이 될 것이라고 했다. 그래서 할 수 없이 이사장직을 맡게 되었다.

이사장을 맡고 문제를 수습해 가는 과정 중에 사건을 맡은 형사는 고발한 교사들이 보기 싫고 화가 나겠지만 아직은 내보내거나 자르지 말라고 조언했다. 나 역시 그러고 싶은 생각이 없으며 자기들 스스로 학교를 떠나고 싶다고 하기 전에 내가 내보낼 일은 없을 것이라 했다. 그들을 사랑으로 대하지는 못했지만, 정년 때까지 차별 없이 평범하게 대해주었다.

세무조사와 형집행정지

그렇게 학교 문제를 수습하고 있는데 서울은 서울대로 난리가 났다. TV에 신영극장 대표가 긴급조치 9호로 잡혀갔고 세금을 탈루했다는 보도가 되었다는 것이다. 문제가 하나 걸리면 그와 관련된 모든 것을 조사하는 게 수순이었다. 아버지가 장부를 직접 관리하시지도 않았던 데다 맘먹고 걸려고 치면 걸리지 않을 재간이 없었다. 신영극장에 세무조사가 들이닥쳤다. 학교는 학교대로, 극장은 극장대로, 아버지는 구금되어 있고, 모든 것이 참 막막했다.

아버지 문제를 어디서부터 접근해야 할지, 어떻게 풀어나가야 할지 도통 길이 보이지 않았다. 그러고 있는데 뜻밖에 간수에게서 연락이 왔다. 만나자고 해서 갔더니 그는 내 아버지가 서예가로 유명하신 분으로 알고 있으며, 바른말을 두려움 없이 하는 분으로 내 아버지를 존경한다고 했다. 아마도 아버지에 대한 얘기를 들은 적이 있는 것 같았다. 그러면서 내게 말을 해 주는데, 아버지가 원래부터 마르셨지만 지금 식음을 전폐하다시피 하고 계시는데, 저 정도 되면 돌아가시게 된다. 긴급조치 9호와 같은 이런 사안은 웬만해서 풀려나기 힘들다. 돌아가시기 직전이나 되어야 나가실 수 있을 거라고 얘기를 해 주었다. 실제로 아버지는 심각한 상황이었다. 상태가 심각하니 병원으로 이송되어 나왔다. 병원에서는 너무 위험하니 도립병원으로 옮기라고 했다. 아버지는 겨우 숨만 붙어있는 상태였다. 상태가 너무 심각해 천안 도립병원에서 치료받는 중 병으로 인한 형집행정지 판결이 났고, 그래서 풀려나게 되셨는데 이런 경우는 거의 없었다고 한다. 하늘이 도운 것이라는 생각이 들었다. 신영극장은 세무조사 끝에 엄청난 세금을 두들겨 맞았다. 나 역시 세무조사로 여기저기 엄청나게 불려 다녔다. 아버지는 천안 도립병원에서의 치료를 마치고 필동의 성심병원 정신과 병동으로 주거가 제한되어 옮겨졌다.

어려운 학교 형편의 타개책

아버지는 이 일을 겪으며 학교에 대한 정이 다 떨어졌다. 정이 없으니 학교에 돈을 내놓을 생각을 더 안 하셨다. 학교에는 아무리 못 가도 일 년에 몇 번은 내려가야 했다. 특히 졸업식 때는 가야 하는데, 정말 난감한 게 강당 하나가 없다는 것이었다. 물론 사립치고 그 당시 강당이 있는 중학교는 얼마 없긴 했었지만, 공립은 다 있었다. 졸업식 시즌은 특히나 추운 겨울인데, 나야 그렇다 치지만 벌벌 떨고 있는 학생들을 차마 보기가 힘들었다. 그래서 일 년 후에 2층에 교실 하나를 터서 중간을 막았다 텄다 할 수 있게 만들어 강당 대용으로 사용할 수 있도록 했다. 대학에서 보너스를 받을 때마다 가지고 내려가 하나씩 내가 할 수 있는 한 학교 시설에 투자했다. 교사들 책상을 보면 눈물이 나올 정도로 낡아 있었다. 보너스를 타서 교사들의 책상을 바꿔주었다. 그리고 돈을 조금씩 모아 학교 담을 쌓고 교문을 만들었다. 그러나 눈에 조금 보이는 정도의 투자일 뿐이고, 학교 구성원들이 좀 더 인간적인 대접을 받게 하는 것일 뿐 학교 시설을 크게 바꿀 수는 없었다.

그 당시 월급쟁이 교수 이사장으로서 학교에 큰돈은 못 내지만 내가 할 수 있는 건 내실을 세우고 인사에 공정성을 기하는 것이라고 생각했다. 또한 이사장이라고 거들먹거리거나 권위적으로 굴지 않고 낮은 자세로 일하려고 했다. 그러한 생각을 담아 이사장 축사도 길게 하지 않았으며, 추운데 밖에서 이 상, 저 상 주고받느라 학생들 고생시키지 않고, 교실에서 상을 주는 방법을 강구했다. 그리고 교사는 물론 교장도 공채로 채용하도록 했다. 물론 공채의 문제점도 있지만 인맥이나 청탁이 아닌 교육자적 인품과 우수한 자질을 갖춘 사람을 경쟁 속에서 뽑을 수 있으니 그 방법을 택했다. 이렇게 하여 학교는 서서히 좋은 이미지로 바뀌었다. 하지만 결정적으로는 시설투자가 과감히 이루어질 필요가 있었다.

그런 중에 중등교육 과정이 의무교육이다 보니 시설 투자에 정부가 일정 부분 책임을 지고 힘을 기울이게 되었다. 인건비 보조는 물론 운영비까지 보조가 나오니, 이사장이 돈을 유용하지 않으면 그것만으로도 운영이 가능하게 되었다. 또한 내 사정도 점점 나아져 부족한 부분은 채워나갔다. 정부가 많은 부분 책임을 진다 해도 법인으로서 감당할 몫이 있다. 다른 사학도 그렇겠지만 수익용 기본재산에서 상당한 수입이 있어야 그것으로 학교 교육환경 개선이나 시설의 보수 같은 것을 할 수 있다. 국가 보조금만으로 이 모든 것을 할 수는 없기 때문이다. 동성중학교는 수익용 기본 재산이 나대지로 5천 평이나 되었지만 거기서 나오는 것은 기껏해야 1년에 백여만 원에 불과했다. 그래서 땅을 좀 더 개간해서 가치를 높이는 노력을 했다. 하지만 역시 부족했다.

그런데 학교 근처에 폐지를 태워 더운물을 공급하는 공장이 있었다. 그런데 더운물을 공급하는 관이 수익용 기본 재산의 땅 밑으로 지나가고 있다는 것을 알게 되었다. 땅 밑으로 뜨거운 물이 지나가기 때문에 농사를 짓기도 어려워 공장으로서는 그들이 지하로 침범한 땅을 우리에게 구입하지 않을 수가 없는 상황이 되었다. 그래서 시세에 맞춰 땅을 팔게 되었다. 그 돈과 그동안 사재로 재단에 넣어 둔 돈을 은행에 넣어 거기서 정기적으로 생기는 수익으로 학교 운영에 활용했다. 그러다가 최근에는 낮은 이자로는 재정에 도움이 안 되어, 예금을 풀어 상가와 오피스텔을 대체 구입하여 임대료를 받고 있는데, 수익이 3배나 늘어나 학교 운영에 많은 보탬이 되고 있다.

천안동성중학교 전경

교육 환경의 변화와 공개경쟁 채용의 제도화

학교를 운영하다 보면 언제나 이러저러한 이유로 한두 명의 결원이 생기게 된다. 그럴 경우 신문에 공고를 내서 인력을 충원해야 하는데 비용도 그렇고 쉬운 일이 아니었다. 그래서 몇 번은 저명한 대학의 취업 상담소에서 추천받아 인력을 충원한 적도 있다. 그런데 이천년 대에 들어 전국적으로 학생이 줄어 과적 교사가 생기게 되며 교육청에서 보조해 줄 테니 과적 교사를 받으라는 공문이 내려왔다. 시골이나 낙후된 지역은 아이들 수가 줄어들어 학급수가 줄며 교사가 남게 되니 사립에서 교사가 필요할 때 충원하라는 것이었다. 그러나 교육청에서 내려보내는 교사를 그대로 받기에는 다 실력 있는 분은 아니라 면접이라도 보고자 했지만, 어차피 결정해서 내려보내지는 교사들이라 면접이 채용에 영향을 미치는 것은 전혀 아니었다.

또한 정부 보조금을 주면서 교실을 증축하거나 음악실을 만든다고 하면 설계나 시공업자까지 교육청에서 직접 보냈다. 그러다 보니 개성을 살려서 창의적으로 학생들 눈높이의 시설을 만들어 가기가 힘들었다. 그래도 동성중학교는 창의성을 담아내려 노력했고 일면은 담아내고 있다. 예를 들어 밖에서는 화장실 내부가 전혀 보이지 않지만 화장실에서는 밖이 보이는 유리로 되어 있는 화장실을 사용해 본 적이 있었다. 정원이 보이는 화장실이 참 편안했다. 그래서 동성중학교 화장실도 그렇게 만들었다. 그러니 화장실이 우중충하지 않고 환한 게 그렇게 좋을 수가 없다. 이 외에도 학생들 눈높이에서 시설을 충원하려 노력한 탓에 동성중학교의 시설이 좋다는 평가를 받고 있다. 학교 정원도 수억 원의 사비를 들여 연못도 만들고, 소나무, 전나무, 단풍나무, 매실나무 등도 심고, 정원석, 화산석으로 꾸미는 등 조경 공사를 했다. 그뿐만 아니라 교문 대신 세계적으로 유명한 안필연 작가의 조형물과 학교를 지키는 거대한 돌로 만든 한 쌍의 기마상(騎馬像)을 설치했다. 그렇게 사비를 들여도 나로서는 세금으로 감면받기가 어렵다. 학생들의 정서 함양을 위해 실내외의 인테리어 공사를 직접 하는 경우, 세금 감면을 받으려면 관계 기관에 승인 절차를 밟아야 하는데, 그 과정이 복잡하다 보니 아예 시도를 안 하게 되는 것이다. 돈으로 학교에 지원하면 학교가 낼 법정 전입금이 있는

배움의 숲 조성

데 그것부터 내지 왜 공사를 하느냐 하니 양쪽을 다 만족시키기가 쉽지 않다.

도서관

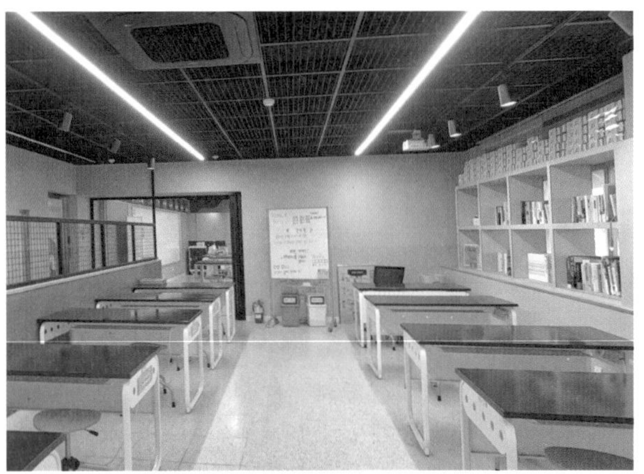

과학실

이렇게 건물과 환경을 새롭게 단장해 갔더니 동성중학교 동문과 지역 주민이 감동하여 소나무 수십 그루와 아름다운 자연석을 기증해 주었다. 그러다 보니 동성중학교는 교육환경 면에서 공립에 전혀 밀리지 않고, 오히려 더 독창적이고 아름답게 캠퍼스가 조성되었다. 외적인 구성은 이렇게 갖추어 갔고 가장 중요한 인적 구성도 차근차근 쇄신시켜 나갔다. 예전에는 성환읍에서 유명한 중학교를 꼽으라면 성환중학교였다. 공립인 데다 불과 얼마 전까지만 해도 성환중이 되었다고 하면 기뻐하고 사립인 동성중학교가 되었다고 하면 실망하고 울고 안 간다고 할 정도였다. 그래서 초기에 내가 입학식이나 졸업식 하러 학교에 갔다가 식이 끝나고 교직원, 학부모들과 식사라도 함께하게 되면, 이사장이라고 반갑게 맞이하면서도 한편으로 "아, 이사장님 학교에 투자 좀 하시죠." 했다. 나는 그 자리가 가시방석에 앉은 것처럼 불편했다. 그런데 그런 민심이 어느새 바뀌어 동성중학교는 교수님이 하시니까 저렇게 달라진다며 나를 반겨준다. 학교의 시설뿐 아니라 운영도 학생 중심으로 짜이고 실력 있는 교사를 모셔 오니, 학생들의 만족도가 부모들에게 전해져 지역민의 마음을 얻게 된 것으로 보인다.

다시 인력 채용 문제를 언급하자면, 학교를 운영할 교장을 공개채용으로 뽑으려 해도 인력풀이 거의 없다. 현직 교장을 데려올 수도 없는 데다 교장 자격증은 교장을 했던 사람이라야 가지고 있는데 대부분 명예퇴직을 했다. 그래서 명예퇴직한 사람을 뽑아 놓으면 연로해서 그런지 행정 능력이 부족했다. 그다음엔 학벌을 보고 뽑았더니 본인 논문발표나 학회 일에만 관심이 많고 학교 운영에는 공을 들이지 않았다. 또 어떤 이는 의욕적으로 학교를 발전시키겠다고 해서 뽑았더니 실제로 학급 증설이나 시설개선에는 성과가 있었지만, 학교 발전에 대한 비전을 세우거나 제시할 능력이 모자라고 사사로운 정이나 관계로 사람을 채용했다. 성환중학교는 처음에는 11학급에서 한 학년에 7~8 학급으로 그리고 현재 4학급으로 줄어들었다. 학생 수가 전체적으로 줄어든 면도 있긴 하다. 하지만 동성중학교는 한 학년에 3학급으로 시작되었는데 5학급까지 늘었다가 지금은 4학급이다. 이것은 성환중학교보다 동성중학교를 더 선호한다는 방증이기도 하다. 내가 이사장을 맡은 지가 근 40년인데, 대략 십몇 년 지나서부터 흐름이 바뀌기 시작해 지금은 제1지망이 동성중학교가 되었다.

150명을 뽑으면 250명이 지원한다. 성환중은 미달이 계속되고 말이다. 학생 수가 늘고 좋은 학생들이 많이 지원하다 보니 우수한 학생들이 많이 배출되었다. 그러다 보니 학부모들이 교육청에 가서 동성중학교 학급을 더 늘려달라는 데모까지 하기에 이르렀다. 그래서 학급이 더 늘어났고 그에 따라 평판이 좋아지며 정부 지원도 더 받게 되었다.

3학급에서 5학급으로 늘어나자 교사가 더 필요하게 되었다. 세 명은 정규직으로, 한 명은 기간제로 뽑기로 했다. 교장에게 어떻게 하면 좋은 교사를 뽑을 수 있을지 연구해 보라고 했다. 교장은 임용고사 시험을 보는 날 면접을 하면 임용을 보러 갈 좋은 선생들이 그걸 포기하고 면접을 보러 오지 않겠냐 했다. 그럴듯하게 들려서 그렇게 하자고 했다. 그런데 3명 뽑는 데 7명이 지원했다. 생각보다 너무 적은 수가 지원한 것이었다. 그래서 이건 안 된다고 했더니 교장은 이번만 이대로 진행해 달라며 신세진 사람도 있고 한데 하며 말을 흐렸다. 이번만, 이번만 하면서 이제까지 공채를 미루어 왔는데, 이제는 더 이상 그렇게는 못 한다, 신세진 정실인사가 있으면 돈이든 뭐든 보상하겠지만 신세 졌다고 사람을 채용하는 것은 받아들일 수 없다고 했다. 그래서 임용 날 면접은 무산되었다.

이번엔 다시 젊고 반듯한 교무부장 선생에게 어떻게 하면 좋은 선생을 뽑을 수 있을지 의견을 물었다. 그랬더니 그가 기간제 모임이라는 사이트가 있는데 거기에 채용 공고를 내면 많은 사람이 지원할 것이라 했다. 일선에 있는 교사이기에 알 수 있는 정보였다. 그 사이트에 채용공고를 올렸다. 그렇게 공개로 채용 공고를 올렸는데 며칠 후, 큰일이 났다면서 채용 담당자가 내게 달려왔다. 어떤 이가 '동성중학교는 가지 마라. 미리 다 정해 놓고 뽑는 척하며 들러리만 세우려는 것이다. 절대 가지 말라.'고 댓글을 올렸다는 것이다. 게시한 글에 댓글이 수십 개가 달렸는데 모두 동성중학교를 비방하는 글이었다. 글을 쓴 사람의 사연을 알아보니 그가 원서를 내러 왔는데 교장이 너는 누구 소개로 왔느냐며 이것저것을 물어봤다는 것이다. 그러니 이 친구가 공정한 채용이 아니라고 생각했던 것이다.

그래서 교무부장에게 이사장 명의의 해명 글을 올리게 했다. 동성중학교의 이사장으로 수십 년을 지내면서 처음 여러 명의 결원이 생겨서 좋은 사람을 뽑고자 했는데, 처음부터 이런 어처구니없는 일이 생겼다. '새롭게 다시 뽑는 과정은 공정하게 관리·감독할 것이고, 채용의 구체적 기준과 공정한 과정을 제시해 주고 만약 응시한 분이 불공정한 사례를 발견한다면 언제든지 문제를 제기하라.'고 공지했다. 그랬더니 엄청나게 많은 이들이 지원했다.

일단 교장과 교감을 인재 채용 과정에서 배제하고 다시 접수 창구를 열어 서울 (주)아트레온과 천안에서 지원을 받았다. 1,700여 명이 접수했다. 1,700명의 원서를 다 보는 것도 쉬운 일이 아니었다. 상임 이사, 교무부장과 몇 가지 기준을 정했다. 대학의 랭킹이나 전공학과와 평판, 그리고 대학 성적, 토플 성적을 중요 기준으로 정했다. 대부분 토플도 거의 만점에 가까웠다. 1차는 서류, 2차는 학교에서 학생들, 선생님들, 학부모들 앞에서 공개 강의를 해 보게 했고, 3차는 면접과 논술로 진행했다. 공개 강의 때는 일반사회 선생을 뽑는다면 그 지역의 일반사회 선생님들 그리고 학부모, 학생 반응 등을 평가해서 순위를 매기게 했다. 1, 2차를 통해 15명을 추렸다.

3차 논술과 면접은 (주)아트레온 건물에 있는 토즈라는 모임 공간을 빌려 진행했다. 논술 시험 질문은 '한국 중등 교육이 학생 중심의 교육이 되기 위해서는 어떻게 가르치고 관리 운영되어야 하겠는가?'와 '전교조가 한국 교육에 미친 장단점에 대해 논해보라.'였다. 그 후 면접을 실시했다. 공개수업에서 받은 순위가 논술이나 면접에서도 대부분 일치했다. 면접은 되도록 편안한 분위기에서 대화를 나누는 방식으로 진행되었다. 모든 면접이 끝난 후 30분 후에 합격 여부를 통보했다. 가뜩이나 합격 여부에 맘 졸일 이들인데 시간을 길게 끌 필요가 없다고 생각했다. 면접이 끝나고 지하철을 타고 귀가하던 한 교사는 합격 통보를 받고 지하철에서 만세를 불렀다고 했다. 그래서 다들 멀리 가지 않았으면 다시 면접장으로 오라고 했다. 합격한 세 명이 다시 왔다. 기뻐하는 새내기 교사들과 축하의 악수를 나누고 같이 식사하러 갔다.

이러한 과정을 거치며 채용에 떨어진 사람들이 기간제 모임 사이트에 지원 과정에서 겪은 소감문을 올렸다. '이사장이 자기 집무실에서 가족 같은 분위기로 대화하듯 편안하게 대해주며 면접을 진행했는데 너무 좋았고, 나는 이런 학교라면 선생을 못 하고 수위를 하라고 해도 하고 싶은 마음이다. 면접을 보러 오는 이에게는 교통비까지 다 주었고 받은 원서는 다 되돌려주었다. 이런 채용 과정은 처음이다.'라며 칭찬 댓글이 떨어진 사람들을 중심으로 계속 올라왔다. 몇 번이고 기회가 되면 다시 지원하고 싶다는 댓글이 수두룩했다. 그래서 그해 졸업식 때 이런 댓글들을 크게 확대해서 이젤에 전시했다. 학생들, 교사들, 학부모들이 보고 얼마나 감동스러워했는지 모른다. 이 외에도 교사 채용에 대한 일화가 참 많다. 동성중학교가 했던 방식으로 교사를 뽑는다면 한국 교육의 미래가 달라질 것이라 확신한다.

인사 청탁의 몇 가지 사례 – 정실 인사의 배제

이사장으로 학교 운영에 관여하다 보니 권력기관과 부딪히는 경우도 간혹 있었다. 한번은 졸업식 시즌 즈음 교장에게 전화가 왔는데 도 교육감이 축사를 하겠으니 축사 시간을 달라고 한다는 것이다. 그래서 졸업식을 학생 중심으로 치루기 때문에 의례적인 축사는 모두 생략했고, 이사장도 축사를 안 하니 불가능하다고 전하라 했다. 교장은 그렇게 말하면 문제로 삼고 보조금 신청 등 학교 운영에 여러 어려움이 있을 것 같으니 도 교육감에게 축사 시간을 마련해 주는 것이 좋겠다고 했다. 그러나 나는 소신을 굽힐 수가 없었다. 그들도 나의 완강한 태도에 한발 물러나 교육감이 아닌 장학사가 대독하겠다고 했으나 끝까지 안 된다고 하니 연설문을 복사해서 들어가는 입구에 두고 원하는 이들이 읽을 수 있게 해달라고 했다. 그래서 그것은 허락했다. 그 교육감은 교육감 선거를 앞두고 충청남도에 있는 수백 개의 초중고 졸업식을 이용해 자기 홍보를 하려 했다가 종국에는 사전 선거운동 등 불미스러운 비리로 잡혀 들어갔다.

또 내가 경기대 부총장으로 있을 때였는데 동성중학교 행정실장이 메시지를 전해 왔다. 국정원 천안지부장이 전화해서 이사장에게 자기에게 연락하라고 전하라고 했다는 것이었다. 기분이 썩 좋지 않았지만 전화했다. 그랬더니 다짜고짜 Y대 나오셨죠? 행정학과 나오셨죠? 하며 피의자를 취조하듯 심문조로 나왔다. 그래서 왜 그러느냐고 했더니 본부의 국장 자제가 거기 교사로 지원했는데 잘 부탁한다는 것이었다. 어이가 없었다. 이 사람이 이렇게 나오는 데는 이러한 일들이 지역에서는 비일비재하게 행해지고 있었다는 방증이기도 했다. 그래서 지금 때가 어느 땐데 국정원이 이런 짓거리를 하고 있냐고 했다. 짓거리라는 말에 상대방이 '짓거리가 뭡니까' 하면서 발끈 화를 냈다. '이게 짓거리가 아니면 뭐냐'고 했다. '난 공개채용으로 공정하게 인사를 채용하려고 하는데 이런 식으로 나온다면 보도자료 만들어 당신들이 한 짓을 모두 알리겠다.'고 했다. 그랬더니 '알았습니다.' 하고는 전화를 딱 끊었다.

그러고 났는데 다음 날 누가 문을 열고 집무실로 들어왔다. 밖에서 막는데도 막무가내로 밀고 들어온 것이었다. 그러더니 그 역시 Y 대학 후배라며 명함을 내밀었다. 명함을 보니 ○○ 사이버대학의 교무처장인가 하는 사람이었다. 자기 딸이 지원했는데 15명 안에 못 들었는데 어떻게 안 되겠냐며 히죽 웃으며 말했다. 뭐 이런 돼먹지 못한 후배가 있어 하면서 험한 말이 내 입에서 나오기 전에 당장 돌아가라고 호통을 쳐서 돌려보냈다. 대학교수라는 자가 이런 일을 하다니 부끄럽지도 않은 것인가! 또 한번은 교장에게 교육감이 전화해서는 자기 조카사위가 곧 교사자격증을 받는데 ○○ 과목의 채용을 보류시키고 2학기에 그를 채용해 주면 안 되겠냐고 했다는 것이다. 교장은 내게 교육청과의 관계가 있으니 고려해 달라고 했다. 그러나 그 역시 들어주지 않았다.

공개채용을 통해 세 명의 교사를 뽑아 놓으니 이들의 실력이 월등했다. 그러니 다른 교사들까지 경쟁이 되었다. 이렇게 수준을 높여 놓으면 그다음에 들어오는 사람들도 거기에 맞게 들어오게 되어 있다. 그 후에 들어온 교사 중에 과학 교사가 있는데, 먼저 뽑힌 교사의 교원대 후배로 다음 공채로 들어오게 되었다. 그가 들어

와서는 전국의 경진대회를 다 휩쓸었다. 그랬더니 교육부에까지 소문이 났는지 교육부 쪽으로 파견을 보내달라고 했다. 그래서 1년 파견근무를 하도록 했다. 1년 후 한 학기 더 근무하게 해달라고 하더니, 결국 시험을 봐서 높은 경쟁을 뚫고 합격해서 21년 3월에 교육부로 가게 되었다. 줌이나 화상회의도 능통하고 교과는 물론 다른 업무에도 실력 있는 친구였는데 교육부에 빼앗긴 셈이다. 더 나은 곳으로 간다는 데 앞길을 막을 수도 없어 보내주었다.

최우수 명문 사학의 명예와 기대

이렇게 좋은 교사들을 뽑아 놓으니 학생들이 먼저 안다. 학부모들도 아이들이 어떤 교육을 받는지 듣고 매우 좋아했다. 동성중학교는 사교육이 필요 없는 학교라는 소문이 났다. 공채로 뽑은 3명 교사의 파워가 대단했다. 그러다 보니 몇몇 교사는 학교의 발전과 성장을 위해 자진해서 명예퇴직을 하게 되고 그렇게 인적 쇄신이 이루어졌다. 계속해서 공개채용을 하고 싶었지만 채용에 드는 비용을 법인이 다 알아서 해야 했다. 1명을 뽑아도 공개채용을 하게 되면 채용 과정을 진행하는 데 드는 비용이 만만치 않다. 그리고 교육청의 교사 선발이 공정한 과정을 거쳐 선발하도록 시스템화 되어감에 따라 교육청에서 보내주는 교사들을 받게 되었다. 그나마 다행인 것은 교육청에서 뽑아서 보내주는 이들이 성적도 우수하고 좋은 교사들이라는 점이다. 실무를 보는 교장도 오히려 이 제도가 믿을 수 있는 좋은 선생님을 재정 소모 없이 모셔 올 수 있는 제도라며 좋아했다. 사실 이사장 입김이 들어가거나 기부금 형식의 돈을 받고 교사를 채용하는 것보다 훨씬 건강하고 바람직한 선택이라고 생각한다.

동성중학교가 명문사학이 될 수 있었던 또 다른 이유는 학교 경영에 자율성을 부여한 것이다. 사람은 자율성이 부여될 때 스스로 주체적인 마음을 가지고 최대한 역량을 발휘하게 된다. 교장, 교감에게 경영의 자율성을 부여하니, 교장, 교감은 교사들을 믿고 맘껏 역량을 펼칠 수 있도록 지지하고 응원하는 문화가 형성되었다.

채용에서의 공정성, 운영에서의 자율성은 동성중학교가 성장할 수 있었던 두 개의 축이라는 생각이 든다. 우수한 교사가 가르치는 학교가 되고 학생 중심으로 학교를 운영해 가니 소문이 났던 것 같다. 이명박 대통령 시절, 졸업식에서 난동을 부리며 문제를 일으키는 학교가 많았다. 그런 졸업문화를 개선하라는 지시가 내려왔다. 교육부에서 조사를 시작했고, 천안의 동성중학교는 일찍부터 학생, 교사, 학부모, 지역주민이 축제의 장으로 만들어 가는 좋은 졸업문화를 만들고 있었다는 것을 알게 되었다. 졸업앨범을 제작할 때부터 졸업식까지 학생이 중심이 되어 이끌고 진행하는 것이 좋은 선례로 뽑혔다. 긍정적인 학교 문화의 확립으로 대통령 표창까지 받고, KBS 주최로 좋은 학교 박람회도 하게 되었다. 그 행사에는 대통령도 직접 참여하였다. 학교 이미지가 좋아지고 소문이 나니 교육청에서는 가능하면 더 지원해 주려고 했다. 교육청의 한 국장은 내 이야기를 많이 들었다며 학교에 대한 평이 너무 좋고, 육영에 대한 훌륭한 철학을 가진 분이 이사장직에 있는 것이 지역사회에 얼마나 좋은 영향을 미치는지 모르겠다며 다른 학교들이 동성중학교를 벤치마킹하고 있다고 이야기했다.

또 하나 동성중학교의 장점을 들어보면 휴머니티가 살아있다는 점이다. 학내 왕따나 차별이 없다. 아직 엘리베이터 시설을 갖추지 못하고 있는 동성중학교에 장애를 가진 학생이 입학했다. 엘리베이터가 없으니 그런 시설이 되어 있는 학교에 가는 것이 좋겠다고 권유했으나 그 학생이 동성중학교에 입학하고 싶다고 해서 들어 왔다. 학교에서는 이 학생의 학급을 3년 동안 1층 중앙 현관에서 가장 가까운 곳으로 배치했다. 조금이라도 오가기 편할 수 있도록 학급의 위치를 고려한 것이다. 또한 3년 동안 부축하고 다닌 학생이 있다. 장애 학생도, 그 친구를 도운 학생도 모두 학교가 너무 좋다고 한다. 또한 문제아로 찍혀 다른 학교에서 전학을 온 학생도 이곳에서는 잘 적응하고 문제없이 졸업했다. 외국인 학부모도 있고, 이주노동자 학부모도 있는데 그들도 동성중학교 진학을 원해서 들어 왔다고 했다. 예전엔 동성에 가게 되면 울며불며 안 간다고 했었는데 지금은 너도나도 진학하고 싶은 학교로 꼽히니 참 감사한 일이 아닐 수 없다.

성환중학교에서 교장이 우리에게 그만 좀 하라고 한

다. 성환중을 다니는 학생들이 동성의 이사장, 교장, 평교직원, 모두를 명함판 크기의 사진으로 넣고, 졸업생 한명 한명에게 한 페이지를 꾸미도록 하여 만든 졸업앨범과 학생 중심의 축제로 펼쳐지는 졸업식을 보고 자기네도 그렇게 해 달라고 했다고 한다. 하지만 졸업앨범에 이사장이나 설립자 사진이 크게 들어가는 한 변화는 쉽지 않을 것이다. 동성중학교 교장과 교감은 학생들이 등교할 때 교문에서 맞아주는데 이것이 전통이 되었다. 별것 아닌 것 같지만 이러한 작은 배려 하나가 요즘같은 디지털 시대에도 감동이 되고, 정이 되며 삭막한 것들을 녹이는 원동력이 되는 것이다. 내가 이사장의 권위를 내세우기보다 공정성, 투명성, 자율성을 부여하였기에 교직원 한 사람 한 사람이 자발적이고 적극적으로 일하는 학교 공동체 문화가 형성되었다고 생각한다. 이러한 문화는 천안동성중학교가 2015년 혁신학교로 지정되는 데 큰 힘이 되었다. 혁신학교라 하면, 보통 사람들은 무엇을 완전히 바꿔야 한다고 생각할 수도 있다. 그러나 혁신학교의 핵심은 '교육의 본질로 돌아가는 것, 선생님을 아이들에게 돌려주는 것'이라고 표현할 수 있다.

그동안의 학교는 경쟁과 효율이라는 가치에 밀려 아이들의 삶은 피폐해졌고, 교사들의 일터 또한 삭막해졌다. 경쟁보다는 협력을, 효율보다는 공동체를 좀 더 소중히 여기는 교육을 통해 우리 아이들이, 미래 사회뿐만 아니라 지금 학교생활에서도 뿌듯함과 행복감을 느낄 수 있도록 교육하는 것이 바로 학교혁신인 것이다. 그러기 위해서 혁신학교에서는 교사 중심의 강의식 수업보다는 아이들의 사고를 자극하면서 협력을 바탕으로 스스로 학습할 수 있도록 하는 '배움 중심 수업', 교직원이 수평적 관계에서 함께 토의하는 '민주적인 협의문화', 지역사회와 연계하여 아이들이 교육활동을 펼치는 '마을 교육 공동체' 등 여러 가지 지향점이 있다. 이렇게 많은 것을 하기 위해서는 교사들의 역량이 중요하다. 천안동성중학교는 혁신학교가 되기 이전부터 여러 선생님이 모여 책을 읽고, 토론하면서 함께 배우고, 함께 성장하기 위한 학습공동체 '산책(살아있는 책 읽기, 함께 걷는 수업 성찰)'을 만들어 활동하였다. 독서를 이기는 것은 없다. 여러 교사가 꾸준히 책을 읽고 토론하면서 수업의 방향과 방법을 함께 익히고, 수업을 성찰했다. 그러면서 수업은 '배움 중심 수업'으로 조금씩 변화되었다.

난타 동아리 활동

생태 동아리 활동

한 학기를 마무리하면서 방송반 학생들이 학교생활에 대해 인터뷰한 것을 영상으로 만들어 여름 방학식 날 전교생이 함께 본적이 있었다. 방송반 학생 기자가 "학교생활을 하면서 가장 좋은 것은 무엇인가요?"라고 물었다. 질문을 받은 학생이 "수업이 가장 좋습니다."라고 하자, 방송반 학생 기자는 또 물었다. "수업이 왜 좋은가요?" 질문을 받은 학생은 "수업 시간에 선생님들께서 우리가 자유롭게 생각을 이야기할 수 있도록 해서 좋습니다."라고 대답했다.

교육활동 중에 가장 중요한 것은 수업이다. 지식을 암기하는 것에서 더 나아가 학생이 스스로 생각하고, 그 생각을 자유롭게 말할 수 있도록 하는 것이 최고의 수업이라 믿는다. 중학생 정도 되면 어떤 수업이 좋은지 판단할 수 있는데 아이들의 인터뷰를 통해 수업의 변화를 확인할 수 있었다. 또한 교무실이 민주적이어야 교실도 민주적일 수 있다. 교사들은 학창 시절에 모범생이었던 경우가 많아서 자신의 의견을 적극적으로 내세우기보다는 그냥 하라는 것을 잘 처리하는 것에 익숙하다. 그러나 구성원이 수동적인 조직은 발전할 수 없다. 그래서 의도적으로 모든 교직원의 의견을 들을 수 있는 여러 가지 시스템을 도입하였다. 업무 전달식 교무협의를 폐지하고, 교직원이 둥글게 앉아 모두의 의견을 돌아가면서 이야기하는 서클 회의를 진행하였다. 많은 사람 앞에서 자신의 의견을 적극적으로 손을 들어 말하는 사람은 드물다. 그러나 자신에게 기회가 주어진다면 모두가 생각을 자연스럽게 말하게 된다. 여러 의견을 들으면서 자기 생각과 동료의 생각이 합쳐져서 좀 더 나은 합의점을 찾을 수 있게 되는 것이다.

다양한 의견을 듣고 합의하고, 합의한 것을 실천하면서 학교는 좀 더 민주적인 방향으로 나아갔고, 교사는 적극성과 역량이 성장하게 되었다. 혁신학교 10년 차인 천안동성중학교의 가장 큰 장점은 교사들이 평상시에는 개개인이 역할을 수행하다가 학교에 큰일이나 행사가 있을 때는 모두 협력하면서 역량을 발휘한다는 것이다. 교사 한 명 한 명이 자신의 역량을 최대한 발휘하면서 일을 할 수 있게 된 것은 앞에서도 이야기했듯이 채용에서의 공정성과 경영에서의 자율성을 보장해 준 결과라는 생각이 든다. ◆

학교법인 진리학원(천안동성중학교) 상임이사

강재호

이 책은 팔순 가까운 인생길을 온몸으로 헤쳐오면서 울분, 인내, 기쁨, 사랑으로 엮어온 최호준 이사장님의 자기 고백서이자 살아 있는 생생한 모습, 그 자체다.

해방 이후, 격동기 현대사를 거쳐야 했던 젊은 날의 고민과 모색은 엄혹했던 80년대를 대학교수로서 또 학생처장으로서 올바른 역사의식과 대학의 시대적 소명에 대해 학생들과 함께 아파하며 고뇌하게 했고, 그 편린들이 책 속에 조각조각 담백하게 녹아져 있다. 최 이사장님은 공동체를 대표하는 공인으로서 편법과 권위주의를 멀리하고 원칙과 아래로부터의 공의를 중시하였다. 일상생활 속에서도 늘 낮은 자세로 임하였고 그러한 그의 삶의 여정이 파노라마처럼 스토리텔링으로 복원되어 있다.

사람 중심의 감성 행정, 나눔과 섬김의 문화, 이성과 감성이 어우러지는 대학 캠퍼스, 사랑과 화합의 교육공동체 등 경기대 75년 역사에서 '진경시대(眞景時代)'라고 평가되는 총장 재임 4년을 성찰하면서 회고하고 있다. 진리학원 이사장으로 '학교법인의 역할은 무색무취한 공기와 같아야 한다.'는 일념으로 전국 최우수 혁신학교에 이어 충남 유일의 미래 혁신학교로 거듭나고 있는 천안동성중학교의 어제와 오늘을 반추하고 있다. 또 문화 예술적 감수성으로 미적가치를 담아 창출한 다목적 문화 복합공간인 아트레온과 웃고 울며 지켜온 장아람 30년 역사 그대로를 만날 수 있다.

이 책은 한 사람의 살아온 날의 이야기를 넘어 인간과 자연에 대한 깊은 존중과 아낌의 철학이 빚어낸 산물이기에 오늘을 사는 우리에게 소중하다.

동성중학교 교장

권경숙

평교사로 시작해 지금의 교장 직무를 수행하기까지 26년간 법인의 이사장님으로 인연을 맺어왔다. 법인과 관련되어 채용된 사람 하나 없이 공정하고 투명하게 동성중학교 교육공동체를 이룰 수 있었던 이유를 책을 읽으며 다시금 확인하고 감동과 자긍심으로 벅차올랐다. '세상을 더 나은 곳으로 이끄는 리더'가 육영사업을 통해 얼마나 큰 선한 영향력을 미치는지 26년간 현장에서 실감하고 또 실감했다. 사학의 경우 법인이 가진 교육철학과 가치가 학교의 운영과 교육에 많은 영향을 미칠 수밖에 없는 구조이기에 사립학교가 가지는 모습은 너무나 천차만별이다. 그러한 현실에서 동성중학교가 사립임에도 공교육의 모범적인 롤모델이 될 수 있었던 그 시작은 바로 최고 리더의 인내하는 삶, 섬김의 삶, 의롭고 바르며 선한 삶에서 비롯되었다고 해도 과언이 아니다.

공교육 현장의 다양한 어려움이 사회에 큰 이슈가 되

어 회자되는 상황이다. 그럼에도 지역과 학부모, 교육청으로부터 안전하고 행복한 학교로 인정받고 신뢰받으며 성장하고 있는 동성중학교가 될 수 있었던 이유가 고스란히 이 책에 나와 있다. 미래교육과 교육의 본질에 충실한 충남에서 명문 사학으로 우뚝 설 수 있었던 여러 이유와 동력이 책을 읽으며 그대로 전해져 많은 교육 관계자에게 추천해 주고 싶다.

동성중학교 교감, 작가

한현미

난세 아닌 시대가 없겠지만 우리의 근현대사는 지난한 질곡의 시대였다. '굴곡진 가족사' 부분을 읽으면서 우리 민족이 겪어 낸 그 고난의 역사를 이사장님의 가족이 어떻게 헤쳐 나왔는지 엿볼 수 있었으며, 우리 천안 동성중학교가 이렇게 전국적인 명문 학교로 자리 잡을 수 있었던 것도 이사장님과 선대인(先大人)의 민주적이며 진취적인 교육철학 토대 위에서 가능했다는 것도 알 수 있었다. 선대인의 강력하고 고집스러운 외길에 현명하게 자식 된 도리를 하는 이사장님의 삶에서 많은 것을 배웠다. 어르신의 학문적 깊이와 예술적 역량을 이어받아 늘 작품 활동을 하는 모습도 존경의 마음으로 그려보게 된다.

어떤 공동체에 속해있느냐는 매우 중요하다. 응원과 격려 속에 서로 성장하는 공동체도 있고, 그 반대의 조직도 있다. 우리 학교가 민주적인 문화 속에서 구성원 모두가 자신의 역량을 맘껏 펼칠 수 있는 공동체로 자리 잡을 수 있었던 것은 이사장님의 공정한 경영과 자율성을 존중하는 리더십 덕분이었다. 나 역시 그 일원으로 성장과 뿌듯함을 느끼며 학생들과 행복한 순간을 보낼 수 있었다. '장아람(장애아동을 사랑하는 사람들)' 단체를 만들어가는 과정을 읽으면서 세상의 외롭고 소외된 이웃에 대한 사랑을 어떻게 실천할 수 있는지 깨달았고 진한 감동을 느꼈다.

삶을 고요히 되돌아보고, 고난과 역경 속에서도 중심을 잃지 않고, 이웃에 대한 사랑을 실천하고자 하는 분들께 이 책을 추천한다.

7. 아트레온의 창업

아트레온 창업의 계기

아트레온 창업은 내가 극장 운영에 관여하게 된 것이 계기가 되었다. 아버지는 신촌의 신영극장과 명동에 있는 코리아극장을 사장이나 전무를 두고 운영해 오셨다. 그러던 중 연세가 들어가며 몸도 불편해지신 아버지는, 믿고 운영을 맡겼던 책임자들이 돈이나 능력 문제로 신뢰를 잃고 자리에서 물러나게 되자 아들인 내가 간접적이나마 극장 운영에 참여해 주기를 원하셨다.

그때부터 극장이나 영화산업에 대한 관심을 두게 되었다. 나름대로 그 분야를 지켜보니 그때는 텔레비전이 대형화되면서 극장 산업이 약간 주춤했다가 다시 올라가는 시기였다. 그래서 영화산업을 전반적으로 살펴보기 시작했다. 미국은 오히려 중공업보다도 더 기간산업처럼 영화산업을 장려하는 분위기였다. 마침 고교 동기인 하명중 감독이 신영극장에 그의 영화를 상영하게 되면서 그를 따라 영국을 비롯한 유럽 쪽 영화제를 가보고 각 나라의 영화관을 둘러볼 기회를 얻게 되었다. 또한 미국에서 생활할 때는 그 지역의 영화관을, 일본에 기거할 때는 일본의 영화관을 둘러보았다. 나름대로 리서치를 했다. 아버지 살아생전이실 때라 나서지는 않고 머릿속에 넣고 있기만 했다. 직접적인 계기는 다른 곳에서 찾아왔다.

아트레온 전경

신영극장 주변에는 7개의 극장이 더 있었다. 한때는 직배사를 통해 들여온 <인디아나 존스> 같은 영화들이 대히트를 쳤다. 그때 얻은 수익으로 선친은 명동의 코리아극장을 인수하며 확장을 꾀하셨다. 하지만 나는 단일관이 지닌 단점과 낙후된 시설을 보며 기존 영화관을 고수하는 것보다 새롭게 지어야 한다는 생각을 가졌다. 그러나 선친은 아무래도 연세가 있으시다 보니 과감한 변신을 꾀하기보다 안정을 지향하셨던 것 같다. 그래서 내가 나서서 신영극장과 코리아극장에 대한 리모델링을 추진했다.

신영극장의 리모델링 설계도를 작성하여 서대문 구청에 심사를 요청했다. 그런데 그 안이 두 번 연속 반려되었다. 설계를 맡아 대행 업무를 하던 사람이 내게 구청에 같이 가 줄 것을 요청했다. 그때 내가 서대문 구청 정책자문위원을 맡고 있을 때였는데, 마침 구청장의 자녀 결혼식이 있어 축의금을 들고 찾아갔다. 구청장을 만나 선친이 운영하시는 극장의 증개축을 위한 설계 심사가 자꾸 반려되어 건축 국장을 만나 그 원인을 좀 알아보고 싶다고 했다. 구청장은 자기가 알아서 하겠다고 했지만 청탁을 하려는 것이 아니니 내가 직접 만나서 알아보겠다고 했다. 구청장이 전화해서 알아보는 것 같았는데 수화기 너머로 볼멘소리가 들려왔다. 통화를 끝낸 구청장은 국장은 자리에 없고 과장만 있으니 재차 자신이 처리하겠다고 했다. 그럴 일 없다 하고 직접 만나러 갔다. 건축과장은 무슨 일이 있었던지 발에 깁스를 하고 그 발을 응접 탁자 위에 올려두고는 인상을 쓰며 우리를 맞이했다. 신영극장을 아버지 대신 맡아 운영하던 한 사장도 함께 갔었다. 건축과장은 탁자 위에 올린 발을 까닥거리며 시선은 한 사장을 향했지만 나보고 들으라는 듯 안 된다고 하는데 왜 자꾸 와서 사람을 귀찮게 하냐며 아주 위압적인 투로 말했다. 그럼에도 나는 가능한 예의를 갖추어 부드럽게 '나는 직업이 대학교수이고 부친이 극장 소유주시라 집안일을 돕고 있는데, 리모델링하려는 설계가 계속 반려가 된다하니 경위가 어떻게 된 건지 알아보려고 왔을 뿐'이라고 했다. 그랬더니 그 말은 들은 척도 안 하고 계속 안 된다면 안 되는 건데 왜 와서 귀찮게 구느냐며 온 몸과 말투로 거만을 떨었다. 지켜보다가 도저히 안 되겠다는 생각이 들었다. 공무원으로서 민원인을 맞이하는 태도가 이건 아니지 싶었다. "뭐 이런 인간이 있어! 당신이 공무원이면 다야? 내가 여기 청탁을 하러 온 것도 아니고 상황을 알아보려고 왔다고 했는데 당신 태도가 뭐야. 발 치워. 당신, 그런 식으로 행동하면 안 돼. 사람을 대하는 태도가 글러 먹었어. 내가 공무원 제자도 많고, 관청을 여기저기 다녀 봐도 당신같이 건방 떠는 자는 처음 봤어." 그랬더니 주변에서 난리가 났다. 같이 온 건축설계하는 이도 관청 담당자를 이렇게 대하면 앞으로 자기는 일을 어떻게 하냐며 발을 동동 굴렀다. 내가 이걸 안 한다고 큰일이 나는 것도 아니고, 안 하면 되지 이 일로 굽신거릴 거면 여기 오지도 않았다고 했다. 큰소리가 나니 구청장 비서실에서도 내려왔다. 나를 복도 한쪽으로 데려가 죄송하다고 하고는 이 사람은 비리 문제로 이미 다른 곳으로 발령 나서 대기 상태인데 내게 화풀이를 한 것 같다며 자신들이 알아서 처리할 테니 이해해 달라고 했다. 알고 보니 이 사람에게는 심사 전 교제가 필요한데, 우리가 아무 교제도 없이 통과시켜 달라고 하니 그동안 계속 거부했던 것이었나 보다.

그런 후에 서울 캠퍼스에서 부총장 겸 교학처장을 맡

고 있는 J 교수가 나에게 전화했다. 우리집이 극장을 소유하고 있는지 몰랐다며, 설계변경 심사가 계속 반려되고 있는 것을 알게 되어 연락했다고 했다. 자기 동생이 건축사무소를 하는데 그를 통해서 하면 통과가 가능하다고 장담하며 동생을 보내겠다고 했다. 그가 와서 하는 말이 설계 자체는 별거 아닌데 그게 통과되려면 로비를 해야 한다며 내게 로비 자금이 꽤 든다고 했다. 속에서 비위가 상해 분을 간신히 참고 설계변경 심사가 로비 없이 불가능한 거라면 차라리 건물을 다시 짓겠다고 하고는 그를 돌려보냈다.

이런 일련의 사건을 겪으며 설계 변경이 아니라 건축을 새롭게 해야겠다고 마음먹었다. 증축하려다가 이런 상황들을 맞닥치게 되며 의도치 않게 건축과 관련된 공부를 하게 되었다. 하지만 연로하신 아버지는 변화보다는 안정을 원하셨기에 부친 살아생전에는 신축이 어렵겠다는 생각이 들었다.

문화 복합 공간의 구상과 실현

그 당시 아버지는 주상복합 건물이 도심에서 붐을 이루고 있어 신영극장 자리에 이런 건물을 지을까 생각하셨다. 만약 그랬다면 위태로운 순간까지 갔을 것이다. 사장을 통해 주상복합 건물을 알아보라고 지시를 하셨다고 하기에 절대 하지 말라고 했다. 주상복합 건물은 분양이 제대로 안 되면 큰 문제다. 사장에게 문화 산업의 가치와 명분을 유지하고자 하니 신영극장 건물은 그대로 지키고, 그 일은 추진하지 말라고 확실하게 얘기를 해 놓았다. 그래서 추진하지 않았다. 그 당시 이대 쪽에 주상복합 건물이 많이 생겼었지만 분양이 잘 안되어서 대부분 재정적인 어려움을 겪었다.

나는 건물의 경제성도 중요하지만 문화적인 면도 중요하다고 생각했다. 문화적인 측면에서 신촌은 삭막하다. 신촌 거리 대부분이 음식점과 술집, 게임방, 노래방, 모텔 등 유흥의 문화만 가득한 것이 늘 안타까웠다. 그래서 신영극장의 역사적 가치를 잇고 문화적 요소를 가미하여 영상과 문화가 만나는 건물을 짓고 싶었다. 그렇다면 어떻게 해야 할 것인가를 여러 가지로 고민했다. 옛날 극장처럼 오페라하우스로 할까 싶었지만 돈도 많이 들고 위치나 환경에 어울리지 않겠다는 생각이 들었다.

전 세계적으로 복합 영화관이 제일 많이 보급된 곳이 미국이고 그다음이 영국이다. 유럽 쪽은 전통을 고수해 아주 느리게, 일본은 작은 규모로 일찍부터 진행이 되었다. 한국에서 제일 먼저 복합 영화관으로 방향을 전환한 곳은 명보극장이다. 명보극장이 개관할 때 하명중 감독과 그의 영국인 영화 에이전트와 함께 갔었는데, 그때 그 에이전트가 내게 이 복합 영화관에 대해 어떻게 생각하느냐고 물었다. 그래서 10년 이상 갈 수 없을 것 같다고 했다. 왜냐하면 먼저, 영사실이 너무 작았다. 인권을 고려하지 않았을 뿐만 아니라 현대식 영화관 건물에 비해 조잡했다. 영국 같은 곳을 보면 영사실을 가운데 놓고, 양쪽으로 8개 관을 배치했다. 그러면 중앙 영사실에서 한사람이 16개 관을 다 통제할 수 있는 시스템이 된다. 이것은 면적이 넓기 때문에 가능한 것이다. 하지만 좁은 땅에, 땅값이 비싼 서울에서 그렇게 하기란 쉬운 일은 아니다. 또한 명보극장은 영화관 문을 스크린과 마주 보게 해 놓았다. 문을 열면 빛이 바로 화면에 비치게 되어 있었다. 이렇게 하면 좌석을 더 많이 놓을 수는 있으나 좋은 관람 환경은 아니다. 대부분 영화관은 문을 옆으로 내어 빛이 화면에 바로 비치는 것을 방지한다. 특히 지하층에 있는 관은 의자 간 간격이 좁고 비상구가 제대로 되어 있지 않아 화재에도 매우 취약한 구조로 보였다. 하지만 그 당시에는 한국 최초 멀티플렉스 영화관으로 이름이 나니 엄청나게 인기몰이를 했다. 그러나 결국 내 말대로 10년을 가지 못하고 새로 생긴 멀티플렉스 영화관에 밀려나게 되었다.

그 후에 멀티플렉스로 지어진 것이 바로 아트레온이다. 문화적 콘텐츠를 담은 건물로는 거의 유일하다고 생각한다. 외국 영화관은 대부분 외관이나 파사드가 카지노 느낌이다. 그런 모형으로 가기는 싫었다. 아트레온을 단순한 영화관이 아닌 문화적 콘텐츠, 즉 갤러리나 전시관, 커뮤니티 공간 등이 어우러진 복합 문화공간으로 만들어 내고 싶었다. 경제적인 가치와 문화적인 가치를 양립시킬 수 있는 건물을 만들어야겠다고 생각한 것이다. 그러나 아무리 이상이 그렇다 하더라도 실제로 오픈을 했을 때 사람이 많이 찾아야 할 것 아니겠는가! 다행히도 멀티플렉스 영화관이 생긴다고 하니 극장가와 언론이 주목했고, 오픈하자 많은 관객이 모여들었다. 그때만 하더라도 하루에 만 명 이상 관객이 드는 게 쉽지 않을 때였는데 그렇게 사람들이 몰려왔다.

나는 이 건물을 지을 때 하나님의 축복이 있었다고 생각한다. 사실 땅만 있었을 뿐 건물 지을 돈이 마련되어 있던 것은 아니었다. 경제성을 생각했다면 건물 1층에 광장을 만들면 안 되었다. 거기에 만약 은행을 유치했다면 재원 확충에 큰 도움이 되었을 것이다. 그러나 이익만을 좇아 건물을 지었다면 문화적인 요소를 담는 것은 포기했어야 했을 것이다. 하지만 그것을 고집하고 건물을 지은 것은 문화적 콘텐츠가 중요한 가치가 될 미래를 고려했을 뿐만 아니라 신촌이라는 지역사회, 나로서는 대학교수로서 선비 집안의 전통과 가업을 잇는 문화적 가치를 어떻게 접목할 것인가라는 것에 비중을 두었기 때문이다.

또 하나의 고려 사항은 장애인에 대한 배려였다. <장아람재단>의 사무실도 이 건물 한 편을 쓰게 하였고, 장애인용 화장실 등 장애인 편의시설을 만들고 영화관에도 제일 좋은 장소에 장애인 좌석이 들어갈 수 있도록 했다. 부족했던 예산은 60억 엔의 자금을 끌어와 보충했다. 2년 거치 후 5년 동안 분할 상환을 해야 했는데 2개월마다 5억씩 갚아야 했다. 그런데 엔화 가치가 떨어지면서 3억 5천만 원만 갚으면 되는 등 기적 같은 일이 벌어졌다. 분할 상환을 끝내고 몇 개월 있으니 엔고가 되어 이자가 배로 뛰었다. 거기다 초창기에 입점한 케이티엔지를 비롯해서, 영화 상영 전 자기 회사의 상품을 홍보하는 기업들이 상당한 이익을 창출해 주었다.

이대의 저명한 디자인 전공 김영규 교수는 아트레온 건물을 보고 인간에 비유했다. 맨 위는 머리, 가운데는 가슴, 밑은 다리로 풀이하며 1층 광장은 다리와 같이 활동적인 것으로, 중심부는 영화관이니 감동과 감정을 맡은 가슴으로, 13, 14층은 다목적홀, 갤러리, 모임 공간의 설치로 머리의 영역으로 본 것이다. 이러한 문화적 가치가 연세대에서 시작하여 아트레온을 거쳐 이대 쪽으로 연결이 되어야 한다고 했다. 아트레온이 신촌의 허브가 되기를 기대한 것이다. 물론 이 건물 하나로 모든 것을 이루어 내겠다는 것은 아니었다. 다만 아트레온이 문화적 바람을 일으켜 점차 신촌 일대가 유흥 일색에서 벗어나 문화적 콘텐츠를 낳는 지역으로 변화되어 가길 기대한 것이다.

아트레온의 운영과 차별성

아트레온을 지을 때만 해도 멀티 관이 거의 없었다. 명보극장이 하나 있었는데, 위에서 언급했듯 문화적인 것은 생각하지 않고 경제성만 생각한 극장이었다. 한국의 영화관들은 대부분 해외 영화관을 본떠서 만들었기 때문에 라스베이거스에 있는 카지노 공간이 연상되게 만들어 놨다. 어두운 곳에 화려한 조명, 카펫이 깔린 바닥. 그러나 카펫은 관리가 잘 안되면 건강에 매우 안 좋다. 아트레온은 다르다. 나는 도시 재개발을 하고자 할 때 도심에 예술적 요소를 담아내야 한다고 생각한다.

그래서 도심이 문화적인 감성을 품는데 극장이 한몫해야 한다고 생각했다. 그런데 대부분의 극장은 주상복합 건물을 짓는 데 구색 갖추기거나, 상업 매장에 손님을 끌어들이는 자장(磁場) 역할을 위한 하나의 도구나 장치로 생각하는 경향이 있다. 그런 마케팅이 성공할 것인가는 지켜볼 일이다.

극장도 서로 차별화가 되어 여기는 이런 특색이 있고 저곳은 저런 특색이 있으면 좋을 텐데 너무 획일적이다. 공간이 주는 문화적 감성이 점점 대두되는 시대이기도 하고 코로나를 생각하고 건물을 지은 것은 아니지만 독립된 극장의 기능을 갖고 있는 아트레온은 점점 더 고객들이 선호하는 공간이 되지 않을까 생각한다. 문화적인 것과 경제적인 것을 함께 고려한다고 할 때 중요한 것은 건물 안에 콘텐츠를 어떻게 채워가는가이다. 건물주로서 이 건물은 영화관이 80% 이상이기 때문에 통합관리시스템을 어떻게 해나갈 것인가를 고민했다. 통일성을 갖는 건물로 소프트웨어를 채워가려고 노력했다. 그런 생각 없이 경제성만 고려해 돈이 되는 업종들만 유치했다면 이 건물의 문화적 이미지를 유지하기가 어려웠을 것이다.

또 하나는 융통성이다. 코로나 시대에 맞춰 건물의 용도를 변형해 가는 것은 전용 건물에서는 좀 더 용이한데, 임대나 주상복합에서는 쉽지 않은 일이다. 그러니 아트레온은 변화에 대응할 수 있는 인프라를 갖췄다고 할 수 있다. 아트레온은 극장을 주 용도로 지어졌기 때문에 극장을 위주로 문화적인 콘텐츠를 담되 주변의 상권과 어울리는 콘텐츠를 담아야겠다고 생각했다. 건물을 여러 사람에게 분양했다면 불가능했을 것이다. 건물주가 문화적 사고를 하고 있을 때 운영도 거기에 따라오는 것이지 여러 사람에게 분양해 놓고 전체적으로 통합적인 건물 생태계를 만들어 간다는 것은 거의 불가능하다고 본다.

코로나를 거치며 주거환경이 많이 달라졌다. 전에는 아파트 베란다를 없애고 넓게 쓰는 것이 유행했다면 지금은 베란다를 살려서 꽃이나 화분을 두려고 한다. 집도 교외에 정원이 있는 곳을 찾는 사람이 늘었다고 한다. 재택근무가 많아지고 서로 간의 접촉을 최소화하고 가족끼리 거하는 시간이 많아지니 답답한 아파트 구조에서 벗어나려는 움직임이 많아지는 것이다. 이러한 현상은 부동산 가격에도 많은 변화를 가져왔다. 서울만 천정부지로 솟던 때에 비하면 다소 평준화의 길로 가는 듯 보이나 부동산 가격이 안정화되는 것은 시급한 문제다. 부동산 정책은 한 정권에서 잘한다고 달라질 문제가 아니다. 지금까지 사회 풍조는 아파트를 투기의 대상으로 삼아왔다. 상위계층으로 올라갈수록 투기에 편승한 이들이 늘어난다. 이런 이들이 주택정책을 만들고 있으니 쉽게 변할 리가 만무하다. 돈 있는 이들이 삶의 주거 공간을 생각하며 건물을 짓는 것이 아니라 투자 즉 재산 가치로 건물을 만들어 놓았기 때문에 문화적 가치가 담긴 도시 생태계를 만들어가기가 힘들었다. 정책으로 몇 년 안에 달라지기를 기대하기는 어렵지만 부동산을 안정화할 수 있고, 삶의 질을 고려한 꾸준한 정책들을 펼쳐갈 때 조금씩 변화를 가져오리라 본다.

그런 의미에서 아트레온은 건물을 지을 때 가장 중요하게 생각했던 것이 광장이었다. 광장은 누구든 자유롭게 자기 의사를 밝히던 곳이다. 표현의 자유를 누리고 누구에게나 열려있는 평등의 공간이다. 그래서 생활 속에 광장의 문화가 있어야 한다고 생각했다. 하지만 이게 생각보다 쉬운 일이 아니었다. 우리가 기억하는 광장은 '5.16 광장'과 같이 정부에 의해 만들어진 것이었다. 그나마 광장이 빛을 보게 된 것이 월드컵 때였다. 시청 앞에 시민들이 자발적으로 모여 응원하며 광장 문화가 만들어졌다. 이것을 계기로 시청광장이라는 이름의 공간이 만들어진 것이지, 먼저 광장이 있었던 것은 아니다. 광화문도 마찬가지다. 이러니 개인 건물에 광장 개념을 도입한다는 건 쉬운 시도가 아니지만 애초에 광장을 고려해 건물을 설계했고, 14층에도 온라인상의 모임 공간을 오프라인에 만들어 커뮤니케이션을 통해 민주주의를 실현할 수 있는 공간을 만들었다.

또 하나, 건물의 내부도 중요하지만 외부도 중요하게 생각했다. 예를 들어 남대문이 문 하나만 잘 보수했다고 그 가치가 살아나는 것이 아니다. 주변이 빌딩 숲으로 남아있다면 남대문의 가치는 죽고 만다. 남대문 근처에 문화 벨트가 형성되어야 남대문이 가진 문화적 가치가 더 빛나 보이게 될 것이다. 이렇게 인도어, 아웃도

어를 넘나들 수 있는 환경을 만들어 가야 하는데 아트레온의 주변 대부분이 모텔이다. 모텔은 앞으로 사양 산업이 될 것이다. 신촌 일대에 오직 돈을 앞세운 상업 시설만이 아닌 경제성과 문화성을 함께 갖춘 건물들이 많이 들어서게 되기를 바란다. 그런 면에서 남보다 다른 시각, 앞서가는 생각을 아트레온이라는 건물에 담아내려고 애썼다.

민주성을 담아내는 기초로 건물 이름 짓는 일도 공모했고, 설계도 공모를 통해 선택했다. 건설회사도 입찰을 통해 균등한 기회 속에 경쟁해서 선출되도록 했다. 경제성과 건실성을 고려하며, 공정한 경쟁 과정을 통해 좋은 결과물이 나올 수 있게끔 했다. 건물주가 제 살 깎아 먹는 격인 리베이트를 거부했고, IMF 때라 공사 대금을 낮출 수 있어 오히려 재정은 좀 더 적게 들어가고 미감이 고려된 건물이 나왔다. '신영'이라는 본래 이름을 고집하지 않고 공모를 통해 올라온 '아트레온'이라는 새로운 이름을 선택했다.

나는 시민 행정을 전공했다. 건물을 짓는 절차와 과

정 속에 전공에 기초한 생각을 담아내려 노력했다. 이런 내 생각과 구상을 건축가인 김준성 교수가 훌륭한 설계로 펼쳐 놓았다. 그런 노력은 건물 디자인상, 서울시 건축상을 받음으로 보상받았다. 그뿐 아니라 세계적인 건축가로 9.11 테러로 파괴된 곳에 원월드트레이드센터(One World Trade Center)를 설계한 다니엘 리베스킨트(Daniel Libeskind)가 2003년 한국에 와서 딱 한 곳을 보고 간 곳이 아트레온이고, 어떻게 개인이 '광장'을 건물 1층에 넣을 수 있었는지 새로운 발상에 감탄했다고 들었다. 아트레온 건물은 지금 거의 20년 가까이 되었는데도 여전히 시대에 뒤떨어지지 않는 매력을 가진 건물로 평가받는다.

한번은 각 나라를 돌면서 영화관의 모습, 풍경을 조사하는 조사단이 왔었다. 그들은 아트레온 건물의 내·외부를 살펴보고 최고라고 했다. 세계의 영화관을 다 돌아다녀 봤지만 현대적 흐름에 맞는 파사드, 열린 광장, 소통 공간, 장애인 배려 시설, 시민 정서를 고려한 문화콘텐츠 등이 이렇게 잘 어우러진 건물은 처음 봤다고 했다.

아트레온의 미래

아트레온은 앞으로도 새로운 모색을 계속해 나갈 생각이다. 단지 영화만이 아니라 좀 더 폭넓게 공연, 전시 등 복합 문화공간의 역할을 할 수 있게 만들 것이다. 입주해 있는 다른 문화 콘텐츠 기업들과 협력 시스템을 만들어 팬데믹 시대에 적합한 스포츠 레저 시설을 접목해 시너지가 나게 하면 거기서 나오는 부수적 효과도 기대할 수 있을 것이다. 예를 들어 CGV는 대기업이기 때문에 전용관을 운영할 수 있는 여러 인프라를 가지고 있다고 본다. 하지만 전용관을 따로 건축하려면 시간이 꽤 걸릴 것이다. 있는 건물을 활용해서 더 풍성한 콘텐츠를 개발하고 관객들에게 다가간다면 서로에게 유익이 될 것이다.

아트레온 건물 옆에 있는, 현재 주차장으로 이용되고 있는 공간을 활용할 구상도 하고 있다. 유니버설 스튜디오에 트랜스포머 관이 있는데, 지하에 물길을 만들어 배를 띄워 한 바퀴 돌 수 있게 만들어 놓았다. 놀이기구를 타기 위해 지하로 내려가는 길에 광고판을 만들고,

작은 상점들을 연결해 놓으면 어떨까? 라스베이거스에 가면 건물과 건물 사이를 연결하는 열차가 다닌다. 청룡 열차 비슷하게 만들어 한 바퀴 돌게 해 놓았는데, 그런 것을 도심 속에 해 놓아도 재미있을 것 같다. 백화점이나 주상복합만을 생각하지 말고 좀 더 창의적으로 접근하면 좋겠다. 주차 공간을 여유롭게 만들어 놓고, 온실을 크게 만들어 식물이 가득한 곳에서 커피나 차를 즐기게 하는 것도 생각해 본다. 돔 형식의 공연장과 여유로운 주차장 등 차별화된 문화 콘텐츠와 건물이 어우러지면 사람들도 많이 찾게 될 것이라는 생각이 든다. 획일성을 버린 창의적인 건물과 독특하여 눈길을 끌 수 있는 콘텐츠를 함께 접목한다면 도심도 예술과 문화가 함께 숨 쉬는, 사람을 살리는 삶의 공간이 되리라고 생각한다.

◆

8. 장아람의 시작과 사역

시작의 계기

1980년에 경기대학 교수로 임용되었고, 1985년에 학생처장을 했다. 그때는 전두환 정권이 들어서며 여러 가지로 국내적 상황이 안 좋을 때였다. 학생들의 민주화운동이 치열하게 일어났고 하루하루가 너무나도 고달프게 지나갔다. 그때 학생들의 부탁으로 CCC(Campus Crusade for Christ)의 지도교수를 맡고 있었는데, 기독단체 연합 학생들이 학생처장실 앞 잔디밭에서 찬양을 불러주며 나를 응원해 주기도 했다. 한번은 CCC 모임에 와서 설교해달라는 요청이 왔다. 설교를 해 본 적이 없어 반려했으나 강의 형식으로 해도 된다며 재차 청했다. 30분 정도 강의하고 연구실로 돌아오는데 학생 한 명이 따라왔다. 그는 정진필이라는 학생이었다. 그는 경기대가 농아원이나 장애아동들이 있는 영아원과 가깝게 위치해 있어 타 대학에 갈 성적도 되었지만 경기대를 택했고, 사회복지학과에 차석으로 들어와 장학금을 받아서 에바다 농아원에 기부했다며, 장애인들이 겪는 어려움에 대해 많은 이야기를 했다. 가슴 뭉클하게 이야기를 들었다. 그는 앞으로 '손말사랑회'라는 수어 동아리를 만들려고 하는데 내가 도와주면 좋겠다고 했다. 사회복지학과 전공 학생이기에 관련된 교수들도 많을 텐데 굳이 행정학과 교수인 내게 부탁하는 이유를 물어보았다. 그는 오늘 내 강의를 들으며 온기를 느꼈다고 했다. 따뜻한 마음을 가진 교수님 같은 분이 자기가 만들려는 단체를 후원해 주면 좋겠다고 했다. 그렇게 인연을 맺게 되었다. 그때 제자 중 수원 시청에서 근무하는 이윤희에게 청각장애인을 위한 수어동아리를 만들어야 하는 데 후원자를 모아주면 좋겠다고 했더니 30여 명의 약정서를 받아왔다.

추석 명절을 앞두고 학생들과 함께 농아원을 방문하게 되었다. 손말사랑회 친구들과 아이들이 좋아할 만한 과자와 과일, 송편을 준비해서 에바다 농아원에 갔다. 여섯 살쯤 되는 어린아이 하나가 내게 와서 몸을 부비며 반가운 표정을 지었다. 이 아이가 붙임성이 좋아 그런가 하고 가만히 지켜보니 그것이 그 아이로서는 반가움의 표현이었고, 대화를 나눌 수는 없었지만 나를 졸졸 따라다니는 게 너무 뭉클했다. 더구나 우리가 왔다고 강당에서 아이들이 탬버린을 흔들며 노래를 하고 춤을 추며 환영회를 해주는데 처음 그런 모습을 보다 보니 가슴이 찡하며 먹먹했다. 참 뜻 깊은 경험이었다. 그 후 '손말사랑회'가 구성되었고, 얼마 지나지 않아 경기대학에서 전국의 대학으로 퍼져나갔다.

김소라 아동의 수술 과정

어느 날 정진필 학생이 어렵게 쓴 편지를 전해왔다. 김소라 아동 이야기였다. 이 아이는 마산에 있는 보육원 앞에 버려졌는데 그곳에서 살고 있는 소아마비 장애인 미혼 여성이 엄마처럼 돌보고 있다고 했다. 소라는 구순구개열 파열 장애를 가진 아이였다. 구순구개열 파열은 수술만 하면 장애 없이 나을 수 있다는 이야기를 듣고 이 여성은 한양 대학교 병원을 무작정 찾아갔다고 했다. 의사들에게 간곡히 부탁을 해서 수술은 무료로 진행하기로 했고 입원비와 제반 비용은 지불하기로 했다고 한다. 일단 진찰 먼저 받고 일부 치료를 하면서 나이가 어느 정도 되어야 수술을 할 수 있다고 해서 소라를 한양 대학 병원에 입원시켰다. 소라를 데리고 서울로 올라 온 친구는 대구 효성여대 사회복지학과를 다니던 여학생이었다. 이 여학생은 소라 이야기를 듣고, 자신이 소라를 데리고 한양대 병원에 가겠다며 마산에 있는 소라를 둘러업고 병원에 올라왔다고 했다. 입원했다는 이야기를 듣고 병원에 갔더니 이 대학생이 마치 엄마처럼 소라를 돌보고 있었다. 이제 갓 스물 초입의 대학생이 함께 먹고 자면서 아기를 돌본다는 것이 절대 쉽지 않은 일인데, 엄마 소리까지 들어가며 이런 일을 해 준다니 정말 고맙다고 했더니 그녀는 오히려 병원의 제반 비용을 후원해 주시는 교수님 같은 분도 있는데 자기는 아무것도 아니라고 했다. 그 겸손함과 기특함이 마음을 울렸다. 그렇게 소라를 만나고 병원을 나오며 정진필 학생에게 말했다. "이 일은 한 아이로 이렇게 끝낼 것이 아닌 것 같네. 하나님께서 나를 이 길로 이끄신 것 같으니 이걸 조금 더 조직화하고 키워나가 더 많은 장애아동에게 도움을 주도록 하세."

그 후 정진필 학생은 군대를 다녀왔고, <손말사랑회 전국연합회>가 생겼는데, 회장이 한양대 학생이었다.

그때는 아버지가 내게 모든 것을 맡기셨을 때가 아니어서 극장 일에 간접적으로만 관여하고 있었다. 그나마 조금이라도 관여하고 있었기에 장애인들에게 문화를 접할 기회를 제공하고 싶으니 영화를 무료로 관람할 수 있게 해주자고 극장에 제안했다. 장애인 네트워크를 통해 여러 장애인이 봉고(90년대 승합차)를 타고 영화를 보러왔다. 수십 명이 왔는데, 장애인 편의시설이 안 되어 있어 휠체어를 타는 장애인들은 봉사자들이 업고 영화관으로 들어갔다. 계단이 곳곳에 있었고, 화장실도 좁았고, 장애인용 화장실이 따로 있는 것도 아니었다. 한 달에 한 번씩 영화를 보여주겠다고 해놓고 극장 환경이 장애인을 맞이하기에는 너무나 부족해서 무안하고 미안했다. 그래서 화장실 중 하나라도 재래 변기가 아니라 좌식 변기로 바꿔놓고 장애인용 화장실이라는 푯말을 붙여놓고자 했다. 지금은 장애인을 위한 표식이 다양하게 있지만 그 당시만 해도 그런 푯말이 없어 직접 만들어서 조그맣게 붙여 놓았다. 장애인들이 올 때마다 미안한 마음이었다. 그러나 다행히 지체장애인들뿐 아니라 청각장애인과 시각장애인들도 좋아하는 게 보였다. 극장에 와서 영화를 본다는 사실 자체가 좋았나 보다.

몇 년이 지나 소라의 수술을 본격적으로 해야 하는 시기가 왔다. 수술비용은 삼사백만 원이 든다고 했다. 그때 당시 큰돈이었기에, 정진필 학생도 내게 요청하지 못하고 있었다. 이상적인 이야기이긴 하지만 너희들이 수어 공연을 해서 기부금을 모아볼 생각이 없느냐고 제안했다. 그래서 몇 번 공연 연습을 열심히 했는데 조직이 깨졌다고 했다. 손말사랑회 전국대학생회장이 장애인이 전국적으로 500만 명이나 되는데 우리가 전체를 위한 외침이나 투쟁을 해야지 한 아이를 위해서 이런 고생을 할 이유가 없다고 해서 조직이 와해하여 버렸다는 것이었다. 정진필 학생은 자신이 캐나다 유학을 위해 수년 동안 알바를 해서 천만 원을 마련해 놓았는데, 그중에 4백만 원을 소라의 치료비로 내고 일 년 정도 알바를 더 한 후 유학하러 가겠다고 편지를 보내왔다. 편지를 받고는 시골에 내려가 있는 정진필 학생을 올라오라고 해서 소라의 치료비는 내가 어떻게든 마련해 볼 테니 너는 네 갈 길을 가라고 했다. 소라의 수술비는 당시의 교수 월급으로는 해결하기가 좀 벅찼으나 이래저래 마련해 주었고, 소라는 수술을 받았다.

장아람의 창립

소라의 일을 계기로 지속적으로 장애아동을 위한 일을 해 보자는 나의 제안이 받아들여져 <장애아동을 사랑하는 사람들(이후 장아람)>을 1995년에 창립하기에 이르렀다. 정진필은 유학을 준비하고 있었기에 일을 맡아서 할 사람으로 지금은 장아람의 국장이 된 이미경을 소개받았다. 장아람 역시 어떤 재원을 가지고 시작한 것이 아니었기 때문에, 이미경을 소개받았지만 월급을 줄 형편이 못 되었다. 그래서 신영극장의 후원을 받으며 일을 시작하기로 했다. 정진필은 유학을 떠났고, 소라는 치료가 끝나고 입양이 되었다는 소식을 들었다.

이렇게 장아람은 아주 미약하게 시작되었고, 이 국장이 주로 혼자 일을 도맡아서 했다. 창립 시 함께 뜻을 모았던, 그 당시 청음회관에서 일을 하고 있던 조현아 선생은 여러 실질적인 조언을 해 주었고, 회원들을 모집하기 위해 중요한 역할을 했던 장아람 소식지는 IVF(Inter-varsity Christian Fellowship)에서 『대학가』를 만들고 있던 박종숙 간사가 맡아 주었다. 그 후에 1997년 10월 『디자인네트』라는 월간지를 창간하고 연세대 뒤쪽 연희동에 사무실을 두고 있다가 충무로로 사무실을 옮기게 되었다. 그때 오랜 인연을 맺고 지내던 제자 안 모 강사와 미국 유학에서 돌아온 박성술 군이 『고향의 소식지』를 만들어 인적 네트워크 활동과 수입 창출을 위해 애쓰고 있었다. 그래서 그들을 위해 천만 원을 후원해 충정로에 사무실을 얻어주고 활동하게 하다가 임대료가 부담되어, 장아람 사무실을 그들과 함께 쓰게 하였다. 그때가 1998년이었다. 그때부터 비로소 장아람이 작지만 독립적으로 사무실을 갖추고 일을 하게 되었다.

그 후 재단을 설립하려고 보사부(현 보건복지부)를 왔다 갔다 하며 추진했지만 잘 안되었다. 후에 행자부(현 행정안전부)에 재단을 설립할 수 있었다. 장아람은 1995년에 창립이 되었는데, 1987년에서 1995년은 창단을 위한 태동의 시기였다.

충무로 시대를 열며 이은주 간사가 들어오고, 박종숙 간사가 파트타임으로 일을 하게 되고, 안선현 간사가 합류하며 본격적으로 일을 하게 되었다. 장아람은 1999

년에 법인에 준하는 단체 승인을 받아 기부금 영수증을 발행할 수 있게 되었으나, 사단법인 장아람재단으로 승인된 것은 2009년이다. 2003년, 신촌에 아트레온 건물이 완공되고, 4층 통로 자투리 공간에 임시로 있다가 10층에 사무실과 전용 교실을 갖춘 45평 정도의 독립된 장아람재단 사무실을 마련했다. 좀 더 넓은 공간에 독자적인 사무실을 갖게 된 것이다. 또한 1층의 열린 공간이나 14층 모임 공간을 활용하여 프로그램을 진행했다. 아트레온의 인적 물적 협조를 받게 되어 좀 더 활발한 활동을 할 수 있게 되었다. 프로그램이나 행사가 조직적이고 체계적인 방향으로 나가게 되었다. 조직도 정비되고 인원도 충원되면서 장아람재단의 활동 영역이 넓어지고, 프로그램이 심화되면서 효과가 극대화되고 내실화되었다.

장아람의 재정 확보

장아람은 설립 때부터 후원금의 대부분을 장애아동

에게 사용하고 인건비나 활동비 등 제반 경비는 30% 미만으로 책정하는 것을 원칙으로 했다. 그러다 보니 간사들의 인건비가 큰 문제였다. 이런 목표가 사실 너무 이상적이었다는 걸 조직이 커지면서 절실히 느끼게 되었다. 대부분 비영리 단체의 운영비 중 가장 큰 부분이 인건비다. 사람이 있어야 일을 할 수 있기 때문에 당연한 이야기다. 그러므로 운영하는 사람은 물론 후원자들도 인건비를 사역과 따로 생각해서는 안 된다.

장애아동이나 그 가족을 위한 프로그램을 실질적 도움이 되는 방향으로 심화시켜 나가기 위해서는 인적, 물적 시스템이 갖추어져야 하므로 전문성을 지닌 인력을 충원하고 싶었지만 내 입장에서는 인건비 충당 때문에 여간 부담스러운 것이 아니었다. 처음 설립했을 때는 이미경 국장 혼자 일을 하기도 했고, 신영극장의 후원으로 인건비가 충당되었다. 장아람재단 사역을 확장하고 운영을 체계화하면서 지금은 아트레온의 기부금 한도 내에서 장아람재단을 후원하고 장아람재단에서는 이렇게 모인 후원금을 바탕으로 인건비를 독립적으로 해결하고 있다. 그렇기에 후원금의 대부분을 장애아동의 치료와 교육에 쓸 수 있다.

매년 치르고 있는 크고 작은 행사와 봉사자의 밤 등 프로그램에 필요한 물품은 관계기관에서 협찬받는다. 그래도 부족한 부분이 있으면 내가 재정적으로 채워 나가고 있다. 매년 행사의 규모가 커지다 보니 지난해보다 더 많이 해야 한다는 부담은 있지만, 협력해서 선을 이루는 일에 함께 할 수 있는 것 자체가 축복이라고 생각하면서 즐겁게 감당하고 있다. 소소한 선물들을 나누는 정성의 마음이 흘러가니 장애아동 가족이나 회원들도 좋아하고, 봉사자들도 가족 같은 분위기에서 더 열심히 한다고 생각된다.

그럼에도 실무자는 걱정이 많다. 직원이 늘어 인건비를 충당하는 것도 고민이고, 규모가 커지면서 늘어난 다양한 행사를 기획하고 진행하는 것도, 사업을 운영할 자금을 확보하는 것도 쉽지 않다. 장애아동을 위한 치료비나 교육비는 고정적으로 지출되는 부분이기에 그 외의 사업은 재정이 확보되어야 진행이 가능한데 기부금을 보조해 주는 단체들은 대부분 행사나 사업이 지닌 특수성이나 정체성보다는 보편성이나 성과를 중요시하기 때문에 보조금 선정에서 배제되는 고민이 있는 것이다. 내 재산을 출연해서 기금을 만들어 놓고 운영하라고 하면 과연 잘 운영될까도 미지수다. 은행 이자가 낮아 근본적인 대책이 되지 못할뿐더러 조직이 커지고 활동 영역이 확장되면서 겪게 되는 재정적 어려움을, 누가 내 일처럼 지금 나의 마인드를 가지고, 타개해 가면서 일을 해 주겠는가에 대한 고민도 적지 않다. 지금은 아트레온이라는 법인과 나의 개인 후원이 큰 몫을 차지하며 운영을 이어가고 있지만, 개인 후원금도 한계가 있고, 기부금 모집도 쉽지 않기 때문에 어떤 식으로든 재정확보를 위한 타개책을 마련해 가야 하는 것이 장아람재단의 큰 숙제이기도 하다.

장아람재단 사무실은 아트레온 건물 내에 있고, 초창기부터 꾸준히 이어오는 8월 '장아람 가족 만남의 날'과 12월 '저금통 데이' 행사도 아트레온 건물을 이용한다. 시설을 대여하여 이용하는 비용이 들지 않는 것이다. 시설적인 면에서나 직원들의 헌신적인 근로봉사 면에서도 아트레온이 없었다면 장아람재단은 크고 작은 행사나 사업을 유지하기가 쉽지 않았을 것이다. 아트레온 역시 이런 나눔의 가치를 기업이념에 담아내어 사회적인 기여를 한다는 데서 하나님의 축복이 있다고 본다. 이러한 기본적인 인프라가 있다 보니 장아람재단은 규모나 내용에 있어 알찬 행사를 진행할 수 있었다.

양평, 꿈땅

장애인은 물론 그 가족이 쉴 수 있는 쉼터가 있으면 좋겠다는 생각을 실무진 모두가 공유하고 있었다. 장애인 가족이 서울에서 차로 한두 시간 안에 갈 수 있는 곳에 누구의 눈치도 볼 필요 없이 마음 편히 쉴 수 있는 공간이 있으면 좋겠다고 생각하며 간사들과 일 년 동안 적합한 곳을 찾으러 다녔다. 하지만 딱 맞는 곳을 찾기가 쉽지 않았다. 그러다가 양평에 있는 아내 친구 집을 방문하게 되었는데, 양평 북한강 강가에 지어 놓은 집이 너무 좋아 보였다. 그래서 그 근처를 수소문하였다. 마침 그때 별장 터로 가지고 있었던 속초 땅을 팔게 되어 여윳돈이 좀 있었다. 속초는 너무 멀고 별장 터를 서울 본가에서 가까운 곳에 잡아야겠다고 생각했다. 아내도 농촌 생활을 원했기 때문에 별장으로 삼기에 양평이 최적의 장소 같았다. 그래서 아내 친구의 소개로 북한강을 마주 바라보고, 뒤는 산이 감싸고 있는 좋은 땅을 구매하였다.

꿈땅 입구

양평에 땅을 샀다고 하니 장아람재단 사무국 사람들이 보여 달라고 했다. 보고 나서는 위치며 경치가 너무 좋다며, 이 땅은 장아람재단에게 주고 개인 별장은 다른 곳으로 알아보면 어떻겠냐고 했다. 양평 땅은 그간 고생해 온 아내의 선물로 마련한 곳이었기에 고민이 되었다. 일단 미국에 가서 아내에게 말해 보겠다고 했다. 그런데 내가 가서 얘기를 꺼내기도 전에 아내가 먼저 그렇게 아름다운 곳을 혼자 누리는 것은 사치인 것 같다며, 장아람재단과 함께 쓰는 게 어떻겠냐고 뜻을 전해 왔다. 예상 못 했던 참 고마운 마음이었다.

그렇게 장아람재단의 꿈땅이 시작되었다. 처음 마련된 땅은 500여 평이었다. 이것저것 생각해 보니 장아람재단과 함께 쓰기에는 좁겠다는 생각이 들었다. 그래서 주변 땅을 더 사고 싶다고 부동산에 부탁해 놓았다. 얼마 후 부동산에서 주변 땅 677평이 나왔다고 연락이 왔다. 땅 주인이 어느 가수의 남편인데, 그 사람은 구입한 지 상당한 시간이 지났으나 값도 얼마 오르지 않아 팔 생각이 없다고 했었다. 그러다 부동산에서 여러 차례의 설득 끝에 땅 주인이 팔기로 했으니 나오라고 했다. 갔더니 한 시간을 기다려도 땅 주인이 오지 않았다. 부동산업자가 직접 땅 주인이 있는 곳에 가보고 오겠다고 차를 가지고 나가더니 그와 함께 한 시간 만에 돌아왔다. 오긴 했지만 딱 봐도 억지로 끌려 나온 티가 역력했다.

잠시 지켜보다 말을 꺼냈다. "나는 대학 교수인데, 여기 땅 5백 평을 얼마 전에 구입했습니다. 개인적으로 쓰려면 이걸로 충분하고 이것도 사치입니다. 그런데 나는 장애아동들을 돕는 <장아람재단>이라는 단체도 운영하고 있습니다. 여기에 장애아동들이나 그 가족들이 와서 쉴 수 있는 쉼터를 마련하고자 합니다. 그걸 하자니 땅이 좀 부족합니다. 마침 이 땅이 나왔다고 해서 왔는데, 좋은 일에 기여한다고 생각하고 팔아주면 고맙게 생각하겠습니다." 했다. 그랬더니 그의 표정이 밝아지더니 "아, 그러시군요. 그런 좋은 일을 하시는 데 도움이 된다면 제가 기꺼이 팔겠습니다." 하였다. 나의 말에 마음을 바꿔준 그가 고마웠다.

그렇게 그 당시 평당 백만 원이 안 되게 땅을 샀다. 그 후로 지금까지 이곳에 장아람재단 꿈땅을 조성하며 펼쳐진 일들은 하나님의 섭리가 아니면 이렇게 진행되지 못했을 것이라는 고백이 나올 만큼 하나하나 때를 맞추어 진행되었다. 그 근처 땅으로 미나리 밭이 있었는데, 그 미나리 밭을 가꾸는 이는 멀리 경상도에서 온 사람들로 농가주택에 머물며 미나리 밭을 경작하고 있었다. 양평을 오가면서 그들과 친해졌다. 오며 가며 먹을 것도 나누고 편의를 봐 드리고 친절히 대해서 그랬는지 어느 날 이제 더는 미나리 농사를 지을 형편이 안 되니 장애인을 위해 좋은 일을 하는 내가 미나리 밭을 사는 것이 좋을 것 같다고 땅 주인에게 얘기해 보겠다고 했다. 그들의 도움으로 꿈땅 입구 쪽으로 땅을 더 넓혀 나갈 수 있었다.

강가에 무성한 나무를 정리하고, 강에 휩쓸려 내려간 땅에 축대를 쌓고 정원 조경공사를 하는 등 매년 크고 작은 공사를 했다. 공사를 위해 서교조경(대표 전군자)을 소개받았는데, 마치 자기 집을 가꾸듯 성실하게 임해주었다. 그는 자기 집에 있던 것 중 조경에 필요하다 싶은 물건들을 기증하기도 하고 적당한 가격대에 자신의 농원에 있는 큰 소나무, 향나무, 금송, 백송 등의 나무들을 가져오곤 했다. 그가 초기에 조경을 잘 잡아주었기에 꿈땅이 이만큼 정비될 수 있었다. 그도 일을 하면서 공사 과정에서 무엇을 하든 필요한 것이 있으면 신기하게도 제때 좋은 분들이 나서고 적합한 자재들이 적절한 가격에 마련이 된다고 놀라워했다. 2차로 구입한 677평 땅 중, 150평에 울타리를 치고 무단으로 사용해 왔던 권력기관 간부의 횡포, 진입로와 맞교환, 경계측량, 자연경관의 훼손 등 주변 사람들과 적지 않은 갈등이 있었다. 하지만 어디든 다 텃세는 있기 마련이고, 결국 관계란 시간을 두고 맺어가야 하는 것임을 알기 때문에 조바심을 내지 않았다.

무엇보다 장애라는 핸디캡이 있는 사람들이 드나드는 것을 우리 사회가 곱지 않은 시선으로 바라보는데 다행히 여기서는 그런 느낌을 전혀 못 느끼고 있다. 내가 생각하기에 그 이유는 장애인을 내세워서 정부 보조를 받아 가며 자기 사리사욕을 채우는 시설이 아닌, 자연환경이나 주변과 어울리는 아름다운 정원을 사비를 들여 정성껏 가꾸고, 장애와 비장애가 함께 어울리며 즐길 수 있는 시설과 공간을 조성했고, 거기에 여기를 오가는 이들이 서로 다정하고, 이웃에게 친절한 것이 좋은 인상을 주었다고 본다. 갈등이 걷히고 나니 옆집이나 이웃들이 '정말 좋은 일 하십니다.'라고 하면서 응원을 보내주고 있다. 그것만으로도 축복이다.

꿈땅의 재정비

2004년 처음 500여 평을 사 꿈땅을 시작한 이래로 두 번째로는 677평, 세 번째로 400여 평을 구입하였다. 그 후, 10여 년에 걸쳐 정자, 본채, 숙소 등의 건축물을 마련하였다. 정원에는 연못과 분수를 네 군데 설치하였고 나무는 소나무, 향나무, 보리수, 주목으로 조성하였다. 그리고 담장 내외를 합해 텃밭 7~800평이 조성되어 있고, 특히 장아람재단 텃밭 400여 평은 4년간 간사들과 봉사자들이 정성껏 가꾸어 매주 전국의 장애아동가정에 신선한 채소를 보내주곤 하였다. 그러나 서울 사무실 일과 양평 농사일을 적은 인원의 간사들이 계속 감당하기는 여간 버거운 것이 아니었다. 근근이 버티어 오다가 결국 2019년부터는 농사를 쉬게 되었고, 매년

170여 명이 함께 했던 봄 씨뿌리기 행사와 가을 추수 행사를 봄, 가을 소풍으로 대체하게 되었다. 소풍으로 바꿔고 나서는 꿈땅에 설치된 놀이시설을 즐기고 공연을 감상하고 다양한 체험활동을 하는 시간이 되어 장애인 가족과 후원자들이 함께 즐거운 시간을 가지고 있다.

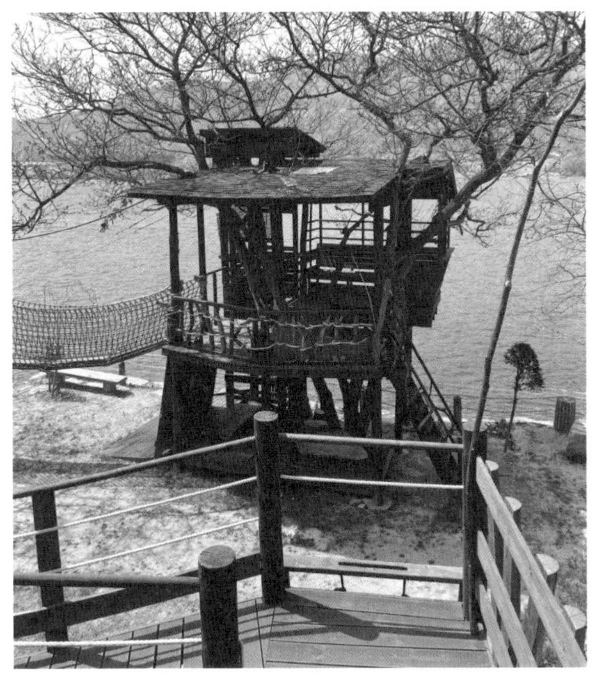

경사로와 나무집

꿈땅 확장이나 관리를 위한 제반 공사나 정원 조성을 해 오다 보니 지금까지 해 온 각종 공사나 정원 조성이 장애아동의 눈높이에서 볼 때 과연 괜찮은가 하는 생각이 들었다. 그래서 장애아동들에게 좀 더 적합한 공간으로 만들기 위해 첫 번째로 생각해 낸 일은 강변에 트리하우스를 짓는 것이었다. 미국에서 살 때 보았던, 개인 집 나무에 자녀를 위해 지어 놓은 나무집을 연상하고 강변에 두 채의 트리하우스를 지었다. 한 채에는 이재호 대목장에게 리프트를 설치한 나무 엘리베이터를 만들게 해 휠체어를 타고 나무 위로 올라갈 수 있게 하여 장애를 가졌어도 트리하우스를 이용할 수 있게 했다.

꿈땅 수영장

두 번째는 호박돌로 주변을 높게 쌓아 놓았던 큰 단풍나무가 배수가 안 되는 바람에 상태가 안 좋게 되어 뽑아 옮기게 되었는데, 그곳에 큰 웅덩이가 생겼다. 그래서 이를 확장해서 작은 수영장을 만들었다.

세 번째는 '축복의 통로'를 만들었는데 이는 꿈땅에 찾아오는 이들을 두 팔 벌려 반기는 문과 통로를 거치면서 양쪽에 마련된 놀이시설을 함께 즐기고 어울리며 행복한 시간을 가질 수 있기를 바라는 마음으로 조성하였다. 거기에는 너와 나, 장애와 비장애, 남과 북(북한강이 두만강처럼 남북으로 나누어져 있음을 연상) 등 서로의 차별과 분리를 극복하고 하나 되는 소망스런 통일된 미래를 그려보자는 의미도 담겨 있다.

경사로

네 번째는 휠체어가 다닐 수 있는 경사로를 만드는 것이었다. 그동안 경사로의 필요성은 이 국장에게 일찍부터 들어왔었으나 엄두를 못 내다가 어디에 어떻게 어떤 식으로 놓아야 하는지 진지하게 생각하고 논의한 후, 이재호 대목장이 주변 경관과 어울리도록 나무로 설치하였다.

다섯 번째는 경사로만 되었다고 끝나는 것이 아니라 경사로 진입로까지 휠체어를 타고 다닐 수 있는 길을 조성할 필요가 있었다. 그 길을 조성하다 보니 올레길이 생각이 났다. 꿈땅 경계선을 따라 휠체어가 다닐 수 있는 둘레길을 만들면 좋겠다는 생각이 떠올랐고, 아름답게 조성하여 장애아동과 가족들, 꿈땅을 찾아온 모든 이들이 그 길을 걸으며 힐링할 수 있게 하였다.

둘레길

2020년 찾아든 COVID-19 팬데믹의 영향으로 주일 예배를 영상으로 대체하게 되면서, 주말 하루만 양평에 머물던 것을 이삼일을 그곳에서 지내게 되자, 모처럼 마음만 먹었던 전원생활을 즐기게 되었다. 꿈땅에 머무는 날이 일주일에 삼사 일이 되니 그동안 일주일에 한 번 잠깐 다녀갔을 때에 비해 꿈땅의 이모저모가 눈에 더 잘 들어왔다. 부족한 것을 메우고 잘못된 곳을 고치고 새롭게 나무와 꽃을 심고 가꾸기 시작했다. 역시 가장 힘든 일은 잡초를 뽑아 주고 거름을 주고 물을 주고 가지치기를 하는 일이었다. 거기에 새로운 경사로길, 둘레길이 생기니 아내와 함께 그 주변을 아름답게 단장하기 위해 분주히 움직이게 되었다. 정원을 손보고 가꾸는 일은, 아버지께서 하시는 일을 어깨너머로 본 것과 여기저기 돌아다니면서 봤던 경험을 가지고 진행하고 있는데 큰 시행착오 없이 조금씩 단장되어 가고 있다. 또한 주말에 주로 머물다 보니 꿈땅 쉼터를 찾아오는 장애인 가족이나 회원들과 서로 소통할 수 있는 것 역시 감사하다. 그들이 시설이나 꿈땅에 무엇을 원하는지, 그 사람들의 입장과 눈높이에서 생각하게 된 것이 나로서는 변화고 깨달음이다.

이웃을 어떻게 대접하고 사느냐, 장애인 가족들을 남들보다 더 따뜻하게 대하고, 같이 식사하고 대화하면서 환대하는 분위기로 이끌어 가는 게 꿈땅이 앞으로 해야 할 일이라는 생각이 든다. 장아람재단이 하는 사업과 행사가 많이 있지만 그러한 것들은 계획대로 잘 진행해 가는 것이 필요한 것이고, 관계에 있어서는 서로 마음을 나누며 주변과 소통하고 벽을 허물어 가는 것이 필요한 일이라고 생각한다. 먼저 마음을 부드럽게 하고 다가가면 상대방도 안다. 열린 마음을 가질 때 관계는 더 풍성해지는 법이다. 우리의 경험은 한계가 있고, 경험치 안에서 판단하는 것은 늘 시각을 좁게 만들고 관계를 제한한다. 나이가 들고 연륜이 쌓일수록 마음과 생각을 부드럽게 해야 한다는 것이 요즘의 깨달음이다. 그래서 계절에 구애받지 않고 자연 속에서 힐링하고 소통하고 위로하고 위로받기를 바라는 마음으로, 또한 서로의 소망을 나누며 한마음으로 기도하고 예배드릴 수 있는 공간으로 온실을 만들었다. 온실 앞과 주변에는 캠프파이어나 철판구이를 즐길 수 있는 공간을, 그리고 온실 내외로 카페 공간을 만들었다. 이 공간들은 2021년 가을 소풍부터 아이들과 부모님들의 체험 공간으로 몫을 톡톡히 하고 있다. 게다가 2023년 봄에는 평소에 가꾸어 놓고 싶었던 분재를 갖게 되었다. '꿈은 이루어진다.'라고 했듯이 생각지도 못했던 일이 일어났다. 분재 100여 개를 20년 넘게 키워오던 분이 건강이 안 좋아지며 집 근처 옷 가게 아주머니에게 위탁판매를 요청하였는데, 그 기회를 놓치지 않고 거의 전부를 싼 가격으로 인수하게 되었다. 분재들이 좋은 환경으로 가게 된다고 기뻐하며 덤으로 분재· 도구까지 주셨다. 온실 안과 밖이 분재로 채워지니 그 안의 분위기나 운치는 함께 느껴보지 않고는 모를 정도로 너무나 안온하면서도 생기 충전이 이뤄지는 공간이 되었다.

처음 땅을 구입했을 때부터 지금까지 꿈땅은 변신에 변신을 거듭했다. 처음부터 꿈땅을 오간 장애아동 가족이나 회원들은 지금의 꿈땅을 보며 놀라워한다. 지나온 역사를 알기에 꿈땅에 담긴 수고와 정성을 같이 누린다고 한다. 장애를 가진 친구들이 좀 더 편하게 머물 수 있는 곳으로 바뀌어 가는 모습에 매해 올해는 꿈땅이 어떻게 변해있을까 기대를 안고 온다고도 한다. 그런 마음들을 받으니 더 힘이 난다.

앞에는 강이 흐르고 뒤로는 산을 등지고 있어 말 그대로 배산임수인 아름다운 이곳, 꿈땅. 장애가 있든 없든 서로에게 불편한 시선 없이, 또 불편함 없이 공존하고 누릴 수 있는 아름다운 꿈의 공간이 되도록 앞으로도 찬찬히 살피고 채워 나갈 것이다.

◆

온실

하나님이 하시는 일

메신저(Messenger)

성경에 사자(使者, 심부름꾼, 전령), 영어로는 메신저로 번역된 단어는 히브리어로 '말라크'이다. 이는 라틴어 '미테레(보내다)'라는 말에서 유래되었다. 말라크는 천사 또는 넓은 의미로는 예언자로도 번역되곤 하였다. 마치 그런 메신저와 같은 역할을 한 닭 한 마리와 장아람재단의 가족 태준이네 그리고 나의 이웃들과 얽힌 진기하고 뭉클한 이야기를 해 보려고 한다.

몇 달 전 태준이네 집 마당으로 닭 한 마리가 들어왔다. 주인이 누군지 알 수 없는 이 닭은 나갈 생각도 안 하고 마치 이 집에 원래 살았던 것처럼 굴었다. 사람 뒤를 졸졸 따라다니거나, 문을 열고 나오라는 듯 문 앞에서 콕콕 쪼거나 하며 애완동물처럼 예쁜 짓을 하여 가정에 웃음과 기쁨을 주고 있었다. 태준 아빠가 닭이 하는 예쁜 짓에 취해 '동영상'을 찍어 이 국장에게 보내 나도 보게 되었는데, 닭이 보여주는 애교 섞인 모습보다 배경이 된 마당이 눈에 들어왔다. 조각조각 깨져 울퉁불퉁한 시멘트 바닥이 휠체어를 타고 이동해야 하는 태준이가 다니기에 불편하겠다는 생각이 들었다.

그래서 일주일 후 이 국장에게 휠체어가 편하게 다닐 수 있도록 태준이네 마당을 콘크리트로 공사를 해주면 어떻겠냐고 제안했고, 내가 재정적 부담을 지는 것에 미안해하고 부담스러워하는 태준이네를 설득하여 공사를 진행했다. 사실 연초부터 개인적으로 꼭 필요한 누군가를 돕는 일을 올해는 해야겠다고 마음을 먹고 있었던 터였다. 그러던 중 닭이 나온 동영상을 통해 태준이네 상황에 관심을 두게 되었고, 대문이 도로에 면해 있지 않고 뒤쪽에 있어 좁은 담벼락 길을 따라, 더구나 옆에 도랑까지 있어 위험한 곳을 지나 집으로 들어간다는 것을 알고는 대문을 옮기는 것과 마당 공사를 해 주어야겠다는 마음을 먹게 되었다.

그간 양평 꿈 땅에서 팀워크를 다져온 아트레온 직원들과 이 목수에게 취지를 설명하니 모두 그간 봉사다운 봉사를 못 해왔는데 이번 기회를 통해 할 수 있겠다며 기꺼이 동참하겠다고 했다. 일차적으로 현장을 답사하고 여러 차례의 논의를 거쳐 좁은 뒷길로 나 있는 대문을 반대편 큰 도로 앞으로 옮겨 휠체어가 편히 다닐 수 있도록 하자고 결론을 내렸다. 그러기 위해서는 철근 콘크리트로 되어 있으나 수십 년 전에 만들어져 무너질 정도로 낡은 장독대를 허물어야 했다. 또한 태준이를 씻기는 오래된 목욕실은 습기가 차고 통풍이 안 되니 창문을 새로 내기로 했고, 휠체어 리프트 길을 내고 평상을 만들어 이를 연결해 태준이가 자유롭게 주변의 경치를 즐길 수 있도록 하자고 했다. 이왕 공사를 하는 김에 낡을 대로 낡은 별채의 벽과 갈라진 본채의 벽도 나무로 붙여 깔끔한 외부 환경을 만들어 주자는 야심찬 계획을 세웠다. 이 계획을 실현하는 과정은 선행되어야 할 여러 문제가 서로 얽혀 있어 제때 제대로 풀어나갈 수 있을까 우려와 불안이 컸다. 그러나 하나님이 한낱 미물인 닭을 메신저로 하여 태준네의 사정을 알게 하셨고, 그 환경을 변화시켜 주자는 마음을 갖게 하셨기에 모든 것이 잘될 거라는 믿음과 확신이 있었다. 이를 매일 기도로 뒷받침했다. 진행 과정이 믿음대로 순조롭게 이루어짐을 목도하며 이 일에 틀림없이 주님의 관여가 있음을 실감할 수 있었다.

우선 이 일은 동네 주민들의 협조하에 이루어져야 모든 과정이 순탄할 수 있는 일이었다. 주택이 밀집한 지역에서 벽을 허무는 공사를 해야 하기에 이웃들이 민원을 넣거나 협조를 해주지 않으면 곤란했다. 그래서 동네 업체들 몇 곳을 선정해 견적을 받아 비교해 보았다. 생각보다 너무 높은 견적이 나왔다. 결국 다수의 경험이 있었던 아트레온 직원들과 이 목수가 직접 공사를 진행하기로 했다. 그러고는 그 지역에서 신망 높은 터줏대감 격인 분을 찾아내어 일꾼 선발이나 장비 동원을 그 분께 맡겨 진두지휘해 달라고 부탁하고 일을 시작했다. 처음에 동네 분들은 어떤 청부업자가 일을 맡아서 하나 오해했으나 장아람재단 회장이 비용을 대고 아트레온 직원과 이 목수가 무임금 노동 봉사를 한다는 것을 알고는 정말 좋은 일을 한다며 감탄했다. 그리고 평소 태준이네 부부가 동네 분들에게 좋은 인상을 주었고 인심을 얻었었기에 기꺼이 협력해 주었다. 일꾼들은 일당을 깎아주었다. 장비 기사는 많은 양의 작업을 불평

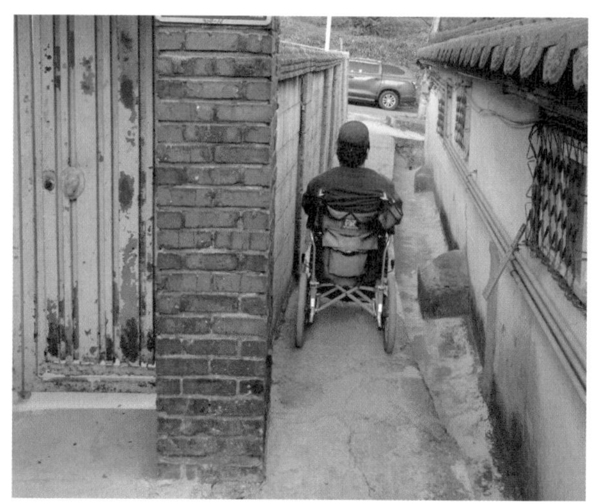

공사 전 입구 모습

바닥이 깨진 마당

없이 소화해 주었고 뒷집, 옆집 거주하는 분 모두가 건축 기술자들이라 이분들도 작업 도구를 가져와 봉사를 해주었다.

이렇게 동네 분들과 일꾼들의 호의적인 협조, 직원들의 헌신적인 노력과 협력체제로 일은 순조롭게 진행되어 나갔다. 폐기물과 쌓아두었던 잡동사니들이 치워지고 마당 콘크리트를 다시 하고, 나무 벽이 꾸며지고, 창고 문을 달고 새로운 변화가 일어나 모두가 놀람과 기쁨으로 도취해 있을 때 뜻밖의 일이 생겨났다. 공사 기간 중 다칠세라 태준 아빠가 별채 화장실에 따로 보금자리를 만들어 주었던 닭이 마당 공사가 끝나자 데리고 나왔는데 그만 그다음 날 죽고 만 것이다. 저녁나절 맥이 없이 축 늘어지기에 동물병원에 데려갔더니 공사 중 남은 톱밥과 시멘트를 먹고 장에 탈이 난 것 같다고 했다고 한다. 응급처치를 했으나 결국 숨을 거두었다. 그 전날, 태준 아빠와 이 목수가 '꼭지네'라고 예쁜 닭장까지 만들어 놓았는데, 거기서 지내보지도 못하고 죽은 데다 그 집의 애교 만점인 귀염둥이로 자식처럼 사랑을 듬뿍 주던 태준 아빠의 상실감이 특히 큰 것 같았다.

공사가 진행되는 모습

그러나 나는 이 일 역시 하나님의 섭리라는 생각을 했다. 태준이네를 보면 언제나 바르고 착하게 살려는 모습이 엿보였다. 없는 살림에도 장아람재단 행사 때면 우유를 수백 팩씩 가져와 나눌 뿐 아니라 다른 사람을 잘 배려하고 베풂을 받으면 당연하게 여기지 않고 감사해했다. 그런 태준이네를 사랑하셨기에 어느 날 닭 한 마리를 보내시어 그 집안 내부를 보게 하셨고, 닭은 이 사명을 다한 후 데려가신 것이라는 생각이 들었다.

한 달 만에 무사히 공사를 마쳤다. 공사는 생각 이상으로 성공적이었다. 공사하는 주체들과 동네 이웃들 특히 태준이네 식구들 모두가 완전히 달라진 환경에 놀라워했고 정말로 기쁨과 행복에 겨워했다. 지난 20여 년간 밖에 나와 햇볕도 쬐기 힘들고 맑은 공기, 서늘한 바람, 푸른 들판을 감상할 수도 없는 열악한 환경에서 막히고 덮인 곳을 확 열어젖혀 좀 더 편하게 밖으로 나와 이 모든 것을 즐길 수 있도록 변화의 기적을 주신 하나님의 오묘하신 섭리에 찬양과 감사를 드리지 않을 수 없다.

행복의 키를 선사하시고 기쁨과 소망의 에너지를 한 가정뿐 아니라 그 이웃에까지 전파시켜 주셨다. 아주 특별한 방법 즉 미물을 메신저로 사용하시어 예수님을 더 깊이 만날 뿐 아니라, 한 가정이 환경적인 고통의 굴레에서 벗어나 살아갈 의미와 소망과 사명을 갖게 하심에 감사를 드린다.

바뀐 집과 마당

태준이와 꿈땅 둘레길에서

반전, 길을 찾다

2024년 2월 24일 초판 1쇄 발행

지은이 최호준
발행인 박윤희

책임기획 박종숙 **책임편집** 김민 **디자인** 디자인스튜디오 이곳
경영지원 (주)아트레온 **발행처** 도서출판 이곳
등록 2018. 10. 8 신고번호 제2018-000118호 **주소** 서울 송파구 송파대로44길 9(송파동)
이메일 bookndesign@daum.net **홈페이지** https://bookndesign.com
팩스 0504.062.2548 **블로그** blog.naver.com/designit **인스타그램** @book_n_design

ISBN 979-11-93519-09-7(03190)

도서출판 이곳

우리는 단순히 책을 만들지 않습니다.
작가와 책이 마주치는 이곳에서 끊임없이 나음을 너머 다름을 생각합니다.